Ein Abgrund von Landesverrat

Ein Abgrund von Landesverrat

Die Affäre um den »Spiegel«

David Schoenbaum

Parthas

Wir danken Rudolf Augstein, Hans-Ulrich Stoldt und Silvia Reiß vom SPIEGEL-Verlag in Hamburg.

Reprint der 1968 bei Fritz Molden erschienenen Ausgabe

Umschlaggestaltung: Gabriela Wachter
Gesamtherstellung: Albdruck, Berlin
ISBN 3-932529-53-7

Vorwort

Zwischen dem SPIEGEL, erst in Hannover, dann in Hamburg zu Hause, und den Politikern in Bonn war das Verhältnis von Anbeginn verkrampft, vor allem in den ersten Jahren der Republik. Der alte Adenauer, in der Kaiserzeit als Jurist ausgebildet, war ein Patriarch, dem eine katholische Kanzlerdemokratur als Ideal vorschwebte. Seine Möchtegern-Nachfolger Strauß, Gerstenmaier, Erhard hielten es auch nicht so sehr mit der Pressefreiheit.

Keine Frage: 1962 waren zwischen dem SPIEGEL und den Bonner Regenten eine Menge Rechnungen offen. Deshalb wurde 1962 das Jahr der SPIEGEL-Affäre. Davon handelt dieses lesenswerte Buch. Weil, wie im frommen Märchen, am Ende alles gut ausging, ist vielen Leuten nicht mehr bewußt, mit welcher Wucht der Stoß gegen den SPIEGEL geführt worden ist. Es war eine Staatsaktion, höchst geheim vorbereitet, initiiert vom Verteidigungsminister Strauß und seinem Kanzler Adenauer. Im Ausland gab Strauß seine wahren Beweggründe zu erkennen: Der SPIEGEL habe ein so vorzügliches Archiv, daß eine Erpressung möglich sei. Strauß: »Ich mußte handeln.« Und Adenauer sprach im Bundestag von einem «Abgrund von Landesverrat«. Zurufe: »Wer sagt das?« Adenauer: »Isch sage dat«. Alle Staatsgewalten waren mit von der Partie, die Bundesanwälte aus Karlsruhe, die Fahnder vom BKA (genannt »Sicherungsgruppe«), Polizisten vom »Überfallkommando«, mindestens drei Geheimdienste. Der Angriff auf den SPIEGEL erfolgte zur Nachtzeit. Sein Ziel war es, das »Schmutzblatt« (Adenauer), welches »getrieben« sei »vom rücksichtslosen Vernichtungswillen« (Strauß) ein für allemal zu ruinieren – durch die Verhaftung der führenden Redakteure, durch die wochenlange Besetzung aller Redaktionsräume, durch Strafandrohungen größeren Kalibers: Auf das, was man uns vorwarf, stand Zuchthaus, fünf Jahre, zehn Jahre, im Höchstfall lebenslänglich. Die »Nebenstrafen«

nicht zu vergessen, als da waren: Ehrverlust, Geldstrafe (nach oben offen), Polizeiaufsicht und so weiter. Das Wort »Landesverrat« war seinerzeit, nur 17 Jahre nach dem Weltkrieg und auf dem Höhepunkt des kalten Krieges mit dem Sowjetimperium, eine Keule, mit der man richtig zuschlagen konnte.

Die Täter hatten sich ordentlich in Schwung geredet. Im Bundesverteidigungsministerium ließ Strauß bewaffnete Feldjäger auf den Fluren patrouillieren. Es roch nach Krieg. Augstein, so die Gerüchte, sei nach Kuba geflüchtet, mit einem U-Boot, begleitet von verräterischen Offizieren. Es war kein Kunststück, die Beamten, Abteilung Staatssicherheit, Referate Landes- und Hochverrat, gegen den SPIEGEL in Stellung zu bringen. Die hohen Herren aus Karlsruhe und Bonn waren ja keine geborenen Demokraten.

Der junge Amerikaner David Schoenbaum hat das Ende der Adenauer-Ära hautnah erlebt und beschrieben. Auch jetzt noch, vierzig Jahre nach der Affäre, wirkt sein Blick unprätentiös, der Stil munter und die meisten seiner Erkenntnisse sind auch zutreffend. Erfreulicherweise hat der Historiker Schoenbaum der naheliegenden Versuchung widerstanden, seinen Text zu »überarbeiten«, ihn aufzupeppen. Präsentiert wird deshalb die zeitnahe Momentaufnahme jener Jahre, als (West-)Deutschland sich wandelte. Aus der autokratischen, von Kirchen, Flüchtlingsorganisationen und alten Nazis dominierten Republik wurde ab 1962 ein demokratischer Staat. Sehr langsam zwar, aber doch unübersehbar: Mit der SPIEGEL-Affäre begann die demokratische Normalität der Bundesrepublik.

Schoenbaum schildert durchaus zutreffend, wie mühsam dieser Wandel war, wie verzweigt und miteinander reißfest verknüpft die Netze der alten (NS-)Eliten waren; wie zögerlich das Parlament seine Rechte wahrnahm; welch ungläubiges Staunen die Herren Adenauer, Strauß und Kollegen überkam, als sie erkennen mußten, daß sie diesen Kampf verlieren würden: Rette sich, wer kann. Je mehr Einzelheiten der Nacht- und Regen-Aktion – (in Hamburg gab es am 26./27. Oktober 1962 keinen Nebel, es regnete) – ans Licht kamen, desto unzweifelhafter wurde, daß die SPIEGEL-Affäre der größte Justizskandal in der rechtsstaatlichen Geschichte Deutschlands war. Für diese Haudrauf-Aktion der Staatsmacht gab es keinen Präzedenzfall.

Als die »Zupacker«, so nannten die Bundesanwälte sich und ihre polizeilichen Helfer, nach wochenlangen Durchsuchungen immer noch mit leeren Händen dastanden, übernahmen die Ermittler des Bundesgerichtshofs. Der Dritte Strafsenat lehnte im Mai 1965 indes die Eröffnung eines Hauptverfahrens wegen Landesverrats ab. Conrad Ahlers, Autor der inkriminierten Titelgeschichte über die Bundeswehr, und ich wurden daraufhin »außer Verfolgung gesetzt«. Im August 1966 schließlich beerdigte das Bundesverfassungsgericht den Fall. Wir waren unschuldig. Wir hatten keine Staatsgeheimnisse verraten, keinen Landesverrat begangen. Wir hatten vielmehr unsere verfassungsmäßigen Rechte wahrgenommen, nicht mehr, nicht weniger. Das stand am Ende der SPIEGEL-Affäre zweifelsfrei fest.

Es hätte aber auch anders kommen können. Wir überstanden den Angriff auf den SPIEGEL und unsere persönliche Freiheit, weil wir in den Tagen der Attacke nicht allein blieben. Die Hamburger Verlage stellten uns Räume und Schreibmaschinen zur Verfügung. Die Empörung im Ausland schlug Wellen bis zum Rhein. Vor allem aber: Überall im Land nahmen Tausende öffentlich für den SPIEGEL und die Pressefreiheit Partei. Das hatte es bis dahin nicht gegeben. Das Ganze bewirkte einen Klimawechsel – im Parlament, in Teilen der Justiz, im öffentlichen Leben. Es hat etwas länger gedauert, bevor von der SPIEGEL-Affäre auch die Rechtssprechung und Strafverfolgung profitierten. Es dauert immer etwas länger, bevor der gestärkte Bürger-Sinn die Administration und ihre Paragraphen umformt. Damals, vor vierzig Jahren, verlor die Staatsgewalt den Schimmer der Unfehlbarkeit. Wie stark dieser Wandel die anderen großen Ereignisse der sechziger Jahre in Gang gesetzt und stimuliert hat, kann niemand mit Gewißheit sagen. Die Eruptionen des Jahres 1968 hatten viele Ursachen, sie hielten sich nicht an Ländergrenzen. Was an Kulturrevolution davon in Deutschland geblieben ist, führt auch und unter anderem zurück zum SPIEGEL.

1968, als David Schoenbaum dieses Buch das erste Mal auf deutsch erscheinen ließ, konnte man noch nicht ganz sicher sein, daß sich die SPIEGEL-Affäre nicht wiederholen würde. Heute ist das sicher.

Rudolf Augstein
Hamburg, im September 2002

Pressestimmen zur SPIEGEL-Affäre 1962

»...Die Dinge sind furchtbar ernst. Auch jenseits ihrer abzuwartenden richterlichen Würdigung. Sie gehen an den Nerv jeder journalistischen Betätigung...«

Neue Tagespost, Würzburg

»Die Aktion von Bundesanwaltschaft und Polizei gegen das Magazin DER SPIEGEL und führende Mitglieder seiner Redaktion sowie die dabei angewandten Methoden rufen weiterhin bei Presse und Öffentlichkeit weitverbreitete Kritik hervor. Das Schauspiel, das Regierungssprecher bei der gestrigen Pressekonferenz in Bonn boten, als einer dem anderen widersprach und sie sich bei peinlichen Fragen hinter der Theorie der Gewaltenteilung zu verstecken suchten, hat nichts dazu beigetragen, die Kritik zum Schweigen zu bringen.«

The Times, London

»Mehrere Prozesse wegen angeblicher Diffamierung sind zwischen Verteidigungsminister Strauß und der deutschen Wochenschrift geführt worden; einstweilige Verfügungen wurden erlassen und wieder zurückgezogen. Einer der Prozesse endete mit einem Vergleich, aber in Wirklichkeit mit einer politischen Niederlage von Strauß. Die gegenwärtige Affäre kann man wohl als Rache Straußens an seinen hartnäckigsten publizistischen Gegnern jenseits des Rheins ansehen.«

France-soir, Paris

»Strauß und der Titel-Held Foertsch waren wütend. ... Ob der cholerische Strauß die Beschuldigungen erhärten kann, ist eine andere Sache. Er hat das Magazin schon mehrfach verklagt, immer ohne Erfolg.«

Newsweek, New York

»...Es fällt schwer, in diesem Zusammenhang nicht sehr nachdrücklich an die Zeit des Dritten Reiches zu denken.«

National-Zeitung, Basel

»Bild hat keinen Anlaß, dem SPIEGEL Freundlichkeiten zu erweisen. Wir halten seine Politik für falsch, ja, für gefährlich. Dennoch haben wir unsere kollegiale Hilfe angeboten und dem SPIEGEL die Benutzung unseres Archivs angeboten, solange er an sein Archiv nicht herankann.«

Bild-Zeitung, Hamburg

»Ein Blatt, das weniger finanzstark und bekannt ist als DER SPIEGEL, könnte auf diese Weise allzu schnell ganz zum Verstummen gebracht werden. Die Bonner Gesetzgeber werden sich also Gedanken zu machen haben, wie einem Mißbrauch des – selbstverständlichen – staatsanwaltschaftlichen Ermittlungsrechts im Rahmen der Notstandsgesetzgebung (und nicht nur dort) gegen gesteuert werden kann. Die Öffentlichkeit kann nicht akzeptieren, daß die Folgen staatsanwaltschaftlichen Eingreifens schließlich in überhaupt keinem Verhältnis mehr zur Größe des zu ahndenden Verbrechens stehen.«

Süddeutsche Zeitung, München

»Jetzt, wo man versucht, schnellstens Ausnahmegesetze zur Militarisierung des ganzen westdeutschen Lebens durchzupeitschen, ist die Aktion gegen den SPIEGEL ein Schlag gegen jenen letzten Teil der bürgerlichen Presse, bei dem es bisher noch nicht erlaubt war, daß man sie gänzlich auf dem Weg der bedingungslosen Unterstützung des Bonner Kurses zur Kriegsvorbereitung abschleppt.«

PRAWDA, Moskau

»Wir protestieren, weil wir empört sind! Und diese Empörung müßte, nein muß, von all denjenigen geteilt werden, denen Polizeiaktionen in der Form, in der sie gegen den SPIEGEL angewandt wurden, ein Greuel sind. Dabei spielt es überhaupt keine Rolle, ob man für oder gegen den SPIEGEL ist.«

Der Abend, Berlin

»Prüft man den siebzehn Seiten langen Artikel Satz für Satz, so stellt man fest, daß ein großer Teil der darin enthaltenen Informationen auch von einem sorgfältigen Zeitungs- und Zeitschriftenleser zusammengestellt werden könnte. Bedauerlicherweise ist das Vertrauen zum westdeutschen Bundesgerichtshof nicht besonders gesichert, und es ist auch allgemein bekannt, daß es in der westdeutschen Polizei immer noch von früheren SS- und Gestapoleuten wimmelt.«

information, Kopenhagen

»Bei der Lektüre dieses Artikels ... stellt man fest, daß – wenn die Angaben stimmen – die deutsche Armee nicht viel wert ist. Das ist aber nichts Neues. Solche Gerüchte laufen seit geraumer Zeit in Deutschland um, und auch in westlichen militärischen Kreisen. Es wäre überraschend, wenn die Russen das nicht schon wüßten.«

France Observateur, Paris

»Es ist wirklich zum Verzweifeln: da wird seit Jahr und Tag durchaus zu Recht eine regierungsoffizielle Propaganda betrieben, man möge die Bundesrepublik Deutschland nicht mit den Maßstäben der deutschen Vergangenheit, sondern mit den Leistungen der jungen Demokratie messen, und dann geschehen in unserem Staat doch Dinge, die selbst dem wohlwollenden Betrachter den Maßstab der Vergangenheit geradezu aufzwingen.

Als gelte es, den gefährlichsten Spionagering seit Bestehen der Bundesrepublik Deutschland mit allen Mitteln zu zerschlagen, so waren die Kräfte bemessen, die in die Hamburger und Bonner Redaktionen des SPIEGEL bei Nacht und Nebel eindrangen, verhafteten, Hausdurchsuchungen in den Privatwohnungen der Redakteure veranstalteten und Akten gleich bergeweise beschlagnahmten.

Es ist hier zunächst und zuallererst die angewendete Methode, die zu schärfstem Protest herausfordert. Gleichzeitig stellen sich eine Reihe von Fragen, auf deren rascheste Beantwortung die deutsche Öffentlichkeit ein Recht hat.«

VORWÄRTS, Bonn

1 DIE LAGE

Jedes Land hat die Affäre, die es verdient. Die Affäre der Bundesrepublik Deutschland begann am Freitag, dem 26. Oktober 1962, abends. Gegen 21.20 Uhr besetzten Staatsanwälte und Polizei, ausgestattet mit Durchsuchungs- und Haftbefehlen, die Büros des SPIEGELS in Hamburg und Bonn. Dem Herausgeber und führenden Redaktionsmitgliedern wurde nichts Geringeres vorgeworfen als Landesverrat. Aber der Durchsuchungsbefehl stützte sich auch auf den Verdacht der Bestechung — womit ein Schlüssel zur Durchsuchung auch der Buchhaltung des SPIEGELS gegeben war, wie sich bald herausstellen sollte.

Das ganze Ausmaß der Affäre wurde erst im Lauf der folgenden Wochen deutlich. Hatte die Affäre mit Maßnahmen begonnen, die nur allzusehr an das Dritte Reich erinnerten, so traten im weiteren Verlauf unerwartet Ereignisse ein, die weit eher an die Zustände zur Zeit der Weimarer Republik denken ließen: Studenten demonstrierten, Professoren unterzeichneten Petitionen, eine Regierung, die scheinbar fest im Sattel saß, geriet ins Wanken, und ein Minister, der als „starker Mann" galt, mußte gehen. Das neue Deutschland, die Bundesrepublik, zweitgrößte Handels- und drittgrößte Industrienation der Welt, stärkste Militärmacht zwischen dem Ärmelkanal und der sowjetrussischen Grenze, schien dem Chaos zu verfallen.

Als nach und nach Regierungssystem, politische Stabilität, Gesetz und Recht, Freiheit und Demokratie immer mehr in Frage gestellt wurden, machte die Affäre erfolgreich der abebbenden Kubakrise den Platz auf den Titelseiten der Weltpresse streitig. Londons „Daily Mail", ein Gradmesser der Weltmeinung, holte ihren Korrespondenten vom Himalaja, wo er über das

Vordringen chinesischer Truppen gegen Indien berichtete, und beorderte ihn nach Bonn.

Betrachtet die übrige Welt Deutschland mit einem gewissen Mißtrauen, so mißtrauen die Deutschen einander erst recht. 1951 hatten die deutschen Gesetzgeber sich größte Mühe gegeben, eine Definition für den Begriff Landesverrat zu finden. Aber in einem geteilten Land, dessen Geschichte aus Katastrophen besteht, sind die Wähler nicht immer ohne weiteres bereit, die Definitionen ihrer Abgeordneten zu akzeptieren. Das Auftreten eines einzelnen Polizisten kann Deutsche schon nervös machen, der Anblick ganzer Bataillone zur Besetzung einer Zeitungsredaktion erschreckte sie zu Tode. Seit dem Krieg waren einzelne Ausgaben deutscher Blätter — auch des SPIEGELS — beschlagnahmt, einzelne Journalisten verfolgt und einzelne Redakteure belangt und vor Gericht gestellt worden. Aber Vorfälle wie diese hatte es noch nicht gegeben.

Der unmittelbare Anlaß der Aktion war in einer Auflage von etwa 500.000 Stück am 8. Oktober erschienen. Es war die SPIEGEL-Titelgeschichte jener Woche: „Bedingt abwehrbereit", die detaillierteste und umfassendste Kritik an der westdeutschen Verteidigungspolitik, die bis dahin veröffentlicht worden war. Der Artikel begann mit dem Resultat des gerade beendeten NATO-Herbstmanövers „Fallex 62" und analysierte es in bezug auf die Zielsetzung der theoretischen Alternativen „massive Vergeltung" und „abgestufte Abschreckung". Der SPIEGEL zeigte wohlinformiert das Wesentlichste der westdeutschen Verteidigungspolitik auf. Nachdem in dem Artikel die Basis dieser Politik in Grund und Boden kritisiert worden war, wurde über den Hauptverantwortlichen, Verteidigungsminister Franz Josef Strauß, das Verdammungsurteil gesprochen.

Am 8. Oktober machte eine Angestellte der Bundesanwaltschaft in Karlsruhe während einer Sitzung des Bundesgerichtshofs den Bundesanwalt Albin Kuhn auf jene Ausgabe des SPIEGELS aufmerksam. Sie stellte die Frage, ob der Inhalt des Artikels einen Verstoß gegen Paragraph 100 (vorsätzlicher Landesverrat) des Strafgesetzbuches darstelle. Die Lektüre des Artikels ließ auch Kuhn Verdacht schöpfen. Er konsultierte das Verteidigungsministerium, das umgehend seinen Verdacht bestätigte. Eine offizielle Untersuchung wurde eingeleitet, Durchsuchungs- und Haftbefehle wurden erlassen. Am 26. Oktober drang in Hamburg der Erste Staatsanwalt Siegfried Buback an der Spitze von Kriminalbeamten der Sicherungsgruppe Bad Godesberg und lokaler Hamburger Polizei in die SPIEGEL-Büros im Pressehaus ein, während in Bonn sein Kollege, Landesgerichtsrat Norbert Oberle, die Durchsuchung der dortigen SPIEGEL-Redaktion, ein paar Straßenzüge vom Bundeshaus entfernt, einleitete.

Der wahre Ursprung der Affäre reicht gleichwohl in das Jahr 1961 zurück, als ein aus Parlamentswahlen geschwächt, aber doch siegreich hervorgegangener Konrad Adenauer seine vierte Regierung bildete, eine Koalition der CDU mit der FDP, die eben danach getrachtet hatte, ihn aus dem Sattel zu heben; oder in das Jahr 1956, als die Umstellung auf taktische Atomwaffen — deren Initiator der amerikanische Stabschef Admiral Arthur Radford war — eine kleine Revolution im strategischen Denken der NATO-Partner einleitete; oder in das Jahr 1953, als Westdeutschlands Gesetzgeber das Prinzip der Wiederbewaffnung akzeptierten, zur selben Zeit, da die Niederschlagung eines Arbeiteraufstandes in Ostdeutschland eine friedliche nationale Wiedervereinigung für die absehbare Zukunft vereitelte. Vielleicht lag der Beginn auch schon im Jahre 1949, als die erste deutsche Bundesregierung gegen die Stimmen der SPD gebildet worden war.

In jedem dieser Momente der jüngsten deutschen Geschichte erhob sich dieselbe Frage: Wie konnte das deutsche Bedürfnis nach Sicherheit mit der Erlangung der deutschen Wiedervereinigung in Einklang gebracht werden; oder aber: ließ die Integration Westdeutschlands mit seinen westeuropäischen Nachbarn und seine Allianz mit den westlichen Besatzungsmächten eine Wiedervereinigung überhaupt zu?

Von Anfang an zerstritten sich die westdeutschen Parteien um dieses Dilemma der Außenpolitik willen. Innere Probleme, wie etwa: Föderalismus gegen Zentralismus, Säkularismus gegen öffentliche Funktion der Kirche, freies Unternehmertum gegen Verstaatlichung, entzweiten die Parteien intern. Um die Außenpolitik stritten sie untereinander. Alle Parteien akzeptierten dieselbe Grundprämisse: Daß die Bundesrepublik ein Provisorium sei, bis ein Friedensvertrag geschlossen und die nationale Wiedervereinigung herbeigeführt werden könne. Aber es war klar, daß für Konrad Adenauer und seine CDU, die Sicherheit mit westlicher Integration gleichsetzten, die Bundesrepublik weniger provisorisch war als für ihren Koalitionspartner, die FDP, und ihren Hauptgegner, die SPD, die die Wiedervereinigung an die erste Stelle setzten. Der Gegensatz führte kurz nach der Geburt der Bundesrepublik zu einem berühmten Zwischenfall. Schon vor dem Plenum des ersten Bundestages verhöhnte Kurt Schumacher, der Führer der SPD, den ersten Bundeskanzler anläßlich seines allerersten außenpolitischen Schrittes. „Bundeskanzler der Alliierten", rief er ihm zu, als Adenauer seine Entscheidung bekanntgab, einen Vertreter in die geplante alliierte Ruhrbehörde zu entsenden. „Sind Sie noch ein Deutscher?" lautete ein anderer Zuruf von den Bänken der Linken.

Während der nächsten zehn Jahre vertiefte sich die Kluft, als Adenauers CDU die verunglückte Europäische Verteidigungsgemeinschaft unterstützte, für die parallellaufende Wiederbewaffnung eintrat, der NATO-Allianz und der EWG beitrat: Die SPD war dagegen und die FDP zersplittert. 1956 wurden die sogenannten „FDP-Jungtürken" abtrünnig und koalierten in Düsseldorf mit der SPD, was mit einer politischen Katastrophe endete. Hatten die FDP-Politiker vor Adenauer Angst, so fürchteten die FDP-Wähler die SPD noch mehr. Die Partei spaltete sich und überstand nur knapp die Wahlen des Jahres 1957. Inzwischen ging die Entwicklung in Westdeutschland unaufhaltsam auf eine Verewigung des Status quo zu. Man hatte die Investitionen schon gemacht, und Adenauer, die CDU sowie die Mehrzahl der Westdeutschen kassierten nun die Dividenden. Indem sie sich zu der Überzeugung bekannten, daß die Aufgabe der Nation darin bestehe, Geschäfte zu machen, brachten die Westdeutschen das „Wirtschaftswunder" hervor, das sie selbst und die Welt in Erstaunen setzte. Den Ruhm erntete die damalige Regierung, besonders ihr Wirtschaftsminister Ludwig Erhard, der das große „laissez faire, laissez aller" verkündet hatte, mit dem das Wunder begann. Mit dem Hinweis auf Wohlstand und Sicherheit, auf die Anwesenheit westlicher Truppen in Westdeutschland und Deutscher in den westlichen Führungsgremien kämpfte Adenauer die Wahl

1957 mit dem einfachen, unschlagbaren Slogan „keine Experimente“ durch. Er gewann die erste absolute Mehrheit in der deutschen Parlamentsgeschichte.

Anfang 1959 startete die SPD dennoch ein letztes eigenes Experiment, ihren Deutschlandplan, der den Zusammenschluß von West- und Ostdeutschland um fast jeden Preis vorsah. Sowjetpremier Nikita S. Chruschtschow brachte ihn höchstpersönlich zum Scheitern, als er einer Delegation führender Sozialdemokraten erklärte, keine ausländische Macht, natürlich eingeschlossen die Sowjetunion, sei an der Wiedervereinigung Deutschlands interessiert, welcher Preis auch immer geboten werde. Nun ging die SPD an eine Bestandsaufnahme ihrer gesamten Nachkriegspolitik. In Bad Godesberg wurde im Oktober 1959 ihr neues Programm beschlossen. Im folgenden Juni eröffnete der SPD-Politiker Herbert Wehner in einer Rede vor dem Bundestag den erstaunten Abgeordneten von CDU/CSU und FDP, seine Partei akzeptiere nun die NATO. Die Wandlung der SPD war im Juni 1961 vollzogen, als sie den Regierenden Bürgermeister, Willy Brandt, einen beredten Verfechter der deutschen Wiederbewaffnung und der NATO, als ihren ersten offiziellen Kanzlerkandidaten nominierte. So identifizierte sich die SPD in aller Form mit den „vollendeten Tatsachen“ der vergangenen Jahre. Durch die Wahl des Berliner Bürgermeisters legte sich die Partei aber auch symbolisch auf das unerreichte Ziel der Wiedervereinigung fest. Indem die Führung auf ein Mitglied der jüngeren Generation überging, trachtete die SPD den Anschluß an die „neue Welle“ zu finden, die von der Amtsführung John F. Kennedys ausging, und unterstrich nachdrücklich und selbst für den einfältigsten deutschen Wähler verständlich den Kontrast zu Adenauer, dem 1876 geborenen Regierungschef.

Die Wahlen von 1961 hätten freilich ebensogut eine Wiederholung der Wahlen von 1957 sein können, hätte es nicht zwei Faktoren gegeben: Einer davon war Adenauer selbst. Im April 1959 hatte er seine Absicht bekanntgegeben, die Kanzlerschaft abzugeben, um das im wesentlichen repräsentative Amt des Bundespräsidenten zu übernehmen. Im Juni widerrief er jedoch seine Entscheidung und stellte sich allen Protesten gegenüber taub. Die Partei fügte sich, aber von Stund an versagte der alte

Zauber Adenauers sogar gegenüber seinen ergebensten Anhängern.

Der zweite Faktor war die Weltlage. Hier trafen zwei Entwicklungen zusammen: Stalins Tod hatte die Auflösung der bipolaren Machtstruktur eingeleitet, die die internationalen Geschehnisse seit 1945 beherrschte. Zur selben Zeit war die Sowjetunion — nachdem sie durch den Besitz der Wasserstoffbombe das „Gleichgewicht des Schreckens" mit dem Westen erreicht hatte — zu einer viel differenzierteren und daher auch gefährlicheren Bedrohung geworden. Beide Entwicklungen schufen wachsende Zweifel an der Gültigkeit der alten Antworten angesichts immer komplizierterer neuer Probleme. Diese Zweifel schlossen auch die Fragen der Verteidigung ein.

Der ursprüngliche deutsche Beitrag zur NATO war im wesentlichen eine konventionell bewaffnete Armee, gleichsam die alte Wehrmacht in neuen Uniformen. Aber als sich 1956 die amerikanische Strategie auf den Einsatz taktischer Atomwaffen umstellte, zog die Bundesrepublik mit.

Ungeachtet der Proteste der SPD, der FDP, der Gewerkschaften, der Wissenschaftler und der Mehrheit der deutschen Intellektuellen akzeptierte die Bundesrepublik taktische Atomwaffen als Grundlage ihrer Verteidigung. Diese Umstellung hatte bedeutende Konsequenzen für Franz Josef Strauß.

Strauß, Sohn eines Münchner Schlächters, einst Radrennmeister, der seine Universitätsstudien mit höchsten Auszeichnungen absolviert hatte, war in vieler Hinsicht der neue Mann des neuen Deutschland. Er beherrschte die Sprache Goethes und Josef Filsers, Latein und Englisch, ganz wie es die Situation verlangte; er war selbstsicher, energisch und erfrischend — oder erschreckend — frei von Komplexen in einem von Komplexen belasteten Land. Er wurde Bundestagsabgeordneter mit 33 Jahren, Kabinettsmitglied mit 38, Minister für Atomangelegenheiten mit 40 und ein Jahr später, 1956, Verteidigungsminister.

Unter der Ägide von Strauß brachte die neue Politik echte Soldaten hervor, die von amerikanischen Kollegen im Umgang mit echten Atomwaffen geschult wurden. Die Bundeswehr wurde Westeuropas stärkste Armee, zumindest auf dem Papier. Die Stimme des neuen Deutschland — die Radfords Worte mit bayerischem Akzent wiederholte — wurde in Washington, Paris und über Paris sogar in Nordafrika gehört. Strauß' Interesse am Fortschritt der im Anfangsstadium befindlichen Atomforschung der Vierten Republik führte so weit, daß Dreiergespräche mit Frankreich und Italien über eine gemeinschaftliche Produktion von Atomwaffen zustande kamen. Sie endeten erst, als General de Gaulle 1958 wieder an die Macht kam.

Am 25. März 1958 beschloß die CDU-Mehrheit, unterstützt von ihrer bayerischen Schwesterpartei, Strauß' CSU, die Ausrüstung der Bundeswehr mit von den USA gelieferten taktischen Atomwaffen oder, genauer, mit Trägerwaffen zum Transport oder Abschuß derselben — ein Punkt, der häufig mißverstanden wurde. SPD und FDP, die mehr und mehr den Disengagementvorschlägen George Kennans, Hugh Gaitskells und Adam Rapackis zuneigten, opponierten. Strauß war von Anfang an skeptisch, die SPD auf seine Seite zu bekommen, versuchte jedoch, die FDP zu gewinnen. „Sie sind doch nicht so wie diese Pazifisten von der SPD", sagte er zu dem FDP-Abgeordneten Wolfgang Döring — wie er selbst Angehöriger der jüngeren Politikergeneration —, der überdies 1960 Reserveoffizier der Bundeswehr wurde. „Sie müssen doch Verständnis für die Notwendigkeit der Entfaltung nationaler Macht haben. Der Schlüssel zu Strauß' Argument war: keine Eskalation ohne Mitbestimmung. Sollte die Bundesrepublik den Hauptstoß eines sowjetischen Angriffs auffangen, so hatte sie ein Recht auf Gleichstellung zumindest mit den westeuropäischen Alliierten, und zwar nicht nur in Hinsicht auf die Bewaffnung, sondern auch auf den politischen Status. Das Argument war folgerichtig und vertretbar, aber sein Endresultat war eine Fülle neuer Probleme für Westdeutschland. Als der Stichtag für die Realisierung des NATO-Plans MC 70 vom Jahre 1958 näher kam, war die Bundesrepublik von ihren gesteckten Zielen weit entfernt. Darüber hinaus erklärten ihre Finanzminister, die Grenzen der Leistungsfähigkeit seien erreicht. Washington führte Beschwerde, daß zuwenig Divisionen verfügbar seien, Bonn dagegen über die verspätete Lieferung nuklearer Trägerwaffen. Mit dem Amtsantritt von Kennedy und dann von Taylor und McNamara ergaben sich mehrere Alternativen für die deutsche Politik, von einem abgewandelten Gaullismus bis zur militärischen und wirtschaftlichen Arbeitsstellung, vorgezeichnet in Kennedys „Grand Design". Zu Beginn des Wahlkampfes im Jahre 1961 war offensichtlich geworden, daß eine Ära vorüber war. Adenauers Grundprinzipien — und folglich das Grundprinzip der Bundesrepublik — lautete: Bündnis mit den Vereinigten Staaten, Zusammenarbeit mit Frankreich und harte Front gegenüber einem noch festgefügten Osten. Nun aber war die Zeit gekommen, all dies neu zu überdenken.

Im Wahlkampf 1961 betrieb man zum erstenmal in Deutschland nach amerikanischem Muster Marktforschung, und ihre Ergebnisse wurden im Stil der Konsumentenwerbung ausgewertet, dies mit dem ganzen Arsenal von Plakat-, Radio- und Fernsehpropaganda, um ein „Image" zu erzeugen. Während jenes Sommers fand das Wort „Image" selbst Eingang in die Sprache Goethes. Die CDU/CSU, ängstlich auf die Erhaltung ihrer absoluten Mehrheit bedacht, fand sich zum erstenmal vor dem Problem, den Kanzler mit durchziehen zu müssen, statt ihn als „Wahllokomotive" vorspannen zu können. Die FDP, die zugleich den Kopf des alten Kanzlers forderte, kannte nur ein Ziel: Nach vier Jahren des „Exils" zurück in die Regierung. Die SPD bemühte sich im Stil und in der Substanz das Erfolgsphänomen „Kennedy" ins Deutsche zu übersetzen.

Hinter den Linien begannen die politischen Manager die Vorbereitungen für die Auseinandersetzung um die Aufteilung der Macht, die dem Wahlkampf folgen mußte. Im August berichtete der SPIEGEL über eine Zusammenkunft zwischen Strauß und dem FDP-Führer Erich Mende, der schon auf eine Koalition mit der CDU/CSU — außer im Falle ihrer absoluten Mehrheit — festgelegt war. Thema des Gesprächs waren Abmachungen über die künftige Koalition. Es wurde berichtet, Strauß habe sich bereit erklärt, sein ansehnliches Gewicht dafür einzusetzen, den Stellvertreter Adenauers, Wirtschaftsminister Erhard, zum Kanzlernachfolger zu machen. Was sein eigener Beuteanteil sein sollte, war nicht ganz klar, aber möglicherweise war ihm das Außenministerium zugedacht.

Doch am Morgen des 13. August, einem Sonntag, schloß die DDR-Volkspolizei die Sektorengrenzen im Herzen von Berlin hermetisch ab und annektierte so die russische Zone der bis dahin unter Viermächtestatus stehenden Stadt. Kurz danach errichteten Arbeiter die Mauer. Die Grundlagen der Politik Adenauers, die atlantische Allianz und deren angebliche Rechtfertigung durch ihn — Wiedervereinigung durch Stärke, Stärke durch Allianz —, wurden einer schweren Belastungsprobe unterworfen. In dieser noch nie dagewesenen und völlig unerwarteten Situation verlor die CDU die Nerven und Adenauer die Initiative. Am Montag abend versuchte er über das Fernsehen seine Landsleute zu beruhigen. Aber seine Rede ebenso wie das Ablenkungsmanöver der CDU, die Propagandakampagne um die angeblich uneheliche Geburt Willy Brandts, ließen die Wähler nur noch mehr daran zweifeln, daß Adenauer die Situation unter Kontrolle habe, ja daß er sie überhaupt zu erfassen imstande sei. Während aber Brandt die politische Bühne West-Berlins beherrschte und US-Vizepräsident L. B. Johnson dort als Präsident Kennedys Sondergesandter auftrat, blieb Adenauer — wie es hieß unter dem Druck der Amerikaner — in Bonn. Laut der im allgemeinen verläßlichen Meinungsumfrage des Allensbach-Instituts erfreute sich die CDU/CSU Ende Juli eines Beliebtheitgrades von 50 Prozent gegenüber 39 Prozent der SPD. Die CDU fiel nun auf 41 Prozent, während die SPD auf 46 Prozent stieg. Im Verlauf einer ernsthaften Belastungsprobe hatte nicht nur das System der Abschreckung versagt, sondern es war ein Gegenschlag nicht einmal erwogen worden — zumindest nicht in der Öffentlichkeit.

Strauß selbst führte den Chor derjenigen an, die ihre Landsleute zu „Ruhe und Gelassenheit" ermahnten. Alles, was der CDU einfiel, war — soweit man sehen konnte — eine neue Serie von Plakaten, herausgegeben von ihrem Wahlkampfleiter, dem schleswig-holsteinischen Ministerpräsidenten Kai-Uwe von Hassel. Sie zeigten Chruschtschow vor grellrotem Hintergrund, einen Schuh schwingend, und dazu den Slogan „Nun erst recht CDU". Erhard vertraute Journalisten an, daß er diese Plakate scheußlich finde. Nichtsdestoweniger blieben sie an den Litfaßsäulen.

In den darauffolgenden Wochen beruhigten zwar der Besuch des US-Vizepräsidenten und die symbolische Verstärkung der Berliner Garnison durch US-Truppen die Deutschen wieder, sie konnten aber die CDU nicht mehr retten. Am 17. September, als 32,800.000 Westdeutsche zur Wahlurne gingen, entschieden sich 45,4 Prozent für die CDU/CSU, 36,2 Prozent für die SPD und 12,8 Prozent für die FDP. Das bedeutete 242 CDU/CSU-Abgeordnete im neuen Bundestag (251 mit den in Berlin indirekt gewählten), 190 (203) der SPD und 67 der FDP. Die SPD buchte einen moralischen Sieg, aber die Wahl gewonnen hatte die FDP. Die CDU/CSU, die alle Kräfte dafür eingesetzt hatte, ihre absolute Mehrheit zu erhalten, war besiegt. Am Montag morgen nach der Wahl wurde in Leitartikeln das Ende der Ära Adenauer proklamiert. Am Tage nach der Wahl sahen die meisten Kommentatoren „ein Ende mit Schrecken" nahen. Es wurde aber eher „ein Schrecken ohne Ende". Während der folgenden Wochen, in denen sich US-Panzer und Sowjettanks an den Berliner Sektorengrenzen gegenüberstanden, wurde das Verhältnis der zukünftigen Regierungsparteien zueinander kaum herzlicher.

Nur die SPD, in Berlin repräsentiert durch Brandt und in Bonn durch Wehner, versuchte, zwischen der Bildung der neuen Regierung und den internationalen Ereignissen eine Beziehung herzustellen, ein Versuch, der sicher in ihrem eigenen Interesse lag. Sie forderte eine gemeinsame Überprüfung der Außenpolitik und deutete ihre Bereitschaft an, an der Bildung einer Allparteienregierung mitzuwirken. Adenauer, vielleicht um die FDP auf Vordermann zu bringen, empfing am 25. September eine SPD-Delegation. Aber er ignorierte die SPD-Vorschläge.

In der Zwischenzeit führte die latente Spannung zwischen CDU/CSU und FDP zur ersten Krise. Am 19. September schlug der CDU-Vorstand Adenauer als Kanzler vor. Gleichzeitig beschloß der Bundesvorstand der FDP einstimmig, die Teilnahme an einem Adenauer-Kabinett abzulehnen. Einen Tag später bedauerte Strauß, daß die CSU nicht konsultiert worden sei. Sie würde, so erklärte er, Adenauers Politik unterstützen, jedoch für eine Kanzlerschaft Erhards eintreten. Am 21. September legte der alte Heinrich Krone — Adenauers Fraktionsführer, „der Mann mit der Ölkanne", wie ihn ein CDU-Abgeordneter nannte — Bundespräsident Heinrich Lübke einen Kompromißvorschlag der CDU vor: die CDU/CSU werde Adenauer als Kanzler vorschlagen unter der Bedingung, daß er sein Amt niederlege, sobald es die internationale Situation erlaube.

Am nächsten Tag machte die CSU den gleichen Vorschlag.

Die Bayern, so erklärte ihr Sprecher Hermann Höcherl, seien bereit, Adenauer noch ein Jahr im Amt zu dulden, wenn er es dann Erhard übergäbe. Nach einer Woche der Konferenzen war die CDU/CSU so weit, mit der FDP über eine neue Adenauer-Regierung zu verhandeln. Aber die FDP blieb unnachgiebig, bis Adenauer eine SPD-Delegation empfing und Erhard seinen Entschluß bekanntgab, nicht als Kanzler zu kandidieren. Damit war die Basis des Widerstandes der FDP zerstört, und so stimmte sie am 28. September Verhandlungen zu, wenn auch mit der Einschränkung, daß ihr Vorsitzender Erich Mende die Annahme eines Ministeramtes unter Adenauer verweigern werde. Eine Zweimanndelegation der FDP traf daraufhin mit Adenauer und Strauß zusammen, um das Regierungsprogramm festzulegen. Zu jedermanns Überraschung waren sie schon nach ein paar Tagen einig. Am 17. Oktober bestätigte Adenauer vor der CDU/CSU-Fraktion, daß er noch vor dem Ende der vier Jahre dauernden Legislaturperiode zurücktreten werde; darüber hinaus verwahrte er sich jedoch gegen den Versuch der FDP, ihn auf einen bestimmten Tag festzunageln.

Am 20. Oktober wurde der Entwurf eines Koalitionsvertrages mit der FDP angefertigt und am 21. Oktober vom Bundeshauptausschuß der FDP mit 60 zu 37 Stimmen angenommen. Aus Protest legten zwei regionale FDP-Führer ihre Ämter nieder. Drei Tage später war das Abkommen bereits nichtig, weil die CDU/CSU eine Revision des Paktes forderte. Am 27. Oktober wiederholte ein SPD-Sprecher den Vorschlag einer Allparteienregierung.

Der Streitpunkt war immer noch Adenauer, aber die FDP wurde schwächer. Als nun die CDU/CSU wieder versuchte, mit der FDP ein Abkommen zu treffen, aber ausdrücklich das Thema „Adenauer“ ausklammerte, suchte die FDP für ihr Feuer neue Ziele und erklärte Außenminister Heinrich von Brentano zum überwindlichen Hindernis. Brentano trat loyal zurück, der zweite Minister in der bisherigen Geschichte der Bundesrepublik, der sein Amt freiwillig niederlegte. Nachfolger wurde der amtierende Innenminister Gerhard Schröder. Strauß, der auch zu dieser Zeit als Schröders prominentester Rivale im Streit um die Kanzlernachfolge galt, stimmte mit der Mehrheit für dessen Ernennung zum Außenminister.

Am 2. November forderte die SPD noch einmal eine Allparteienregierung. Und die FDP verwarf — mit einem Stimmenverhältnis von 52 zu 7 — die CDU/CSU-Forderung nach einer neuen Präambel für ein Koalitionsabkommen. Die Erfolge bei den Verhandlungen in dieser Frage wurden ein paar Tage später durch das Auftauchen eines neuen Problems zunichte gemacht. Um für ein Maximum ihrer eigenen Abgeordneten Ministerien in der neuen Regierung und Posten zu ergattern, hatte die FDP die Errichtung eines neuen Ministeriums für wirtschaftliche Zusammenarbeit vorgeschlagen. Erhard, der dies verständlicherweise als Gefahr für sein eigenes Wirtschaftsministerium betrachtete, wählte diesen Moment, um seine Autorität gegenüber FDP und Adenauer auf die Probe zu stellen. Er verlangte, Adenauer solle die FDP abweisen. Es überraschte niemanden, daß er verlor.

Am 7. November wählte der Bundestag schließlich Adenauer zum Kanzler. Der neue FDP-Justizminister, Wolfgang Stammberger, blieb der Abstimmung fern, er zog sich in das Bundeshausrestaurant zu einer Tasse Kaffee zurück. Adenauer versprach Krone und Mende, rechtzeitig zurückzutreten, um seinem Nachfolger Zeit zu lassen, sich noch vor der Wahl 1965 im Amt einzuleben. Die Basis der neuen Regierung bildete ein „Ehevertrag" voll verwickelter Abmachungen und zweifelhafter „Verfassungsmäßigkeit". Zu den Bedingungen gehörte die Einrichtung eines Koalitionsausschusses, der jede Woche tagen sollte, um die Regierungspolitik festzulegen. Die Fraktionschefs der Koalitionsparteien erhielten das Recht, bei allen Kabinettssitzungen anwesend zu sein: Dies galt Mende, der sich geweigert hatte, in die Regierung einzutreten. Die FDP wurde außer mit dem Justizressort mit den Ministerien für Finanzen, Vertriebene, Bundesbesitz und wirtschaftliche Zusammenarbeit belohnt. Nach sieben stürmischen Wochen war die Krise scheinbar vorüber; aber schon in den nächsten Wochen zeigte sich, daß der Kompromiß alles nur verschlimmert hatte.

Die Wirkungen spiegelten sich in der Außen- und Verteidigungspolitik. Die Berlinkrise hatte bestätigt, was europäische Kritiker wie Strauß seit einigen Jahren vorausgesagt hatten: die Begrenztheit der amerikanischen Macht. Dean Acheson folgerte in einem Memorandum, das die neue Regierung in Washington in Auftrag gegeben hatte, die logische Antwort auf ein nukleares Patt liege in der Verstärkung der konventionellen NATO-Streitkräfte. Diese Erkenntnis, bekanntgeworden durch die „Washington Post", hatte ihre Auswirkungen diesseits des Atlantik. Strauß, der zwar im Grunde mit Achesons Voraussetzungen übereinstimmte, kam jedoch zu gegenteiligen Schlußfolgerungen: Wenn die amerikanische Abschreckung nicht länger wirke, müsse ein europäisches Abschreckungsmittel entwikkelt werden, das imstande sei, unabhängig zu operieren, sollte die Situation es erfordern. Seine Gegenattacke begann im Dezember, als er in Paris Vorschläge für eine NATO-eigene Atomstreitmacht vorlegte, eine Forderung, die zu überhören, die Kennedy-Regierung einstweilen vorzog. Strauß gab nun dem Militärkorrespondenten der „Frankfurter Allgemeinen Zeitung", Adalbert Weinstein, gezielte Interviews und begann die US-Politik in jeder öffentlichen Rede anzugreifen.

Strategische Überlegungen trafen mit finanziellen zusammen. In Bonns Haushalt für 1962 waren die Verteidigungsausgaben um mehr als 30 Prozent gegenüber 1961 gestiegen. Aber der neue Verteidigungshaushalt machte nur 5,7 Prozent des Bruttosozialprodukts der Bundesrepublik aus, ein Volumen von Militärausgaben, mit dem sie auf dem sechsten Platz der 14 Nationen umfassenden Nordatlantikallianz lag. Im Verhältnis zwischen Bevölkerung und aktiven Soldaten rangierte sie erst an vierzehnter Stelle. Als der Wunsch Amerikas nach mehr konventionell bewaffneten Truppen und einer diplomatischen Lösung des Berlinproblems immer lauter wurde, verschlechterten sich die Beziehungen zwischen der Kennedy-Regierung und Strauß, zwischen Washington und Bonn.

Bonn betonte, daß die Vereinigten Staaten riskieren würden, Deutschland zu verlieren, falls Washington Berlin durch Verhandlungen retten wolle, die geeignet wären, den Ostdeutschen entgegenzukommen. Washington stellte sich anscheinend vor, daß Pankow an den Verhandlungen über eine Garantie des Zugangswegs nach Berlin beteiligt werden müsse. Bonns Botschafter in Washington, Wilhelm Grewe, trug die Argumente seiner Regierung vor, mit Betonung sämtlicher vertraglichen Nachkriegsverpflichtungen, die die Bundesrepublik als Nachfolgerin des Dritten Reiches eingegangen war; er wiederholte den

Anspruch seiner Regierung auf Unterstützung in dem Streben nach Wiedervereinigung, ihre Haltung in der Frage der Ostgrenzen mit Polen, die erst durch einen Friedensvertrag festgelegt werden sollten, sowie des Status von Berlin.

Der Hintergrund des Konflikts wurde im August 1962 mysteriöserweise in dem katholischen Pro-Adenauer-Blatt „Rheinischer Merkur“ enthüllt. Als Quelle wurden vier Depeschen an das Bonner Außenministerium aus Washington und Paris vom Oktober 1961 benützt. Die deutschen Botschafter berichteten, Kennedy habe den sowjetischen Außenminister Andrej Gromyko informiert, eine Diskussion über Deutschlands Ostgrenzen werde der Regelung der Berlinfrage folgen; ferner, daß der amerikanische NATO-Botschafter, Thomas K. Finletter, seinen deutschen Kollegen nach einer Reaktion auf Washingtons Vorschlag für eine entmilitarisierte Zone in Westdeutschland gefragt habe, schließlich, daß Englands Vertreter beim Botschafter-Lenkungsausschuß in Washington, Lord Hood, erklärt habe, die Verfügungsgewalt der Ostdeutschen über die Verkehrswege nach West-Berlin müsse anerkannt werden. Washington war über die Indiskretion verärgert, und Adenauer, der Kenntnis von der immer unfreundlicheren Behandlung hatte, die Grewe in der US-Hauptstadt zuteil wurde, fand es opportun, den Botschafter eben dafür verantwortlich zu machen. Grewe wurde zurückbeordert und nahezu unverzüglich zum NATO-Botschafter ernannt.

Trotz intensiver Nachforschungen im Bonner Außenministerium konnte oder wollte niemand sagen, wie das Material an den „Rheinischen Merkur“ gelangt war. Der Autor des Artikels, ein Amerikaner namens Julius Epstein, war immerhin früher bei General Julius Klein beschäftigt gewesen, dessen Chikagoer Public-Relations-Firma Konrad Adenauer zu ihren Klienten zählte. Außenminister Schröder deutete vor dem außenpolitischen Ausschuß des Bundestages an, der Kanzler befände sich unter den Verdächtigen. Das war symptomatisch für den Stand der deutsch-amerikanischen Beziehungen.

In der Zwischenzeit wurde Strauß in eine andere Krise verwickelt, die ebenfalls mit den Vereinigten Staaten zusammenhing. Der SPIEGEL berichtete als erster darüber. 1959 hatten amerikanische Stellen Erkundigungen über die Errichtung von

Unterkünften für amerikanische Truppen in Süddeutschland eingezogen. Der Passauer Verleger Hans Kapfinger hatte angeblich Strauß mit örtlichen Bauinteressenten zusammengebracht, die sich zu einer später als „Fibag" bekanntgewordenen Gesellschaft zusammengeschlossen hatten. Von Strauß, der ein Bekannter Kapfingers war, hatte man offenbar angenommen, er würde die „Fibag" dem Pentagon empfehlen. Obwohl aus der Sache niemals etwas wurde, unterzeichnete Strauß tatsächlich in seinem Büro geschriebene Empfehlungen. Im Frühjahr 1962 trat auf Betreiben von SPD und FDP ein Untersuchungsausschuß des Bundestages zusammen, um die Angelegenheit zu untersuchen. Eine bizarre Schar von Zeugen erschien, aber keiner von ihnen wurde vereidigt, und ihre Aussagen stifteten kaum mehr als Verwirrung. Kurz vor den Landtagswahlen in Nordrhein-Westfalen im Juli beantragte die CDU, die Untersuchung zu beenden. Die SPD hegte für Strauß keine Zuneigung und hatte auch nicht vergessen, daß Kapfingers Beitrag zum Wahlkampf 1961 in der Gründung der Zeitschrift „Aktuell" bestanden hatte, die sich nichts anderes als eine Diffamierung Willy Brandts zur Aufgabe gemacht hatte. Daher widersetzte sich die SPD natürlich einer Vertagung. Dies tat jedoch auch die FDP, und damit war eine Mehrheit für die Fortsetzung der Untersuchung vorhanden. Diese sich ergebenden Verwicklungen hatten ihr Gegenstück in einem nicht unerheblichen Fiasko der obersten Justizverwaltung der Bundesrepublik. Seit 1961 Generalbundesanwalt Max Güde zurückgetreten war, um für den Bundestag zu kandidieren, war sein Amt unbesetzt. Im Juli 1962 wurde mit der nicht gerade selbstlosen Hilfe Pankows aufgedeckt, daß der Kandidat des Justizministeriums für diesen Posten während seiner Kriegskarriere als Ankläger beim Reichsgericht in Leipzig mit der Todesstrafe nicht zimperlich gewesen war. Seine Kandidatur endete abrupt. Für Strauß war es ein kleiner Triumph. Gereizt dadurch, daß die FDP für die Fortsetzung der Untersuchung der „Fibag"-Affäre gestimmt hatte, forderte er nun eine Untersuchung gegen Justizminister Stammberger. Stammberger bot mit einem in der westdeutschen Politik nicht gerade üblichen Verantwortungsgefühl seinen Rücktritt an und beantragte die Einleitung eines Verfahrens gegen sich selbst. Beide Untersuchungen führten schließlich zu nichts. Stammbergers Rücktritt wurde abgelehnt.

Bei dem Empfang der Bundestagsabgeordneten durch Bundespräsident Lübke auf Schloß Brühl erregte Strauß in den frühen Morgenstunden des 25. Oktober die Aufmerksamkeit einer kleinen Zuhörerschaft. Er soll gesagt haben, Helmut Schmidt, früherer SPD-Abgeordneter und scharfer Kritiker von Strauß' Verteidigungspolitik, müsse als Landesverräter eingesperrt werden; der SPD-Abgeordnete Georg Kahn-Ackermann müsse zu mindestens sechs Monaten Haft verurteilt werden, und Gerhard Jahn, jener SPD-Abgeordnete, der während der „Fibag"-Untersuchung die meisten Fragen gestellt hatte, verdiene, daß man ihm den Schädel einschlage. Seine letzte Verwünschung soll Strauß sich für den SPIEGEL aufgehoben haben. Kurz danach verschwand Strauß im Garten, wo ihm, wie Zeugen berichteten, ziemlich übel war. Einige Wochen später behauptete Strauß in einem Brief an die Illustrierte „Stern" als Antwort auf einen gegen ihn gerichteten Angriff der „Stern"-Kolumnistin Sibylle, er sei mißverstanden worden und sei nur ironisch gewesen. Sein Unwohlsein, so fügte er hinzu, sei die Folge einer Gelbsuchterkrankung im Kriege und einer Überbeanspruchung in den letzten Wochen, besonders durch die Kubakrise.

Am 25. Oktober sprach die Bundestagsmehrheit einschließlich der FDP Strauß von den Beschuldigungen in der „Fibag"-Affäre frei. Am nächsten Tag besetzte Polizei das Hamburger Pressehaus, und die SPIEGEL-Affäre begann.

2 „DER SPIEGEL“

Warum der SPIEGEL, und warum die Erregung? Darauf gibt es verschiedene Antworten: solche, die auf der Hand liegen, aber doch nur gerade die Oberfläche der Dinge berühren, und solche, die in die Tiefe der Probleme gehen, dafür aber keineswegs einfach darzulegen sind. Die Pressefreiheit, die Meinungsfreiheit überhaupt standen in der Auseinandersetzung eindeutig zur Debatte. Doch war dies nur ein Teil der Affäre. Die Einstellung des SPIEGELS gegen Adenauer und Strauß war kein Geheimnis. Aber damit stand er nicht allein. Es ging auch nicht um die eingehende Beschäftigung des Nachrichtenmagazins mit militärischen Dingen. Andere deutsche Publikationen zeigten sich mindestens ebenso informiert und beunruhigt wie der SPIEGEL und waren auch zu ähnlichen Schlußfolgerungen über das NATO-Herbstmanöver „Fallex 62“ gekommen — ihre Informationen kamen möglicherweise aus ähnlichen Quellen.

Was die Stellung des SPIEGELS einmalig machte, war nicht so sehr seine Politik als sein Publikum. Es wird weithin angenommen, daß die Deutschen bemüht sind, ihre Vergangenheit zu verdrängen. In Wirklichkeit sind sie, wie die Affäre sichtbar machte, von dieser Vergangenheit geradezu besessen. Die bemerkenswerten Ereignisse vom November und Dezember 1962 sind nur zum Teil als eine Angelegenheit der bundesrepublikanischen Gegenwart zu erklären. Sie sind unverständlich, wenn man die Ereignisse der jüngeren deutschen Geschichte nicht kennt. Die ganze Affäre beschwor historische Erinnerungen herauf: Weimar und Hitler, Goebbels und Gestapo, sogar die Dreyfus-Affäre. Fred Luchsinger, Bonner Korrespondent der „Neuen Zürcher

Zeitung", schrieb am 1. November: „Man hat angesichts mancher Reaktionen den Eindruck, daß in weiten Kreisen der Bundesrepublik das Verhältnis zur Landesverteidigung noch immer recht problematisch ist, daß sie in der Vorstellungswelt vieler Leute verdrängt und daß ihre Erfordernisse nicht einmal in einer so explosiven Situation wie der Kubakrise mit dem Ernst gewürdigt werden, der ihnen in anderen Ländern zuteil wird. Man hat es wohl mit einer noch aus der Endphase des Dritten Reiches stammenden Saturierung mit militärischen Dingen zu tun; wenn man davon hört, spielen mancherorts noch immer die automatischen negativen Reflexe mit — abgesehen von der bewußten Haltung mancher Intellektueller, die dem demokratischen Staat jenen Widerstand leisten wollen, den sie in der Diktatur seinerzeit unterlassen hatten."

Ausländer, besonders aus kleinen, wohlhabenden und neutralen Ländern, konnten so argumentieren. Den Deutschen erlaubte weder ihre gemeinsame Geschichte noch die Geschichte des SPIEGELS einen ähnlichen Luxus.

Die Geschichte des SPIEGELS ist eine Geschichte Nachkriegsdeutschlands, gleichermaßen ein Spiegelbild wie ein verstärkter Reflex seiner Umwelt. Für die Redaktion wie für seine Leserschaft ist der SPIEGEL ein lebendes Beispiel einer seiner Titelgeschichten.

Die Ursprünge des SPIEGELS reichen in das Jahr 1945 zurück, als ein 22 Jahre alter Leutnant namens Rudolf Augstein sich durch Geistesgegenwart der Gefangenschaft der US-Armee entzog. Mit Tausenden Soldaten und Zivilisten auf einem offenen Feld zusammengetrieben, ging er auf ein zuschauendes Mädchen zu und stellte sich neben ihm bei den Zivilisten auf. Er erklärte, es sei seine Braut und könne nachweisen, daß er schon seit Wochen aus der Wehrmacht entlassen sei. Er hatte das Mädchen weder vorher gesehen, noch sah er es später wieder. Die amerikanischen Bewacher gaben sich mit Augsteins Darstellung zufrieden.

Eine Stunde später tauschte er eine Handvoll Zigaretten gegen ein Fahrrad ein und fuhr nach Hause in seine Geburtsstadt Hannover. Dort bekam er einen Posten bei einer der beiden örtlichen Tageszeitungen, die unter der Aufsicht der britischen Besatzungsbehörden herausgekommen waren. Seine Lehrer erinnern sich seiner als eines der Klassenbesten und als eines talentierten Schülerpoeten. Er hatte ursprünglich vor, Germanistik zu studieren und eine literarische Karriere einzuschlagen. Wie die Dinge lagen, begann er nun zuerst zu schreiben — vor allem Feuilletons.

Bei den britischen Streitkräften befand sich ein in der Tschechoslowakei geborener Feldwebel, Harry Bohrer, der eines Tages feststellte, was Nachkriegsdeutschland brauche, sei ein wöchentliches Nachrichtenmagazin wie „Time". Die Idee fand Gefallen bei dem mit ihm befreundeten Feldwebel Henry Ormond, der gleichfalls seinerzeit aus Hitlers Europa geflohen war. Der Plan entsprach auch den Absichten ihres Vorgesetzten John Chaloner, des verantwortlichen Presseoffiziers in Niedersachsen und mit 23 Jahren jüngsten Majors der britischen Armee. (Bohrer ist heute Journalist in London; Chaloner, äußerst erfolgreicher Importeur von Zeitungen und Zeitschriften mit exklusiven Vertriebsrechten des SPIEGELS für England, betätigt sich gelegentlich als Romanschriftsteller und nebenbei als Farmer. Ormond blieb einige Monate als Verlagsleiter beim SPIEGEL und praktiziert jetzt als Rechtsanwalt in Frankfurt, wo er einige der Nebenkläger im Auschwitzprozeß von 1963 bis 1965 vertrat.)

Chaloners Freunde in der Lokalpresse reagierten freundlich, auch Augstein. Dieser hatte Chaloners Aufmerksamkeit durch ein für das hannoversche Theater bestimmtes Stück erregt. Es folgten einige Wochen intensiver Vorbereitungen und Versuche. Chaloner ließ seine Schützlinge täglich eine Story schreiben, korrigierte die Ergebnisse und teilte ihnen sodann neue Themen zu. Schließlich wurde einem Komitee von Besatzungsoffizieren eine „Nullnummer" vorgelegt — und gebilligt. Am 16. November 1946 erschien die erste Ausgabe unter dem Titel „Diese Woche".

Anders als der Name, der nur kurzlebig war, sollte das rote Titelblatt mit seinen Titelphotos zu einem „Markenzeichen" werden. Der Preis, eine Mark, hielt sich bis 1964. Von dem ersten, 24 Seiten umfassenden Heft wurden 15.000 Exemplare gedruckt; es verursachte eine gelinde Sensation. Chaloner hatte gesagt, die Redakteure könnten schreiben, was ihnen gefiele. Mit Nachdruck Victor Gollancz zitierend, dessen Buch über

Deutschlands Nachkriegschaos „In darkest Germany“ gerade in London erschien, trat das frischbackene Magazin mit einer Kritik der britischen Besatzungsmacht an die Öffentlichkeit: Während die Engländer ihren Weihnachtsputer vorbereiteten, hungerten Millionen Deutsche.

In den folgenden Wochen, als Beschwerden aller vier Besatzungsmächte auf das britische Hauptquartier niederprasselten, hielt man es für angebracht, die Beaufsichtigung zu verstärken. Künftig wurden vor dem Erscheinen jede Woche per Fernschreiber sämtliche Texte des Magazins nach Berlin durchgegeben. Das hatte zur Folge, daß „Diese Woche“ jede Woche an einem anderen Tag herauskam, einmal sogar nach einwöchiger Pause mit einer Doppelnummer, weil die Sichtungsprozedur zu lange gedauert hatte. Da die britischen Behörden nicht sichtbar dem Druck eigener oder alliierter Stellen nachgeben wollten, entschlossen sie sich endlich, das Blatt in deutsche Hände zu geben. Aber nicht einmal Chaloner wußte, daß britische Stellen mittels einer absichtlich minimalen Papierversorgung auch weiterhin eine Art von Kontrolle ausübten. Augstein wurde eine nach Stunden bemessene Frist gewährt, um das notwendige Betriebskapital in Höhe von 30.000 Reichsmark, zwei neue Lizenzträger, die das Unternehmen leiten sollten, und einen neuen Namen zu finden. Im Verlauf eines hektischen Telephongesprächs mit seinem Vater erwog er vorübergehend den Titel „Das Echo“, verwarf ihn jedoch wieder. Am 4. Januar 1947 erschien das Magazin wieder unter dem Namen DER SPIEGEL.

Die Geschichte der deutschen Nachkriegspresse ist eine Geschichte der Erfolge. Aber keiner war so vollständig wie der des SPIEGELS. Zugleich seriös und frivol, populär und polemisch, nationalistisch und freiheitsbewußt, sachlich und altklug, war er ein dem deutschen Journalismus neues Phänomen. Wie sein Vorbild „Time“ wurde der SPIEGEL so gemacht, als würde er „von einem Mann für einen Mann“ geschrieben — in Wahrheit war jede Ausgabe das Produkt eines vielschichtigen kollektiven Arbeitsprozesses der Redaktion. Wie „Time“ reproduzierte er die Wirklichkeit in der Form einer „Geschichte“ und schilderte die Ereignisse der Woche ohne Rücksicht auf die Betroffenen oder auf die unmittelbare Bedeutung des Themas. Dazu lieferte er eine Fülle konkreter Details, die für Deutschland neu waren: Alter, Schuhgröße, die jeweiligen Wetterverhältnisse und so weiter. Zufolge seiner eigenen redaktionellen Regel, daß den Menschen nichts so sehr interessiere wie der Mensch, war es das Ziel des SPIEGELS, Nachrichten zu personifizieren. Die meist abstrakten Ereignisse und Probleme erlangten ihre Brennschärfe in der Individualisierung, in Titelgeschichten über Politiker, Industrielle, Wissenschaftler, Theologen, Opernsänger oder Filmstars. Wiederum wie „Time" unterwarf auch der SPIEGEL die Sprache seinen eigenen Zwecken, indem er eine syntaktisch stark invertierte Prosa mit vielen zusammengesetzten Hauptwörtern produzierte, die bisher selbst in dieser dafür so geeigneten Sprache unbekannt waren.

Knapp an Mitteln in einer Welt, in der die Reichsmark von wenig Interesse selbst für diejenigen war, die auf irgendeine Weise genug davon besaßen, machte „Das Deutsche Nachrichten-Magazin", wie es sich selbst bald nannte, schon früh aus der Not eine Tugend. Es konzentrierte seine Jagd auf Stoff innerhalb der Reichweite seiner Redaktionsfahrräder und -Volkswagen und nahm die Welt dahinter aus zweiter Hand. Eine wachsende Sammlung auswärtiger Publikationen wurde gewissenhaft erfaßt, ausgewertet und in einem Archiv geordnet, das sorgfältig systematisierte Informationen enthielt. Das Archiv war praktisch von Anfang an nicht Beiwerk, sondern geradezu das Herz des Unternehmens. Dies blieb es auch, nachdem ein Stab auswärtiger und regionaler Korrespondenten die Lücke gefüllt hatte, der es gerade seine Existenz verdankte. Mit der Zeit breitete sich das Archiv auf ein Dutzend weitläufiger Räume aus und bezog 1967 per Abonnement 573 Zeitungen und Zeitschriften, davon 173 aus dem Ausland. (Es beherbergte außerdem Bände des „Simplizissimus", Deutschlands größter satirischer Wochenzeitschrift der Vor-Hitler-Zeit; der „Zukunft" Maximilian Hardens, der einflußreichsten Berliner Wochenschrift der Zeit vor 1914; der „Weltbühne" Carl von Ossietzkys, der prominentesten Oppositionszeitschrift der Weimarer Republik; der „Fackel" des Wieners Karl Kraus — vielleicht das bedeutendste Erzeugnis eines Einmannjournalismus in der Geschichte überhaupt; und es enthält das komplette Werk von Ossietzkys Mitarbeiter Kurt Tucholsky. All dies sind bezeichnende Hinweise auf Augsteins Geschmack.)

Das Archiv hatte im Oktober 1962 48 Mitarbeiter. 18 davon erschienen als Dokumentationsjournalisten neben den 62 Redakteuren im Impressum. Von Anfang an war der SPIEGEL nicht zimperlich, eine redaktionelle Meinung auszudrücken, weder in einem beiläufigen Adjektiv noch in der charakteristischen, episch langen Titelgeschichte; aber er nahm es außerordentlich genau mit den Fakten. Jede Tatsache in jedem Manuskript wurde verifiziert — womöglich durch Akademiker.

Nichts von dem ist wirklich überraschend für amerikanische Leser — nicht einmal die besonders auffallenden Abweichungen von dem angelsächsischen Vorbild, die ausführlichen, wortgetreuen Interviews (SPIEGEL-Gespräche) mit Personen der Öffentlichkeit und Augsteins Artikel, die er unter den Pseudonymen Jens Daniel und Moritz Pfeil veröffentlicht. Im deutschen Journalismus hatte es jedoch etwas Ähnliches nie gegeben. (Nach der Affäre wich der SPIEGEL noch weiter vom „Time"-Stil ab, indem er lange Namensartikel von spezialisierten Kolumnisten einführte.)

Aber was den SPIEGEL einmalig machte, war nicht in erster Linie die Form. Vornehmlich war es eine Sache des Inhalts, eines Ausdrucks redaktioneller Persönlichkeit; Westdeutschland ist nicht Amerika und Rudolf Augstein nicht Henry Luce. Leitende „Time"-Leute haben zugestanden, daß der SPIEGEL die beste aller „Time"-Nachahmungen war, obwohl „Time" unter dem unmittelbaren Eindruck der SPIEGEL-Affäre weniger freundlich war. „Time" berichtete am 9. November 1962: „Der SPIEGEL wurde 1947 als eine Publikation gegründet, die oberflächlich nach der Art von ‚Time' gestaltet war, sich jedoch bald in eine teutonische Ausgabe des ‚Confidential'-Magazins verwandelte. Er kämpfte gegen fast alles und für fast nichts — ausgenommen vielleicht die Anerkennung von Ostdeutschland, die er häufig befürwortet hat. Der SPIEGEL, der ohnehin nicht sehr freundlich auf Amerika zu sprechen ist, verurteilte Präsident Kennedys Aktion gegen Kuba, die er für hysterisch und schwächlich hielt, als eine Aufreizung zum Atomkrieg."

Die besondere Qualität des SPIEGELS ist auf die Umstände seiner Geburt zurückzuführen. 1945 war das Jahr Null der jüngeren deutschen Geschichte, aber auch eine Art Paradieszustand. Die Währungsreform 1947 trieb die Deutschen aus dem Paradies und in den Wohlstand. Die vorausgegangenen Jahre waren Jahre der Entbehrung und Verzweiflung. Aber anderseits sind sie Tausenden, ja Millionen als eine große Zeit im Gedächtnis, besonders für dreiundzwanzigjährige Intellektuelle. Aggressiv, nicht einzuschüchtern und respektlos, war der SPIEGEL bei seiner Geburt das Produkt von aufgeweckten und hoffnungsvollen Zwanzigjährigen. Aus ihm sollte später das Produkt desillusionierter und dann verzweifelter Dreißigjähriger und noch später respektabler und vielleicht etwas zynischer Vierzigjähriger werden. Aber nichts davon konnte man 1947 voraussehen. Die Gründer des SPIEGELS, frei von der Schuld, welche Millionen ihrer Landsleute, die vor 1933 erwachsen geworden waren, infizierte und behinderte, hatten wenig zu verlieren und eine Menge zu gewinnen. Sie waren freie Männer, gegenüber den Siegern wie den eigenen Mitbürgern. In manchen Fällen genügte ein bißchen Diplomatie, um eine Situation zu retten. Eine am 21. Juni 1947 nachgedruckte englische Karikatur zeigte Stalin, wie er seinen Schnurrbart auf Hitler-Format stutzte. Wie vorauszusehen, protestierten die Sowjets sofort. Augstein wurde von einem britischen Kontrolloffizier zur Rechenschaft gezogen. „Soll das bedeuten", fragte Augstein mit gewinnender Hinterlist, „daß ich nicht einmal ‚News of the World' zitieren kann?" Wie sich herausstellte, sollte es das nicht bedeuten.

Der Geschmack der Redakteure entsprach dem ihrer Leser, die den SPIEGEL mit dem höchsten Schwarzmarktpreis, der je für eine Zeitschrift an deutschen Kiosken gezahlt wurde, ehrten. Gebrauchte Hefte zogen auf 15 Reichsmark an, das Fünfzehnfache des offiziellen Preises. Zwischen der ersten Ausgabe und der Währungsreform stieg die Auflage von 15.000 auf 66.000 Exemplare, was ungefähr einem Zehntel der wirklichen Leserschaft entsprach. Kurz nach der Währungsreform ergab eine Leserumfrage, daß 89 Prozent der SPIEGEL-Leser mit ihm zufrieden waren. Nur 5 Prozent erklärten sich unzufrieden, hauptsächlich aus Gründen wie: übertriebene Ironie, Farblosigkeit, Neigung zu Klatsch, Oberflächlichkeit, Unseriosität und Plumpheit. Augstein bemerkte später, eine Reihe potentieller Leser beschwere sich einfach darüber, daß der SPIEGEL nicht zu erhalten sei.

Unter den Kritikern von 1948 befand sich die holländische Regierung, deren Mißfallen bis nach London drang, nachdem in einer Ausgabe Aufmerksamkeit auf die Beine der damaligen Kronprinzessin Juliane gelenkt worden war und auf die — wenig bedeutende — Ehrenmitgliedschaft des Prinzen Bernhard bei einer SS-Formation. Das Ergebnis war, daß der SPIEGEL zwei Wochen nicht erscheinen durfte. Durch Chaloners Intervention beim Foreign Office wurde das Verbot auf eine Woche reduziert.

Die Kritiker von 1950 kamen aus der näheren Umgebung. Unter der Überschrift „Klug sein und Mund halten" berichtete der SPIEGEL am 27. September, eine Reihe von Abgeordneten des neuen Bundestages sei bestochen worden, um für niedrigere Kaffeezölle, für höhere Erdölpreise und für Bonn an Stelle von Frankfurt als Hauptstadt der neuen Bundesrepublik zu stimmen. Zum erstenmal reagierte der Bundestag direkt auf eine SPIEGEL-Geschichte. Eine Woche nach dem Erscheinen des Artikels wurde ein Untersuchungsausschuß eingesetzt, der in 34 Wochen 37 Sitzungen abhielt. Am Ende wurden fünf Abgeordnete aufgefordert, ihr Mandat niederzulegen. Von nun an war dem SPIEGEL der Erfolg sicher.

Doch der zweite Streich folgte 1952. Ein Mann namens Hans Konrad Schmeisser, so berichtete der SPIEGEL, habe Grund, zu glauben, daß in den Jahren vor 1949 Kanzler Konrad Adenauer und sein außenpolitischer Berater, der spätere Botschafter in Paris, Herbert Blankenhorn, ungewöhnlich nahe Beziehungen zum französischen Geheimdienst unterhalten hätten. Schmeisser behauptete, Blankenhorn habe die Franzosen mit beträchtlichen Mengen interessanter Informationen versorgt. Als Gegenleistung hätten die Franzosen für den Fall eines sowjetischen Angriffs beiden Herren und ihren Familien eine schnelle Evakuierung nach Frankreich garantiert. Ferner soll Adenauers CDU die Franzosen um Wahlkampfgelder angegangen haben. Es bestand Grund zur Annahme, daß Schmeisser eine zuverlässige Quelle sei. Denn er war unter dem Namen Levacher Blankenhorns französischer Kontaktmann gewesen.

Adenauer bezeichnete die ganze Geschichte als Machwerk.

Er, Blankenhorn und ein weiterer Betroffener verklagten die Verantwortlichen, unter anderen Schmeisser, Augstein und die Redakteure Jaene und Maus. Soweit noch erreichbar, wurde die Ausgabe am 10. Juli 1952, dem Tag nach ihrem Erscheinen, beschlagnahmt. Der anschließende Prozeß zog sich über fünf Jahre hin und führte weder zu einer Klarstellung noch zu einer Verurteilung. Die Bezahlung der Gerichtskosten, die zunächst Schmeisser auferlegt worden war, wurde zwischen den streitenden Parteien geteilt.

In der Zwischenzeit hatte sich guter Journalismus als gutes Geschäft erwiesen. 1950 wurde Augstein alleiniger Herausgeber und begann, einen Verleger zu suchen. Zu Augsteins besonderem Glück zeigte sich Axel Springer, der gerade eine Familienfirma zu Europas größtem Verlagsunternehmen ausbaute, nicht interessiert. Der SPIEGEL war nicht dazu berufen, ein journalistisches Protektorat, noch Augstein, ein Vizekönig zu sein. Zu Augsteins ebenso großem Glück war jedoch John Jahr interessiert. Jahr, erfahrener Geschäftsmann und Verleger einer erfolgreichen Frauenzeitschrift, erkannte sofort den wunden Punkt des SPIEGELS: zuwenig Anzeigen. 1947 umfaßte der Textteil 85,2 Prozent einer durchschnittlichen SPIEGEL-Ausgabe, der Anzeigenteil 14,8 Prozent. 1953 stieg der Anzeigenteil auf 17,7 Prozent. Unter Jahrs Führung weckte der SPIEGEL das Verständnis der Industrie dafür, daß seine wachsende Leserschaft auch aus Verbrauchern bestand.

1953 wurde Augstein eingeladen, vor dem Düsseldorfer Rhein-Ruhr-Klub zu sprechen. Drei Jahre später war der Anzeigenteil auf 36,7 Prozent einer durchschnittlichen Ausgabe angewachsen. Nach 1962 überschritt er zum erstenmal die Fünfzigprozentgrenze. Dementsprechend entwickelte sich die jeweils auf den 1. Januar bezogene Auflage von 91.000 (1950), 174.000 (1954), 350.000 (1959) bis auf 482.000 im Jahre 1962, dem Jahr der Affäre. (1967 betrug sie über 900.000 Exemplare.)

Obgleich Meinungsumfragen ergaben, daß SPIEGEL-Leser in allen sozialen Schichten zu finden waren, besaß der durchschnittliche SPIEGEL-Leser doch höheres Bildungsniveau und verdiente mehr als der durchschnittliche Westdeutsche. Die Zahl der norddeutschen Leser übertraf die der süddeutschen; folglich lasen etwas mehr Protestanten den SPIEGEL als Katholiken.

Die meisten Leser lebten in Städten. Unter den regelmäßigen Lesern befanden sich 40 Prozent der bundesdeutschen Studenten und unter den Inserenten einige der klangvollsten Namen der deutschen Geschäftswelt. Im Lauf der Zeit inserierten sowohl die Regierung als auch die Bundeswehr.

Aber die redaktionelle Konzeption blieb fest in der Hand der Redakteure, die weder Dankbarkeit noch Verpflichtung erkennen ließen. Am 12. November 1956 trat das Umwandlungsgesetz in Kraft. Zwischen Dezember 1959 und November 1960 griff der SPIEGEL namentlich 26 Firmen an, die jenes exzessiv ausgenutzt hatten. 17 von ihnen waren Anzeigenkunden des SPIEGELS. 1960 unternahm er eine Kampagne gegen den Wohlstandsalkoholismus, eine der unerfreulichsten Erscheinungen des Wirtschaftswunders. Zu dieser Zeit bestand sein Anzeigenaufkommen zu 19 Prozent aus Inseraten der Spirituosenindustrie.

Ebensowenig Zartgefühl zeigte der SPIEGEL für die kollektive Empfindlichkeit seiner Leser, indem er ihnen regelmäßig große Portionen der jüngsten Geschichte vorsetzte, systematisch die unappetitlichen Sitten einer Gesellschaft von Emporkömmlingen sezierte und emsig ihre Tabus verletzte, wie etwa die Jagdleidenschaft, die große Teile der geschäftlichen und politischen Welt gepackt zu haben schien, oder den Kult um Albert Schweitzer. Zum Teil als absichtliches Korrelativ gegenüber der Tagespresse, schonte der SPIEGEL weder die Kirchen noch die Flüchtlingsorganisationen, die beide zu den stärksten Machtgruppen im Nachkriegsdeutschland gehörten.

Am deutlichsten jedoch dokumentierte der SPIEGEL seine Unabhängigkeit in der Politik. Deutschlands Nachkriegsatmosphäre war im Grunde unpolitisch, ja antipolitisch. Das Konzept des SPIEGELS war es, über Ereignisse zu berichten, nicht sie zu dirigieren. Dies stimmte mit Augsteins eigenen Neigungen überein, die jene eines ungewöhnlich intelligenten, aber durchaus typischen deutschen Intellektuellen aus dem Mittelstand waren.

Deutschlands intellektueller Tradition gemäß, schlug Augsteins revolutionäres Herz eher auf der Bühne als in der Zeitung; die deutsche Revolution finde im Theater statt, hatte Tucholsky einst bemerkt. Augsteins erste umfangreiche politische Aussage war charakteristischerweise ein Theaterstück, das die nachkriegsdeutsche Szene ins Mittelalter zurückversetzte. Zum ersten- und einzigenmal 1947 in Hannover aufgeführt, erntete es eine freundliche Besprechung in der „Zeit“ und eine sehr schlechte im SPIEGEL. Damals war Augstein erst 24 Jahre alt, aber das Durchfallen des Stückes scheint eine persönliche Krise ausgelöst zu haben. Wie ein langjähriger Bekannter geschrieben hat, war es um diese Zeit, daß der SPIEGEL aufhörte, für Augstein ein Spielzeug zu sein, und daß er begann, zu seiner Lebensaufgabe zu werden.

Augsteins persönliche Situation stimmte wiederum mit der Situation seiner Umwelt überein. Die Ereignisse zwangen die Deutschen ebenso wie den SPIEGEL, sich aktiv mit Politik zu befassen. Die Neugeburt parlamentarischer Demokratie auf Landesebene und die folgende Konsolidierung auf einer quasinationalen Basis in der Bundesrepublik waren ein natürliches Objekt journalistischen Interesses. Die Selbstgefälligkeit, die gelegentliche Korruption, die manchmal zweifelhafte Vergangenheit und unsichere Gegenwart der neuen politischen Generation sprachen die SPIEGEL-Leute als strebsame Demokraten an. Gleichwohl war der entscheidende Faktor der Lauf der Dinge selbst — die Bolschewisierung der Sowjetzone, die einseitige westliche Orientierung der neuen Regierung in Bonn und vor allem der kalte Krieg. Auf diese Dinge sprachen sie als Deutsche an — sie waren jung, meist evangelisch und stammten in der Mehrzahl aus Norddeutschland.

Außenpolitik interessierte Adenauer in erster Linie, und folglich war sie spätestens seit 1951 auch Augsteins Hauptinteressengebiet. Aber angefangen beim Saarkonflikt — Adenauer war im Interesse der französischen Freundschaft bereit, auf die Saar zu verzichten, der SPIEGEL war es nicht — war die Übereinstimmung zwischen beiden minimal. Was davon vorhanden war, war negativ — etwa die gemeinsame Ablehnung des kommunistischen Regimes in Ostdeutschland. Aber auch hier gingen die Ansichten über den Vorrang auseinander: Für Augstein war die Teilung Deutschlands eine Katastrophe wie der Krieg selbst; sie war Verrat an 17 Millionen Landsleuten. In der Überzeugung, daß die Wiedervereinigung als einziges legitimes Ziel deutscher Außenpolitik auch erreicht werden könne — vorausgesetzt, die Bundesrepublik ginge zu einer anderen

Politik als jener Adenauers über —, wurde der SPIEGEL mehr und mehr ein Meinungsblatt. Obwohl die Leitartikel mit den Namen Jens Daniel und Moritz Pfeil gezeichnet waren, herrschte doch kein Zweifel, wessen Meinung sie darstellten. Hier machte der SPIEGEL-Stil dem Augstein-Stil Platz — syntaktische Freiübungen wurden durch eine Prosa verdrängt, die sich durch Klarheit, Brillanz des Ausdrucks und wenigstens einen Hauch von Fanatismus auszeichnete. Politisch und, wie die Schmeisser-Affäre zeigte, persönlich dauerte dieser Kampf auch im Jahre 1955 an, als die Besatzungszeit offiziell endete und ein im wesentlichen souveränes Westdeutschland der NATO beitrat.

Nun war der SPIEGEL eine Institution geworden, deren Unabhängigkeit und Einfluß gerade durch seine Kritiker bestätigt wurden. „Der SPIEGEL arbeitet auf Weisung von Ost-Berlin", erklärte der CDU-Abgeordnete Paul Bausch. Aber der „Rote Stern", die Zeitung der Roten Armee, verkündete: „Die käufliche westdeutsche Zeitschrift entpuppt sich Zeile für Zeile als Helfershelfer der überseeischen Aggressoren und deren treuen Alliierten — der Bonner Revanchisten." „Der SPIEGEL vertritt handfeste britische Interessen, und wohl nicht nur industrielle", behauptete ein Marburger Studentenblatt. „Der deutsche, eindeutig linksorientierte und gegen Adenauer eingestellte SPIEGEL", schrieb ein Amsterdamer Wochenblatt. „Der SPIEGEL ist politisch rechtsorientiert", meinte die „Nieuwe Rotterdamse Courant". „Der SPIEGEL ist schon lange nicht mehr unser Freund", äußerte ein FDP-Bundestagskandidat. „Was hat der SPIEGEL alles dazu beigetragen, um gegen Erich Ollenhauer zu Felde zu ziehen", schrieb ein Mainzer SPD-Blatt.

Inserenten, Leserschaft, eine wachsende Zahl Betroffener, selbst seine Quellen zeugten von seinem Erfolg. Der SPIEGEL wurde gleichermaßen bewundert, gefürchtet und gebraucht. „Das könnte hier nicht passieren", soll eine Studentin nach einer Aufführung von Ibsens „Volksfeind" gesagt haben, „wir haben den SPIEGEL." Der Bestechungsvorwurf im Zusammenhang mit den Anklagen, die im Jahre 1962 durch die Bundesanwaltschaft in der „Fallex"-Affäre erhoben wurden, hatte bei einem der SPIEGEL-Anwälte nur die Wirkung, daß er meinte, er sehe jetzt, wie wenig die Bundesanwälte ihre Landsleute verstünden. Wie das politische Kabarett, war der SPIEGEL ein Organ indirekten Protestes für ein riesiges, getreues, unersättliches, jedoch im Grunde passives Publikum. Nur sein späteres Interesse an Strauß sollte ihn beträchtliche Mengen Zeit und Geld kosten.

Von dieser Ausnahme abgesehen, kam das Material von selbst — viel mehr, als die Redaktion gebrauchen konnte. Exgeneral Reinhard Gehlen, Chef der von den Amerikanern geförderten „Organisation Gehlen“, des späteren Bundesnachrichtendienstes (BND) Westdeutschlands, lieferte Hans Detlev Becker, Augsteins rechter Hand, die erste hieb- und stichfeste Geschichte der Anfänge dieser Organisation, ihrer Methoden und Zwecke. Regierungsmitglieder kamen von selbst, sogar der Generalbundesanwalt. Aber auch der Mann auf der Straße kam, der Mann, der im Innern des Heftes als „Lieber SPIEGEL-Leser“ angesprochen wurde.

Die Kombination von gewissenhafter Berichterstattung, erschlossenen Quellen und einer empfänglichen Leserschaft ergab eine dauernde Wirkung. Nachdem der SPIEGEL im August 1952 über ein Geheimtreffen der neonazistischen „Sozialistischen Reichspartei“ berichtet hatte, löste sich die Partei auf. Der SPIEGEL beschleunigte den Rücktritt des Funktionärs einer rechtsgerichteten Interessengruppe, nachdem Beschwerden über die NS-Vergangenheit des Mannes beim Ministerium für gesamtdeutsche Fragen allzu leicht genommen worden waren. Auf der Grundlage einer SPIEGEL-Geschichte leitete das baden-württembergische Kultusministerium ein Disziplinarverfahren gegen den antisemitischen Studienrat Zind ein, das zu dessen Suspendierung führte. In einem folgenden Strafverfahren wurde Zind verurteilt und entging dem Gefängnis nur durch rechtzeitige Flucht nach Ägypten. Der Finanzminister von Rheinland-Pfalz trat zurück, nachdem ihn der SPIEGEL korrupten Verhaltens im Amt überführt hatte. 1958 deckte der SPIEGEL auf, daß die Firma Daimler-Benz einen Beamten aus der nächsten Umgebung des Kanzlers mit einem Leihwagen gratis versorgt hatte. Der SPIEGEL berichtete auch zuerst, daß die französische Terrororganisation „Rote Hand“ gegen algerische Nationalisten in der Bundesrepublik operierte. William

S. Schlamm, ein militant antikommunistischer Exkommunist und amerikanischer Staatsbürger, der eine Vortragsreise von Pater-Leppich-Ausmaßen durch Westdeutschland unternommen hatte, verlor merklich an Ansehen in der deutschen Öffentlichkeit, nachdem er 1960 in einer Titelgeschichte des SPIEGELS abgehandelt worden war.

Für Zehntausende von Deutschen wurde Montag, der Erscheinungstag des SPIEGELS, ein Höhepunkt der Woche. Es ist nur zum Teil ein Scherz, daß zum Zeitpunkt des Erscheinens die Staatsgeschäfte zum Stillstand kommen. Wenn montags morgens Regierungssekretärinnen behaupten, der Chef sei „in einer Konferenz“, so hat dies eine ganz besondere Bedeutung. Die „Deutsche Zeitung“ berichtete, im Bundesinnenministerium sei der SPIEGEL als Geheimsache eingestuft. Obwohl der SPIEGEL an der nächsten Straßenecke zu haben war, wurde er im Ministerium nur besonders zuverlässigen Empfängern zugänglich gemacht.

Gegen 1957, auf dem Höhepunkt der Adenauer-Ära, hatten der SPIEGEL und die Bundesrepublik einen weiten Weg zurückgelegt. Beider Stimme war in der ganzen Welt zu hören. Im Hamburger Pressehaus, wo der SPIEGEL logierte, seit er Hannover 1952 verlassen hatte, war das Wirtschaftswunder in seinem ganzen Ausmaß zu sehen und zu spüren. Um 1962 war die schlecht geheizte Bohemeunterkunft mit gebrauchten Möbeln und beschlagnahmten Autos abgelöst worden von Glas, dicken Teppichen und Möbeln aus Teak, dem Holz, auf das die Deutschen nach dem Krieg am liebsten klopften. Die Redakteure trugen Tweedjacken, fuhren Jaguar-Autos und spielten Golf. Die Redaktionskonferenzen glichen Aufsichtsratssitzungen. Auf eine seltsame Art war die Atmosphäre ein Gemisch von Madison Avenue und Kafka. Glaswände trennten Empfangsdamen und Sekretärinnen von ihrer Umwelt. Schilderlose Türen zu namenlosen Büros, Abteilungen und Labors öffneten sich auf endlosen Fluren rechts und links des Eingangs. Hinter jeder von ihnen, bemerkte ein ehrfurchtsvoller Besucher, säße ein „Kaiser von China“ mit eigenem Teakholzschreibtisch, Telephon und Sprechgerät, dessen Tastatur — wenigstens theoretisch — auch mit Augstein verbindet.

Daß diese Direktverbindungen tatsächlich weniger und weniger bestanden, war zum Teil auf die wachsende Kompliziertheit und Hochzüchtung von Beckers Redaktionsmaschine zurückzuführen, zum Teil lag es an Augstein selbst. Der Kurs des SPIEGELS war wie jener der Bundesrepublik Mitte der fünfziger Jahre festgelegt, und beide schienen von ihrem eigenen Gewicht weitergetrieben zu werden. Für viele leitende Mitarbeiter war der SPIEGEL ihr Lebensinhalt. Es ist charakteristisch, daß bis auf Ahlers die Beschuldigten des Jahres 1962 — Augstein, Becker, die Chefredakteure Claus Jacobi und Johannes K. Engel, der Chef des Bonner Büros, Hans Dieter Jaene, und der Mitautor des inkriminierten Artikels, Hans Schmelz — ihr berufliches Leben ganz oder überwiegend als SPIEGEL-Redakteure verbracht hatten.

„Wenn der SPIEGEL Glück hat, wird er in eine nationale Aufgabe hineinwachsen können", merkte Augstein 1953 an, „wenn er Pech hat, wird er in Routine und hohler, selbstgefälliger Beschränktheit, in einem pointierten, dürftigen Pharisäertum erstarren und kläglich versanden!" Und obwohl Leserschaft wie Anzeigeneinnahmen weiter wuchsen, gab es Anzeichen dafür, daß den SPIEGEL das Glück verließ.

Er hatte damit begonnen, gegen bestimmte Maßnahmen der Besatzungsmächte zu opponieren. Er hatte jene Deutschen angegriffen, die Deutschland so spektakulär in die Katastrophe geführt hatten, und jene, die in der Sowjetzone auf ihre Weise das möglichste taten, die Katastrophe fortzusetzen. Er hatte auf die muffigen Utopien der deutschen Linken ebenso losgeschlagen wie auf den „schmalzigen" europäischen Mystizismus der Rechten. Er hatte Klerikalismus, Korruption und Wiederbewaffnung bekämpft — letzteres nicht aus prinzipiellem Pazifismus, sondern aus Gegnerschaft zu Adenauers Außenpolitik. Mitte der fünfziger Jahre schien es, als sei er gegen alles, als würde er ein Organ der Opposition um der Opposition willen und um jeden Preis. Symptomatisch ist ein verfassungsgerichtliches Urteil aus dem Jahre 1961, das der Präsident des Oberlandesgerichts Stuttgart, Richard Schmid, erwirkt hatte. Schmid — dem Temperament nach dem SPIEGEL zugeneigt — war zuvor dem SPIEGEL in einem Beleidigungsprozeß unterlegen. Das Bundesverfassungsgericht stellte in diesem Urteil fest, der betreffende SPIEGEL-Artikel habe „ein verzerrtes Bild von der politischen Einstellung des Beschwerdeführers gezeichnet, und zwar nicht nur durch Wiedergabe einiger unrichtiger Behauptungen, sondern auch und vor allem durch bewußtes Weglassen von Tatsachen, die geeignet waren, das Bild seiner politischen Gesinnung richtigzustellen."

In jenen Jahren, so schrieb während der Affäre ein aufmerksamer Beobachter, ging der SPIEGEL aus der ersten Phase seiner Entwicklung in die zweite über. Bis dahin entschlossen, den Lauf der Dinge zu beeinflussen, begnügte er sich nun mit der — freilich gezielten — Berichterstattung. Der jugendliche Idealismus der ersten Nachkriegsjahre war abgelöst worden von einer Art altklugem Zynismus, dessen unterschiedslose Haut-den-Lukas-Tendenz zwar an die kritische Empfindlichkeit seiner Leser appellierte, aber auch an ihre kollektive Schwäche für Schlüssellochperspektiven, für Schadenfreude, Selbstmitleid und Selbsthaß. Ein Meinungsblatt ohne eine deutlich ausgeprägte Richtung, wurde der SPIEGEL paradoxerweise zu einem Blatt, das fast nur Meinung vorbrachte. Wie eine ganze Generation Nachkriegsintellektueller wurde er gleichzeitig geschätzt, verhätschelt, gefürchtet und ignoriert, der Liebling eines Volkes, das bereit ist, die Opposition in jeder Weise zu ermuntern, nur nicht, bei den Wahlen für sie zu stimmen.

In einer Gesellschaft, die imstande ist, ein vernünftiges Maß an inneren Spannungen und Reibungen zu verkraften, hätte die am häufigsten geäußerte Kritik — „Der SPIEGEL ist nihilistisch" — cum grano salis hingenommen werden können. Die Bundesrepublik ist aber keine solche Gesellschaft. Adenauers stets wiederholte Erklärung: „Die Lage war noch nie so ernst", mußte mit der Wiederholung einiges an Ernsthaftigkeit verlieren. Die Situation war aber ernst. Augstein war davon ebenso überzeugt wie Adenauer. Die frühen fünfziger Jahre mit ihren großen Debatten waren eine Zeit starker und unverfälschter politischer Leidenschaften. Die Neigung der Verantwortlichen, den Staat mit der im Amt befindlichen Regierung und selbst mit Tugend gleichzusetzen, war oft verständlich und sogar aufrichtig. Doch war dies unter den gegebenen Umständen als Formel für eine Beurteilung des SPIEGELS unzureichend.

Die Kritik potentieller Freunde wie Hans Magnus Enzensbergers, eines bedeutenden Dichters und — in günstigen Augenblicken — eines bedeutenden Kritikers, war plausibler. Im Jahre 1957 wurde Enzensberger vom Südwestdeutschen Rundfunk zu einem Radioessay über „Die Sprache des SPIEGELS“ eingeladen. Sechs Jahre jünger als Augstein und mindestens ebenso unzufrieden mit dem Lauf der Dinge, fand Enzensberger scharfe Worte für eine Gesellschaft, die einen SPIEGEL brauchte und ertrug. Aber er konzentrierte sein Feuer auf den SPIEGEL selbst. Was der SPIEGEL anbiete, behauptete Enzensberger, sei nicht so sehr Kritik als ein kunstvoller Ersatz dafür. Nicht nur sei er nicht das Nachrichtenmagazin, das er zu sein vorgebe, sondern der Verbreiter eines Stils, der eher verneble als aufhelle, was er sagen wolle. Er biete seinen Lesern nicht Orientierung, sondern Verwirrung. „Der SPIEGEL ist eine Institution, die die Macht hat, einen korrupten Beamten aus seinem Amt zu entfernen und politische Zwecklügen dem öffentlichen Gelächter preiszugeben“, erklärte Enzensberger, „aber er hat auch die Macht, die Meinungen zu korrumpieren.“ Ungerührt druckte der SPIEGEL in seiner Ausgabe vom 6. März 1957 lange Passagen von Enzensbergers Anschuldigungen ab.

Augstein hatte inzwischen seine eigenen Schlußfolgerungen gezogen. 1955 wurde er Mitglied der FDP. Sein Eintritt in die Partei traf ungefähr mit der Rebellion der „Jungtürken“ in Düsseldorf zusammen; und Wolfgang Döring, der Baumeister der Düsseldorfer Aktion, wurde ein enger Freund Augsteins und später des SPIEGELS.

Für kurze Zeit, so berichtet ein guter Bekannter, habe Augstein mit dem Gedanken gespielt, den SPIEGEL aufzugeben und ganz in die Politik zu gehen. Becker und Jahr redeten es ihm jedoch aus. Gleichwohl erschien sein Name 1957 auf der nordrhein-westfälischen Landesliste der FDP als Kandidat für den Bundestag. Weil seine Kandidatur, die er später zurückzog, einen offiziellen Wohnsitz in Nordrhein-Westfalen verlangte, trug er sich unter einer Düsseldorfer Adresse ein, ein Detail, das bei den Ereignissen vom Oktober 1962 ebenso eine Rolle spielen sollte wie das vorausgegangene politische Engagement.

Er plante auch, eine neue politische Zeitung zu gründen. Bevor er den Plan wieder aufgab, hatte er die halbe Redaktion von Springers „Welt“ angeheuert, die alle durch den stärker werdenden Rechtskurs ihres Verlegers beunruhigt waren. Wieder brachte ihn Jahr davon ab. Er war skeptisch, ob das geplante Blatt wirtschaftlich ein Erfolg werden könne, und schlug statt dessen vor, seinen eigenen Anteil am SPIEGEL an den Verleger der „Zeit“, Dr. Bucerius, und den Druckereibesitzer Gruner zu verkaufen. Augstein wiederum sollte 50 Prozent der „Zeit“ erhalten und damit jenen Einfluß auf ein politisches Blatt, den er erstrebte. Bucerius' Zweifel vereitelten jedoch den Plan in seiner ursprünglichen Form. Aber Gruner erhielt auf dem Vergleichsweg nach einem Prozeß die Hälfte von Jahrs Anteilen am SPIEGEL. Die andere Hälfte ging an Augstein, dem nun 75 Prozent des SPIEGELS gehörten, mehr denn je seit seiner Gründung.

Von größerem Einfluß auf das Schicksal sowohl Augsteins als auch des SPIEGELS war gleichwohl ein von außen kommendes Ereignis. Ende 1956 war Franz Josef Strauß Verteidigungsminister der Bundesrepublik geworden. Von 1957 an hatte der SPIEGEL damit ein Thema, das auf seine eigene Weise dem zur Verfügung stehenden Instrumentarium angemessen war. Gegen 1961 war das Thema zu einer Mission geworden.

Die ersten Kontakte zwischen Strauß und dem SPIEGEL waren von einer Kombination zwischen Neugier und vorsichtigem Wohlwollen beiderseits gekennzeichnet. Die erste Titelgeschichte über Strauß war kritisch, aber nicht unfreundlich. Während der SPIEGEL die gewohnheitsmäßige Unpünktlichkeit des Ministers aufs Korn nahm — Strauß war zu seinem ersten NATO-Treffen im Dezember 1956 eine Viertelstunde zu spät gekommen —, lobte er sein Englisch. Strauß' relativ unproblematisches Verhältnis zur Vergangenheit stimmte mit dem der Redakteure überein. Anerkennend wurde ein anekdotischer Bericht über sein erfrischend selbstsicheres Erscheinen auf der internationalen Bühne zitiert: Bei einer Euratom-Sitzung hatte er seinem älteren Kollegen Brentano eine Notiz zugeschoben, in der er empfahl, mit den Entschuldigungen für die Anwesenheit Deutschlands aufzuhören, die Deutschen seien ja schließlich eingeladen worden. Der Werdegang von Strauß einschließlich der Kampagne, die schließlich dazu geführt hatte, seinen Vorgänger Theodor Blank zu verdrängen, wurde im Detail beschrieben, jedoch ohne besondere Schärfen. Die Titelgeschichte kritisierte das Programm, mit dem sich Strauß in sein Amt einführte: De-facto-Reduzierung des westdeutschen Truppenkontingents für die NATO, dafür aber stärkere Betonung der taktischen Atomwaffen. Strauß konnte seine Pläne in seinem ersten SPIEGEL-Gespräch verteidigen. Das Titelphoto zeigte einen lächelnden Strauß.

Ein Augstein-Daniel-Artikel vom 1. Mai 1957 war dann eine höfliche und getreuliche Darlegung der bestehenden Meinungsverschiedenheiten. Er richtete sich gegen die Politik des Ministers, nicht aber gegen dessen Person. Augstein erklärte, daß deutsche taktische Atomwaffen für die Schlagkraft der NATO nicht entscheidend seien und wahrscheinlich nur dazu führen würden, daß nun die Ostdeutschen die Russen unter Druck setzen würden, um solche Waffen zu erhalten. Dies, so argumentierte er, würde die Wiedervereinigung in noch weitere Ferne rücken. Taktische Atomwaffen in Händen der Westdeutschen wären ein potentieller Schritt zum dritten Weltkrieg, mahnte er. Doch der letzte Schuß zielte auf Adenauer, nicht auf Strauß: „Der Kanzler glaubt, und dieser Glaube ist sein Dogma, man könne das sowjetische System mit Hilfe der NATO zersetzen und zum Einsturz bringen — aus diesem Grundirrtum resultieren alle Fehler der deutschen Politik."

Der Wendepunkt scheint im Spätsommer 1957 gekommen zu sein. Eine Gruppe zum engeren Kreis gehörender SPIEGEL-Redakteure pflegte Personen des öffentlichen Lebens zu zwanglosen Herrenabenden einzuladen. Irgend jemand kam auf die Idee, es müsse interessant sein, einen Abend Aug in Aug mit Strauß zu verbringen. Hans Schmelz, der Mitautor der ersten Titelgeschichte über Strauß, überbrachte die Einladung, und es gelang ihm, Strauß von einer Wahlversammlung in der Hamburger Ernst-Merck-Halle herauszuholen und in Augsteins Haus zu bringen. Strauß schien dem Abend mit ebensoviel Erwartung entgegenzusehen wie seine Gastgeber.

Der Abend wurde kein Erfolg. Strauß, der prononcierte Bayer, fand sich umringt von professionell verbitterten, etwas steifen Leuten guter Herkunft — Norddeutschen, die im Grunde sehr konservativ waren. Auch große Mengen Bier halfen nichts. Augstein, der entschlossen war, ein ernsthaftes Gespräch zu führen, gab bald verzweifelt auf.

Er brachte Strauß im Auto an den letzten Zug nach München; sie verpaßten ihn jedoch, nachdem Strauß vergeblich dem überaus gesetzestreuen Augstein vorgeschlagen hatte, aus Gründen der Zeitersparnis bei Rot über eine Kreuzung und in falscher Richtung durch eine Einbahnstraße zu fahren.

Schmelz erinnert sich, daß Strauß irgendwann im Verlauf des Abends mit unschuldiger Freundlichkeit seine — verletzte — rechte Hand ergriffen habe; in einer Reflexbewegung des Schmerzes stieß Schmelz ihn mit der linken zurück. Durch die beträchtliche Menge Bier, die er in sich hatte, schien der Minister zu schwanken. „Nichts für ungut, alles für Deutschland“, sagte Schmelz, sich ironisch entschuldigend. „Jawohl, nichts für uns“, antwortete mißverstehend Strauß mit Nachdruck, „alles für Deutschland!“ Der Abend war eine Katastrophe, an die Augstein sich noch Jahre später erinnerte. Bis dahin bedingt ein politischer Gegner, hatte Strauß im Verlauf eines einzigen Abends Augstein überzeugt, daß er eine unbedingte öffentliche Gefahr sei.

Der erste Angriff gegen Strauß wurde auf ihn eigentlich als Verkehrsteilnehmer geführt. In Bonn hatte 1958 eine Affäre besonderes Aufsehen gemacht: Minister Strauß hatte mit seinem Wagen entgegen den Verkehrsvorschriften eine Kreuzung passieren wollen.

Trotz der Autostandarte auf dem Kotflügel war sein Wagen von einem Verkehrspolizisten angehalten worden. Der SPIEGEL berichtete über das Ereignis mit Genuß, wie auch über den energischen, aber erfolglosen Versuch von Strauß, den Beamten maßregeln zu lassen, und ebenso über das beträchtliche Strafregister seines Fahrers.

Die folgenden Angriffe betrafen Strauß als Redner, Strauß als CSU-Politiker, Strauß als Militärplaner, Strauß als Oberbefehlshaber im Frieden, Strauß als Lebemann. Waren dies nur einzelne Schüsse, so wurde eine massive Salve abgefeuert, als am 5. April 1961 eine Titelgeschichte, die dritte über Strauß, erschien. Selten ist die westdeutsche Presse freier gewesen als damals — in jedem Sinne. Der Artikel wäre in den Vereinigten Staaten kaum denkbar gewesen, in England wäre er allein schon wegen der bestehenden Gesetze über Ehrenbeleidigung prinzipiell abgelehnt worden. Eine einstweilige Verfügung verhinderte daher auch den Vertrieb des größten Teils einer englischen Übersetzung.

Der SPIEGEL meinte, es sei eine elementare Wahrheit, daß geteilte Staaten von Atomwaffen ferngehalten werden sollten, seit klargeworden sei, daß ein zukünftiger Krieg wahrscheinlich ein „präventiver Präventivkrieg" sein würde. China, Israel, die Bundesrepublik seien zum Besitz von Atomwaffen nicht qualifiziert. „Trotz dieser weltweiten Strömung der Vernunft ist in der Bundesrepublik ein Mann groß geworden, der das Mißtrauen zwischen den Großstaaten unablässig genährt und der für die Bundesrepublik Waffen gefordert hat, die den ‚Selbstmord' eines sowjetischen Angreifers und damit den Selbstmord der Menschheit auslösen könnten."

In dem SPIEGEL-Artikel hieß es ferner, die Wahl von Strauß zum CSU-Vorsitzenden sei als letzter Schritt zur Kanzlerschaft gedacht. Dann aber würde wohl ein Höchstmaß an Mißachtung von Gerichten, demokratischen Mehrheiten und schließlich der Demokratie selbst zur nationalen Politik werden. Von Strauß als Kanzler, behauptete der SPIEGEL, könne man folgendes erwarten: Er würde das Wahlrecht manipulieren, um dauerhafte Mehrheiten zu erhalten; er werde die Todesstrafe für politische Verbrechen wiedereinführen; er werde ein Pressegesetz erlassen, das die letzten Überbleibsel der Meinungsfreiheit beseitige. Bei all diesen Maßnahmen werde er sich der Unterstützung durch Kirche und Industrie erfreuen.

Obwohl ein Autokrat gegenüber seinen Untergebenen, beanspruche Strauß bemerkenswerte Freiheiten für sich selbst, sagte der SPIEGEL. Er nutze seine Freunde, seine Kollegen, ja selbst die Bundeswehr für seine Zwecke aus; man könne von ihm erwarten, daß er den im Amt befindlichen Außenminister von Brentano vom Stuhl stieße, wie er es mit seinem Vorgänger als Verteidigungsminister, Theodor Blank, gemacht habe. Der SPIEGEL mahnte, Strauß sei ein Mann, dazu bestimmt, an Naziinstinkte zu appellieren. Anders als Adenauer, dem man trotz aller Vorbehalte zugestehen müsse, ein Mann von Prinzipien zu sein, wolle Strauß die Macht um ihrer selbst willen. „Sowenig Strauß den Atomkrieg will, sowenig will er vermutlich die parlamentarische Demokratie zum Erlöschen bringen. Aber die Mittel und Methoden, mit denen Strauß ganz selbstverständlich und fast naiv hantiert, können vom Nachfolgestaat des Hitler-Reiches nicht verkraftet werden. Parlamente sterben heutzutage, ohne daß sie es merken. Radio und Fernsehen sind auf Grund des Proporzes zwischen den Parteien neutralisiert." Die überregionale Presse, fuhr der Artikel fort, sei nicht aktionsfähig.

„Die heutige SPD verkauft ihre Seele, um regierungsfähig zu werden", erklärte der SPIEGEL. Die FDP sei ein Opfer politischer Schmeichelei. Alles hänge von der CDU ab; jedoch: „Ob die CDU oder die SPD künftig Wahlen gewinnen wird, ist nicht mehr so sehr von Belang. Wichtig erscheint allein, ob Franz Josef Strauß ein Stück weiter auf jenes Amt zumarschieren kann, das er ohne Krieg und Umsturz schwerlich wieder verlassen müßte."

Mit der Titelgeschichte vom 5. April 1961 hatte der SPIEGEL sichtbar die zweite Etappe seiner Entwicklung hinter sich gelassen und die dritte erreicht. Nicht länger ein verärgerter Beobachter der Ereignisse, begriff er sich nun als die letzte Widerstandslinie der Bundesrepublik, als ihre einzige nationale Opposition.

Opposition bedeutete praktisch Opposition gegen Strauß. Die Fortsetzung war die Geschichte über den „Fibag"-Skandal, die die Einsetzung eines parlamentarischen Untersuchungsausschusses nach sich zog. Es folgte die Geschichte über Oberstleutnant Barth. Am 14. September 1961 verirrten sich zwei Bundeswehrmaschinen über Westdeutschland und fanden sich, bevor der Irrtum bemerkt wurde, über Ostdeutschland wieder. Die Maschinen landeten in West-Berlin und wurden mit der Bahn in die Bundesrepublik zurückgebracht. Barth, der Kommandeur der Einheit, zu der die Flugzeuge gehörten, wurde für alles verantwortlich gemacht und von seinem Posten abberufen — praktisch degradiert. Er erhob beim Bundesdisziplinarhof Beschwerde. Zeugen aus dem Bereich des Verteidigungsministeriums, die dort aussagen sollten, hatte Strauß keine Aussagegenehmigung erteilt. Der Verteidigungsausschuß, dessen Tagung die SPD beantragt hatte, stellte fest, daß Strauß in dem Bericht über die Vorgänge den Tenor des für Barth günstigen Disziplinarurteils verändert hatte.

Der SPIEGEL setzte seine Kampagne mit der Geschichte über

„Onkel Aloys“ fort. Am 19. September 1962 hatte die Zeitschrift den „Fallex“-Artikel für die nächste Ausgabe angekündigt. Dann entschied sich Strauß, in Bonn zu bleiben, nachdem ihm angeboten worden war, nach München zurückzukehren, um Ministerpräsident von Bayern zu werden. Und der SPIEGEL berichtete statt über das „Fallex“-Manöver von einem neuen Skandal, der Militäraufträge für Strauß-Bekannte zum Gegenstand hatte. In diesem Falle kamen die Wohltaten einem langjährigen CSU-Mitglied zugute, das in glorreichen Zeiten antisemitische Traktate in Julius Streichers „Stürmer“-Verlag hatte verlegen lassen, sowie einem Freund der Familie von Frau Strauß, einem Kaufmann, der ihr seit ihrer Kindheit als „Onkel Aloys“ bekannt war. Der SPIEGEL zitierte Zeugen, die andeuteten, Strauß habe Grundstücke und Schmiergelder für die Bevorzugungen bekommen.

Der „Fallex“-Artikel wurde bis zum 8. Oktober verschoben (die Ausgabe datiert vom 10. Oktober). 18 Tage später begann die Affäre.

3 DER „FALLEX“-ARTIKEL

Waren die Folgen des „Fallex“-Artikels kompliziert, so waren seine Ursprünge entwaffnend einfach. Der SPIEGEL suchte nach einer Geschichte, ein Oberst aus dem Verteidigungsministerium, Alfred Martin, der eine zu erzählen hatte, suchte einen Autor. Durch eine Art Zufall kamen sie zueinander.

Martins Problem, wie das des SPIEGELS, war Strauß. Als Oberst im Generalstab, mit einigen Jahren Erfahrung beim NATO-Hauptquartier in Paris, war er in zunehmendem Maße von der Atmosphäre, die ihn umgab, beunruhigt.

Strauß hatte, was anzuerkennen war, die zivilie Kontrolle über das Militär wie kein anderer Verteidigungsminister in der deutschen Geschichte gesichert. Aber die praktischen Ergebnisse unterschieden sich doch von der herkömmlichen demokratischen Theorie. Strauß war ein demokratischer Politiker mit den demokratischen Vorrechten von Verantwortung und Begünstigung, gleichzeitig aber auch ein absoluter Monarch als Minister, jedenfalls vom Standpunkt seiner skeptischen Untergebenen aus. Ein früherer Stabsoffizier erinnerte sich: „Im großen und ganzen hatten die Offiziere um Strauß noch nicht die Tatsache begriffen, daß Minister Politiker sind, die kommen und gehen. In absolutistischer Tradition groß geworden, sahen sie Strauß als einen Ersatzkönig an. Und sie benahmen sich wie Höflinge.“

Während Kontroversen — zumindest offiziell — an den Toren der Ermekeil-Kaserne, des früheren Sitzes des Ministeriums, endeten — und gewöhnlich weit früher —, während gewissenhafte Etappenkommandeure von Zeit zu Zeit ihre Akten mit Pistolen bewachten, veröffentlichte Strauß deren Inhalt, wie es ihm paßte. Die „Frankfurter Rundschau“ erinnerte während der Affäre daran, wie Strauß im Dezember 1959 Reportern den Inhalt des NATO-Plans MC 70 mitgeteilt hatte; wie er einen geheimen US-Bericht über die Stärke der Sowjets hatte durchsickern lassen; wie er zu Beginn des Jahres 1960 die „Frankfurter Allgemeine“ über den Ablauf des bevorstehenden NATO-Manövers „Winterschild“ unterrichtet, im November 1960 in der „Welt“ eine Übersicht über den Stand der Flugkörperentwicklungen in den NATO-Ländern veröffentlicht hatte.

Die Stabsoffiziere beurteilten Strauß' Selbstherrlichkeit, seine Unzugänglichkeit gegenüber anderen Ansichten und seine gewohnheitsmäßige Unpünktlichkeit verschieden. Aber die Mehrheit war für ihn. Als Strauß für seine Politik der taktischen Atomwaffen Unterstützung brauchte, hatte er keine Schwierigkeiten, Generale dafür zu finden. Ein 1960 dem Parlament und der Öffentlichkeit vorgelegtes Memorandum zu diesem Thema war zwar von Strauß inspiriert, aber es wurde von Generalen unterzeichnet. Deutsche — wie Marion Gräfin Dönhoff von der „Zeit“ —, die sich besorgt an die Weimarer Republik erinnerten, waren schockiert darüber, daß Generale anscheinend wieder Politik machten.

Bei späteren Verhören durch die Bundesanwaltschaft unterstrich Martin, daß er als Mensch grundsätzliche Vorbehalte gegenüber dem Stil von Strauß, seiner Amtsführung und seiner Behandlung militärischer Untergebener gehabt habe. Als Offizier habe er ebenso grundsätzliche Vorbehalte gegenüber der Politik von Strauß gehegt.

Der Konflikt zwischen Heer und Luftwaffe, der seit dem Zweiten Weltkrieg in allen Armeen heimisch ist und sich durch die Einführung von Düsenflugzeugen und Atomwaffen verstärkt hat, ist in der integrierten Bundeswehr von Anfang an latent gewesen. Die Luftwaffe, seit Hermann Görings Tagen Mitte der dreißiger Jahre institutionell autonom, behielt in der Bundesrepublik ihre Selbständigkeit, als die Bundeswehr geschaffen wurde. Dank des seltsamen Organisationsplans des Ministeriums, der die allgemeine Unentschlossenheit über die tatsächlichen Aufgaben der Bundeswehr widerspiegelte, waren die Waffengattungen — Heer, Marine und Luftwaffe — einander formal gleichgestellt. Auch der Führungsstab der Bundeswehr, ihr Generalstab, stand neben den drei Waffengattungen und war ihnen nicht etwa übergeordnet. Abgrenzung und Koordination der beiden Hauptwaffengattungen blieben umstrittene Themen. Das Heer neigte dem Standpunkt zu, die Luftwaffe sei für die Unterstützung der Bodentruppen da. Dagegen war die Luftwaffe unter der Führung von Inspektor Josef Kammhuber eher der Meinung, ihre ureigene Mission sei die Luftverteidigung.

Die Ernennung von Strauß zum Verteidigungsminister und die Debatten über taktische Atomwaffen trafen mit der wachsenden Erkenntnis der Luftwaffe zusammen, daß die Luftverteidigung eines kleinen und so dicht besiedelten Gebietes wie das der Bundesrepublik eine Absurdität darstelle. Kammhuber, ein Bayer wie Strauß, zog seine eigenen Schlüsse, die bequem zu denen von Strauß paßten. Wenn Luftverteidigung unmöglich sei, dann seien Luftabschreckung und — potentiell — Luftangriff die einzigen Alternativen. Wenn der Einsatz von taktischen Atomwaffen die logische Schlußfolgerung dieser Politik sei, dann müsse die Luftwaffe mit ihnen ausgerüstet werden. Mit bayerischer Solidarität prüften Strauß und Kammhuber die laufende Produktion der führenden westlichen Flugzeughersteller und setzten auf Lockheed F 104, den „Starfighter", als das Instrument der deutschen Abschreckung.

Der Starfighter, den seine Konstrukteure als Schönwetterabfangjäger angelegt hatten, wurde umkonstruiert, um den Anforderungen von Strauß und Kammhuber entgegenzukommen. Dabei erhöhte sich sein Originalgewicht um ein Drittel. Die F 104 G, die dabei herauskam, unterschied sich grundsätzlich von der F 104. Die beiden hatten „lediglich gewisse Zellenteile und die Formgebung gemeinsam", wie die Schweizer Zeitschrift „Interavia" feststellte. Darauf spekulierend, daß die NATO 1959 und zu Beginn des Jahres 1960 Europas nukleare Aufgaben überdenken würde, gab Strauß noch eine andere Verbesserung gegenüber dem Originalmodell in Auftrag, den „Dual-Timer", ein neues Zielgerät für Luft-Boden-Raketen.

Einige prominente Militärs — unter ihnen Kielmansegg, Baudissin und Heusinger vom Heer sowie Steinhoff von der Luftwaffe — rebellierten dagegen, vor vollendete Tatsachen des Haushalts, der Strategie und der Politik gestellt zu werden. Die Folgen ihrer Rebellion, darunter eine ehrenvolle Verbannung nach Paris oder Washington, verstärkten nur die Enttäuschungen der Andersdenkenden, die in Bonn blieben. Die Unzufriedenheit über die Art, wie Strauß die ins Exil geschickten Kollegen behandelt hatte, wurde durch die allgemeine Unzufriedenheit über seine Amtsführung und die offizielle Politik gesteigert. Als die Pro-Strauß-Mehrheit wuchs, fanden sich die verbliebenen Gegner mehr und mehr isoliert.

Dies war die Situation Ende 1961, als Strauß eine auf seinen eigenen Vorstellungen basierende analytische Studie über die deutsche Verteidigungspolitik in Auftrag gab. Der Luftwaffengeneral Hellmut Bertram wurde mit der Verantwortung für die Ausarbeitung der Studie betraut. „Wie würde die Bundesrepublik aussehen, wenn es zum Allerschlimmsten käme?“ lautete die Frage, die an den bescheidenen Forschungsapparat des Ministeriums gerichtet wurde. Die Antwort war: „Katastrophal.“ Im ersten Teil der sogenannten Kriegsbildstudie, einer Analyse der Konsequenzen eines sowjetischen Atomangriffs, kam man zu dem Ergebnis, daß 75 Prozent des westdeutschen Industrie-, Transport- und Arbeitspotentials schon zu Beginn des Kampfes vernichtet würden. Dieses Resultat wurde vom Presseoffizier des Verteidigungsministeriums, dem damaligen Oberst Gerd Schmückle, veröffentlicht und erschien im Januar 1962 unter dem Titel „Die Wandlung der Apokalypse“ in „Christ und Welt“.

Das Ergebnis von 15 Jahren Militärtechnologie nach dem Krieg sei die Entwicklung „absoluter Waffen“, welche eine Verteidigung unmöglich machten, argumentierte Schmückle. Daraus folgerte er erstens: Nur atomar bewaffnete Heere mit dem nötigen konventionellen Waffenzubehör seien in Europa ernst zu nehmen. Zweitens: Nuklearwaffen erreichten ihre größte Wirksamkeit eher bei zivilen Objekten wie Städten als bei ausgewählten militärischen Zielen (dies implizite im Gegensatz zu Taylor und McNamara). Drittens: Das unvermeidliche Ergebnis eines Konflikts würde eine vollständige Vernichtung für beide Seiten bedeuten, mit anderen Worten: Vernichtung des mutmaßlichen Verteidigungsobjekts.

Nur ein Atomkrieg sei in Europa denkbar, behauptete

Schmückle. Nur auf den unvermeidlichen atomaren Schlagaustausch komme es an. Die Verfechter konventioneller Streitkräfte seien im besten Fall Selbstbetrüger. Durch die Diskussion über die Möglichkeit eines konventionellen Krieges machten sie ihn nur wahrscheinlicher. „Mit ihrer heimlichen Gier nach Krieg werden diese Autoren die Beute der seltsamsten Einbildungen: Sie jonglieren in der Öffentlichkeit mit Begriffen wie ‚atomare Entwaffnung', ‚atomarer Befehlsstrang', ‚Pause' und ‚Schwelle' und zerreden damit die Abschreckung so lange, bis sie einer Null ziemlich ähnlich sieht", schrieb er. Was sie tatsächlich erreichten, behauptete Schmückle, sei, daß sie die Leute dazu brächten, die Satellitenarmeen Osteuropas ernster zu nehmen, als diese verdienten, und daß sie die Russen davon überzeugten, sie könnten ohne Furcht vor atomarer Vergeltung operieren. Diese Theoretiker, erklärte er scharf, würden nur durch die Generale von altem Schrot und Korn unterstützt, die sich wünschten, weiterhin mit Panzern kämpfen zu können.

Schmückles Artikel erfuhr, wie die Studie, auf der er basierte, sowohl innerhalb wie außerhalb des Verteidigungsministeriums geteilte Aufnahme. Oberstleutnant Johann-Hartwig Graf Bernstorff, Taktiklehrer an der Heeresoffiziersschule in Hamburg, reichte wütend seinen Abschied ein. Laut „Time" war Washington nicht im Zweifel über das Hauptziel von Schmückles Angriff und war dementsprechend genauso wütend.

Der zweite Teil der Studie war das logische Produkt des ersten und eine Ausweitung der Überlegungen, die gegen Ende 1961 häufig von amerikanischen Offizieren im NATO-Hauptquartier angestellt wurden. Wenn, wie es im ersten Teil hieß, ein sowjetischer Angriff 75 Prozent des westdeutschen Potentials auslöschen sollte, was würde passieren, sollte der Westen ihm durch einen vorbeugenden Angriff (pre-emptive strike) zuvorkommen? Nach einer Methode, die einige ihrer Leser im Grundsätzlichen unwissenschaftlich fanden, ergab sich aus dem zweiten Teil der Studie, daß ein solcher vorbeugender Angriff die Verluste auf 50 Prozent mindern würde.

Was Martin besorgt machte, war weniger der erste Abschnitt der Studie, den Schmückle veröffentlicht hatte, als vielmehr der zweite, der fast vollständig geheimgehalten wurde. Die Bundesanwaltschaft stellte später fest, daß nur ein kleiner

Kreis hoher Offiziere, einige wenige Beamte, Strauß selbst und der Kanzler Kenntnis vom gesamten Inhalt der Studie gehabt hätten. Die Alliierten Westdeutschlands standen nicht auf dieser Liste. Martin selbst kannte den zweiten Teil der Studie nur aus zweiter Hand. Er stand unter dem Eindruck, daß nicht nur die Alliierten, sondern auch der Kanzler nicht informiert gewesen seien, ein Irrtum, der für seine folgenden Handlungen maßgebend war.

Die unausgesprochene Schlußfolgerung des Berichtes war, daß die Bundeswehr so bewaffnet werden müsse, daß sie einen nuklearen Gegenschlag seitens der Alliierten im Falle eines Angriffs auslösen, ja selbständig einen vorbeugenden Angriff unternehmen könne. Es bedurfte keiner Studie, um diejenigen zu überzeugen, die bereits dieser Ansicht zuneigten. Und jene, die sie ablehnten, blieben von der Studie unbeeindruckt. Aber auf lange Sicht war weniger die Studie selbst entscheidend als vielmehr, was aus ihr und mit ihr gemacht wurde. Die traditionelle Diskretion des deutschen Beamten fand in der besonderen Haltung des typischen deutschen Offiziers Unterstützung, die im Einhunderttausend-Mann-Heer der Weimarer Republik geprägt worden war. Damals wurde im Hinblick auf die Beschränkungen des Versailler Vertrags praktisch alles für geheim erklärt. Die Supergeheimhaltung, die über die Studie verhängt worden war, erzeugte eine Reaktion: Anstatt sie einfach durchzulesen, abzulegen und aller Wahrscheinlichkeit nach zu vergessen, sprachen ihre Leser darüber. Entstellungen waren unvermeidlich. Auf diese Weise erhielt Martin Kenntnis von ihr, auf diese Weise bekam er den Eindruck, daß nicht einmal der Kanzler sie gelesen habe. Martin war Hamburger und skeptisch gegenüber Leuten aus Bayern; er war Heeresoffizier und skeptisch gegenüber der Luftwaffe; er war ein Mann, der lange genug in der besonderen Atmosphäre des Verteidigungsministeriums gelebt hatte, um von ihr infiziert zu werden; und er war — so meint ein enger Freund — ein emotionaler Mensch. Er beschloß, selbst zu reden.

Er hoffte, mit einem FDP-Politiker ins Gespräch zu kommen, da er mit dieser Partei sympathisierte. Aber er sprach zuerst mit einem gewissen Paul Conrad, der unter anderem Generalkonsul von Tunesien in der Bundesrepublik war. Abgesehen von Tunesien vertrat Conrad in Bonn geschäftliche Interessen und stand — wie Martin — der FDP nahe. Darüber hinaus war er Präsident des „Wirtschaftspolitischen Clubs“, dem auch Martin angehörte.

Conrad hatte seine eigenen Gründe, über Strauß zu klagen, der ihm im November 1960 Hausverbot für das Verteidigungsministerium erteilt hatte. Im März 1962 leitete Conrad gerichtliche Schritte ein, um die ministerielle Entscheidung rückgängig zu machen. Die Auseinandersetzungen führten schließlich zu einer Klage vor den Verwaltungsgerichten gegen die Bundesregierung. In Beantwortung einer parlamentarischen Anfrage behauptete das Ministerium später, Conrad sei Repräsentant einer Panzerkettenfabrik und habe eine Provision von 492.000 DM erhalten. Conrads Anwalt war der Bruder Rudolf Augsteins, Dr. Josef Augstein, das nächste Glied in der Kette von Zusammenhängen, die zum „Fallex“-Artikel führten. Conrad war von Martins Darstellung der Kriegsbildstudie beeindruckt und führte ihn zu Dr. Augstein, der ihn an seinen Bruder verwies. Rudolf Augstein und Martin trafen einander im März 1962.

Im Verlauf des Verfahrens vor dem Bundesverfassungsgericht überreichte der SPIEGEL später eine vierbändige Dokumentation, gewissenhaft erarbeitet von seinen Militärsachverständigen Heinz Höhne und Robert Spiering. Die mühselige Diskussion über die Aufgaben der westlichen Verteidigung mit der unausgesprochenen Kritik an Strauß war Ende 1961 und 1962 nicht erst im Gang, sondern, wie der SPIEGEL nachwies, im Grunde vollendet. Es habe, so argumentierte der SPIEGEL, eines Blicks in die geheimsten Aktenschränke des Ministeriums gar nicht bedurft, der „Fallex“-Artikel hätte auch in jeder ordentlichen Bibliothek mit Schere und Kleister zusammengestellt werden können, argumentierte der SPIEGEL.

Dieses Argument war theoretisch vertretbar. In der Tat stellte Martins Initiative einen entscheidenden Durchbruch in Augsteins Privatkrieg mit Franz Josef Strauß dar. Nach dem andauernden Sperrfeuer des SPIEGELS gegen den Verkehrsteilnehmer, Parteiführer, Parlamentspolitiker, Freundesförderer und obersten Vorgesetzten der Offiziere stand der Feldzug gegen Strauß als Verteidigungsminister noch aus. Martin hätte kaum zu einem günstigeren Zeitpunkt auftreten können. Augstein kam ihm mit großem Vergnügen entgegen und sicherte ihm sowohl die öffentliche Diskussion zu wie auch die privaten Beziehungen, die er gesucht hatte. Augstein nahm in Erfüllung seiner Zusage Verbindung mit Gustav Heinemann, SPD, dem früheren Innenminister Adenauers, auf, der Anfang 1962 durch seine beharrlichen Fragen im „Fibag"-Ausschuß zu einer Schlüsselfigur geworden war. Augstein brachte Martin auch mit Conrad Ahlers zusammen. Eine ausgiebige Unterhaltung zwischen diesen beiden im April 1962 in Oberammergau schlug sich in dem von Ahlers verfaßten Exposé nieder, das sechs Monate später eine Grundlage der „Fallex"-Geschichte werden sollte. Von Ende März bis Ende September trafen sich die beiden mindestens siebenmal.

Ahlers hatte sich als sehr junger Fallschirmjägeroffizier im letzten Krieg ausgezeichnet; er hatte, bevor er Journalist wurde, Jura studiert; die journalistische Tätigkeit gab er zeitweilig auf, um in den Staatsdienst zu treten. Ab 1951 war er in leitender Stellung zunächst beim Bundespresseamt tätig und arbeitete dann bis 1954 als Presseoffizier im Amt Blank. Ende 1955 trat er in das Bonner Büro des SPIEGELS ein, war aber schon im November 1957 wieder im Gespräch als Kandidat für das Amt des Presseoffiziers im Verteidigungsministerium — unter Strauß.

Ahlers hatte die Verkehrssündergeschichte vom September 1958 verfaßt, die die Anti-Strauß-Kampagne des SPIEGELS eröffnete. Später freilich zitierte ihn ein Wirtschaftspressedienst: Er habe gesagt, daß er die SPIEGEL-Praktiken nicht länger mit seinem journalistischen Gewissen in Einklang bringen könne.

Mitte 1959 wurde er als möglicher Presseattaché für die deutsche Botschaft in Ottawa genannt. Statt dessen ging er jedoch als Ressortleiter für Innenpolitik zur linksliberalen, FDP-orientierten „Frankfurter Rundschau", gut zwei Jahre später kam er zum SPIEGEL zurück. Bezeichnenderweise fanden kurz nach der Rückkehr seine Gespräche mit höheren US-Offizieren in Frankfurt und dem damaligen Unterstaatssekretär im US-Verteidigungsministerium, Paul Nitze, in Hamburg statt.

Im Juni 1962 erschien ein Artikel mit der Überschrift „Stärker als 1939?“. Aufhänger waren Adenauers bevorstehende Reise nach Paris und die Forderung des damaligen NATO-Oberbefehlshabers Norstad nach wenigstens sechs zusätzlichen konventionell gerüsteten Bundeswehrbrigaden — jenen 30.000 Mann, die gebraucht wurden, um die für Ende 1963 geplante Quote von zwölf Divisionen zu erreichen. Der NATO-Plan MC 70, Grundlage westdeutscher Atombewaffnung, lief 1963 aus. Er wurde abgelöst von der NATO-Direktive MC 96, die die Lieferung von amerikanischen Polaris-Raketen an die NATO und die Ausrüstung mit atomaren Granatwerfern bis auf Bataillonsebene vorsah. Die Regierung Kennedy lehnte jedoch diese Planung ab: sie bevorzugte eine Stärkung der konventionellen Streitkräfte und wandte sich gegen taktische Atomwaffen auf Bataillonsebene. Der SPIEGEL wies darauf hin, daß die Haushaltslage dem politischen ein wirtschaftliches Dilemma hinzufüge. Die Bundesrepublik könne sich Truppen oder Raketen leisten, aber nicht beides.

Der Konflikt, fuhr der Artikel fort, spiegle sich in der Bundeswehr wider. Strauß bevorzuge für die Luftwaffe die Einführung von Pershing-Raketen mit einer Reichweite von 600 Kilometer. Sollte Washington diese Raketen nicht zur Verfügung stellen, würde er dem Vernehmen nach zu einer Beteiligung an der Produktion entsprechender französischer Raketen bereit sein. Der Führungsstab der Bundeswehr unterstütze ihn; anders jedoch das Heer, das mehr Boden- und weniger Lufttruppen zur Erfüllung der Vorwärtsverteidigung durch die Bundesrepublik befürwortete: Also Verteidigung an der Zonengrenze anstatt vom linksrheinischen Ufer aus — ohne irgendeine direkte Herausforderung der Russen. Das Heer unterstütze auch eine beschleunigte konventionelle Bewaffnung, wie Washington sie plane: die Beibehaltung des taktischen Atomwaffenprogramms auf dem gegenwärtigen Stand unter Verzicht auf Mittelstreckenraketen und die Schaffung einer taktischen Luftflotte zur Unterstützung der Bodentruppen. Auch widersetze es sich dem Ankauf neuer Zerstörer für die Marine.

Der Artikel ließ die Bundesanwaltschaft zunächst kalt. Leute aus dem Verteidigungsministerium bezeugten später, daß man, obwohl über den Artikel bestürzt, eher vorgezogen habe, nichts zu unternehmen, als durch Einleitung einer Untersuchung über die Quellen der Geschichte die Situation weiter zu verschlimmern.

Äußere Umstände bestimmten die weitere Entwicklung von „Stärker als 1939?“ bis zum „Fallex“-Artikel im Oktober. Der SPIEGEL hatte erwogen, eine allgemeine Übersicht der Auseinandersetzung um die strategischen Probleme zu veröffentlichen. Man dachte zunächst an ein Porträt des Generalinspekteurs Friedrich Foertsch, der sein Amt im April 1961 angetreten hatte, als möglichen Aufhänger. Dann wurde jedoch die für den 21. bis 28. September geplante NATO-Übung „Fallex 62“, deren Grundvoraussetzungen mit den Weltuntergangsvoraussetzungen der Kriegsbildstudie übereinzustimmen schienen, zu einem besonderen Angelpunkt.

Ahlers war beauftragt worden, die Geschichte zu schreiben, zusammen mit Schmelz vom Bonner Büro. Einige Militärs zeigten sich zu Interviews bereit, aber das Verteidigungsministerium war alles andere als hilfsbereit. Anfang September bemühte sich Schmelz bei Oberst Schmückle um eine Verabredung mit Foertsch, sein Wunsch wurde jedoch abgelehnt. In der Zwischenzeit hatte Ahlers eine erste Fassung des Artikels an Schmelz geschickt. Dieser fügte einen Bericht über die Reaktion auf Schmückles „Christ-und-Welt“-Artikel hinzu, den Adelbert Weinstein in der FAZ geschrieben hatte, sowie eine biographische Skizze über Foertsch und schickte den Entwurf zurück. Im Verlauf seiner Bemühungen, die Geschichte zu verifizieren, konsultierte Ahlers Major Jürgen Brandt von der Führungsakademie in Hamburg über die Darstellung der atomaren Befehlskette. Brandt entdeckte einen Fehler, der korrigiert wurde. Ahlers zeigte den Entwurf vorsichtshalber auch noch Helmut Schmidt, mit dem er zusammen in Hamburg studiert hatte und der jetzt sozialdemokratischer Innensenator von Hamburg war. Schmidt war unter den Beobachtern des „Fallex“-Manövers gewesen und Verfasser des einzigen seriösen deutschen Buches über die Probleme zeitgenössischer Strategie: „Verteidigung oder Vergeltung“.

Entgegenkommend las Schmidt das Manuskript durch und wies auf einige Punkte hin, von denen er vermutete, sie könnten mit den offiziellen Geheimhaltungsvorschriften kollidieren. Ahlers redigierte sein Manuskript noch einmal. In der Ausgabe vom 19. September kündigte der SPIEGEL den Ahlers-Artikel als Titelgeschichte für die kommende Woche an.

Das war der Zeitpunkt, zu dem sich Strauß entschied, in Bonn zu bleiben, und zu dem dann der „Onkel-Aloys"-Artikel an Stelle der „Fallex"-Geschichte erschien. Ungefähr um dieselbe Zeit erschien ein Bundeswehroberst namens Adolf Wicht auf der Bildfläche. Wicht hatte einmal Journalistik studiert und war aktiver Offizier gewesen. In den frühen fünfziger Jahren hatte er einen Pressedienst über osteuropäische Angelegenheiten herausgegeben und war später wieder Soldat geworden. Sein Armeestatus war eigentlich rein nominell: Er war zu Gehlens BND abkommandiert. Der Pressedienst — praktisch jedermann zugänglich, der willens war, 30 Mark im Monat dafür zu bezahlen — schien ebenfalls nur Fassade zu sein; sein Hauptabnehmer war die Bonner Regierung, die frisch und fröhlich die nicht verkaufte Auflage übernahm und einstampfen ließ.

Becker, der Verlagsdirektor des SPIEGELS, war der erste westdeutsche Journalist gewesen, der — 1954 — wirksame Kontakte mit Gehlen angeknüpft hatte; seit der Zeit unterhielten beide eine lose Verbindung und tauschten Höflichkeiten, Weihnachtskarten sowie gelegentlich auch Material aus. Laut Becker bestanden die Höflichkeiten in dieser Hinsicht aus zwei Mittagessen und einer antiquarischen Ausgabe von Moltkes Memoiren mit einer handschriftlichen Widmung von Gehlen. Becker betrachtete die Bemühungen des BND, SPIEGEL-Angehörige bei mindestens zwei Gelegenheiten für eine Nebenbeschäftigung zu werben, als Unhöflichkeit.

Die bestehenden Beziehungen gaben Wicht einen Anknüpfungspunkt, sich an Becker zu wenden. Becker vermutete, daß die Ankündigung der „Fallex"-Geschichte Gehlens Interesse geweckt habe. Ahlers anderseits hatte schon mit Becker die Möglichkeit erörtert, einige Abschnitte des Manuskripts durch den BND prüfen zu lassen. Wichts Erscheinen erleichterte den Kontakt. Obwohl er nicht die Absicht hatte, dem BND das Manuskript vor der Veröffentlichung zu zeigen, konnte Becker ohne große Mühe Wicht dazu überreden, von Ahlers gestellte Fragen überprüfen zu lassen. Mit der Umsicht, die Ahlers unter Kollegen den Spitznamen „Konfuzius" eingetragen hatte, brauchte er bis zum 1. Oktober, um dreizehn Fragen zu formulieren, die er auf zwei Listen verteilte — eine mit Tatsachen, die geprüft werden mußten, die andere für zusätzliche Informationen. Wicht übermittelte die Antworten vier Tage später.

Ahlers meinte später gegenüber Becker, nach seinem Eindruck hätten die Antworten eine abgewogene Dosis zugerichteter Informationen enthalten, die Gehlen mit seinem Berufsinteresse, wenigstens einige der verwundbarsten Stellen der Bundesrepublik zu kaschieren, in dem Artikel von Ahlers eingebaut zu sehen hoffte. Der BND empfahl die Streichung lediglich einer Stelle, die Ahlers nachzuprüfen gebeten hatte; sie war inzwischen jedoch schon von Ahlers eliminiert worden. Dieselbe Meldung erschien zwei Wochen später in der „Welt" ohne sichtbare rechtliche Konsequenzen.

Als nächste sahen die Chefredakteure des SPIEGELS, Jacobi und Engel, den Artikel durch. Des besseren journalistischen Aufbaues wegen nahm Jacobi die Foertsch-Passagen heraus und stellte sie als Kasten daneben. In letzter Minute wurden noch ein paar spezifische Details über das „Fallex"-Manöver eingebaut. Die Geschichte, jetzt eine Doppelgeschichte, ging zusammen mit „Onkel Aloys" in die Setzerei. Augstein las sie erst, nachdem sie gesetzt war.

Der SPIEGEL war immer sehr darauf bedacht, seine Informationen nicht vorzeitig bekanntwerden zu lassen. Der Schmeisser-Artikel aus dem Jahre 1952 und, in jüngster Zeit, die englische Übersetzung der Strauß-Titelgeschichte von 1961 waren durch gerichtliche Verfügungen an der Verbreitung gehindert worden. Es war daher die Regel, potentiell riskantes Material — wie etwa „Onkel Aloys" — so lange wie möglich zurückzuhalten, notfalls bis Freitag nacht, was bei Überwindung technischer Schwierigkeiten möglich ist. Aber bei der „Fallex"-Geschichte schien es keinen Grund für besondere Vorsicht zu geben. Seiten- und Fahnenabzüge lagen eine Woche vor der Veröffentlichung herum. Die Geschichte erschien schließlich am 8. Oktober, etwa acht Monate nach dem ersten Kontakt mit Martin.

Wie viele Titelgeschichten des SPIEGELS enthielt sie sehr viele Details, war sehr pointiert und sehr lang. Selbst ohne die Foertsch-Biographie umfaßte sie fast 10.000 Wörter — gegenüber 4000 einer durchschnittlichen Titelgeschichte von „Time“. Sie enthielt, eingerahmt von einer Schilderung der „Fallex“-Übung, ein Resümee der gegenwärtigen NATO-Situation, eine Abschätzung des sowjetischen Militärpotentials und desjenigen der Satelliten in Mitteleuropa, eine kurze Geschichte des Streits um nukleare beziehungsweise konventionelle Bewaffnung Westdeutschlands unter Aufzählung der damaligen praktischen Konsequenzen, eine Beschreibung der US- und NATO-Atomstrategie sowie deren Entwicklung seit Beginn der Kennedy-Regierung, eine Zusammenfassung der Ansichten und Vorbehalte von Strauß und des sich daraus ergebenden Streits innerhalb des Verteidigungsministeriums mit einem Seitenhieb auf die Kriegsbildstudie des Jahres 1961, eine theoretische Diskussion über die Probleme der Vorwärtsverteidigung, eine Analyse der Schlagkraft und der Haushaltssituation der Bundeswehr, einen Bericht über die Konflikte, die durch Bemühungen von Strauß entstanden waren, Deutschlands Raketenbestand zu vergrößern, und eine zurückhaltende, aber nachdrückliche Schlußfolgerung. Am 17. Juli, berichtete Ahlers, seien Strauß und Foertsch bei Adenauer gewesen. Der ihren Haushaltsargumenten besonders zugängliche Kanzler habe ihren Plan unterstützt, die fehlenden Mannschaften durch Raketen zu ersetzen und zugleich — ungeachtet der NATO-Plan-Ziele — den Ausbau der Bundeswehr zu verzögern.

Der Artikel endete: „Oberbefehlshaber Strauß und sein Generalinspekteur marschierten zufrieden ab. Das Ergebnis von ‚Fallex 62‘ lag noch nicht vor. Es besagt: Mit Raketen an Stelle von Brigaden und mit Atomgranatwerfern an Stelle von Soldaten ist eine Vorwärtsverteidigung der Bundeswehr nicht möglich, eine wirksame Abschreckung bleibt fraglich.“

Niemals hatte es in Deutschland oder anderswo etwas Vergleichbares gegeben. Das Ausmaß der SPIEGEL-Dokumentation machte klar, daß Schmelz und Ahlers eine erstaunliche Menge Material gesammelt hatten, vielleicht mehr, als viele tausend SPIEGEL-Leser wirklich wissen wollten. Aber ihre Thesen waren weniger bemerkenswert. Der Artikel war nicht viel mehr als eine Streckung der wenige Monate zuvor erschienenen Geschichte „Stärker als 1939?“. Seine außerhalb des militärischen Bereiches liegenden Ziele waren gleichwohl offensichtlich. Die Angriffe auf Strauß wegen seines Kraftmenschentums und der Art, wie er absichtlich Verbündete täuschte — das kannte man. Nun aber wurde berichtet, er habe seine Generale eineinhalb Stunden warten lassen und sich während des „Fallex“-Manövers an die Riviera zurückgezogen, wogegen McNamara zwei Tage Deutschlandaufenthalt in seinem überlasteten Zeitplan untergebracht habe. Wie es sich traf, sollte der Bundesgerichtshof später gerade die polemische Absicht des Artikels zugunsten des SPIEGELS werten: Es sei nicht notwendig gewesen, den Artikel, der „nicht nur der Unterrichtung, sondern ebenso der Polemik“ gedient habe, ernst zu nehmen, denn er stelle „keine bedeutende geistige Leistung“ dar. Angeklagte können sich die Gründe für ihren Freispruch selten aussuchen. Unter den gegebenen Umständen war das Argument so gut wie jedes andere. Aber es war nicht gerade der Pulitzerpreis, den der Artikel damit gewann.

Die Ergebnisse des „Fallex“-Manövers waren schon in anderen Blättern und früher berichtet und erörtert worden. Der Vertraute von Strauß, Adelbert Weinstein, hatte darauf in derselben Art reagiert wie die CDU auf die Berlinkrise ein gutes Jahr früher. Weder bestritt er die Ergebnisse, noch suchte er den Konsequenzen auszuweichen, vielmehr behauptete er schlankweg in einem FAZ-Leitartikel, die gegenwärtige Politik der Bundesregierung habe sich nunmehr erst recht als richtig erwiesen.

Wenn die Vergeltungsstrategie sich als Fehlschlag erweise, dann nur, weil sie nicht massiv genug sei. Konventionelle Verteidigung sei utopisch. Es gebe keine Alternative zur atomaren Abschreckung. In jedem Fall „entscheidet die Politik, nicht die Waffen“, schrieb er. Die „Deutsche Zeitung“, ebenfalls regierungsfreundlich, wurde noch deutlicher. Um die Notwendigkeit zu unterstreichen, ein umfassendes Programm von Notstandsgesetzen, das schon damals heftige Kritik der SPD und der Gewerkschaften herausgefordert hatte, sogleich zu beschließen, berichtete sie über die Ergebnisse des Manövers noch detaillierter als der SPIEGEL.

Für den Rest der SPIEGEL-Geschichte konnte freilich kein anderes Blatt etwas Vergleichbares vorweisen — jedenfalls nicht die übrige westdeutsche Presse, deren begrenzter Raum, begrenzte Archivkapazität, begrenzte Initiative oder mangelndes Interesse eine solche Fülle an Details und Ausführlichkeit oder einen ähnlichen Ton gänzlich ausschlossen. Aber das war keine Garantie dafür, daß die Kritik irgendeine direkte Wirkung haben würde. Es war nicht einmal sicher, daß ein direkter Effekt beabsichtigt war. Frühere Erfahrungen hatten schon seit langem zu einer heilsamen Skepsis geführt. 1960 hatte die SPIEGEL-Redaktion als Maxime akzeptiert: „Weil man sich keine Illusionen macht, wird reale Einflußnahme weder beabsichtigt noch kontrolliert. Kein Artikel wird geschrieben, weil man sich eine Ereigniswirkung von ihm verspräche." Die spätere Feststellung von Ahlers, die „Fallex"-Geschichte sei ein Artikel wie jeder andere, und Jacobis Behauptung, sie sei eine Titelgeschichte gewesen wie die übrigen jährlichen 51 Titelgeschichten, mögen von Resignation oder gar von einem gewissen Zynismus gefärbt gewesen sein. Aber im Prinzip entsprach es wahrscheinlich der Wahrheit.

Der Artikel erregte in der Redaktion keine sonderliche Aufregung. Es wurden auch keine besonderen Vorsichtsmaßnahmen getroffen. Ein leitender Redakteur sagte: „Es gibt gute Titelgeschichten, aber diese gehörte nicht dazu, und niemand hielt sie für eine solche. Mit Ausnahme von Martins Informationen war sie mit Schere und Kleister gemacht. Die wenigen zusammenhängenden Abschnitte darin hatte Schmelz hineingeschrieben. Wenn Augstein sie überhaupt ernst nahm, dann nur, weil er dachte, sie würde Strauß treffen. Er hat die Geschichte nicht einmal ganz gelesen. Er überprüfte sie nur, um sicher zu sein, daß sie gegen Strauß gerichtet war."

Die große Debatte über die westdeutsche Verteidigungspolitik, deren Herbeiführung Augstein vielleicht und Martin sicherlich beabsichtigt hatten, fand weder vor noch nach der Affäre statt. Trotz Augsteins Vorstellungen bei Heinemann zog es die sozialdemokratische Opposition offensichtlich vor, die Angelegenheit zu begraben. Spätere Debatten im Bundestag über den Starfighter in den Jahren 1965 und 1966 blieben charakteristischerweise begrenzt auf Brauchbarkeit und Instandhaltung des Flugzeugs und betrafen nicht die strategischen Annahmen, die an erster Stelle zu seinem Kauf geführt hatten.

„Seltsam genug", schrieb Sydney Gruson am 4. November

1962 in der „New York Times“, „daß sich niemand angesichts des SPIEGEL-Berichts Sorgen zu machen schien, obwohl dort erklärt worden war, daß trotz all des für die Verteidigung ausgegebenen Geldes die Bundeswehr in schlechtem Zustand sei und unter einem kommunistischen Angriff schnell zusammenbrechen würde. Die offiziellen Stellen machten sich nicht einmal die Mühe, dies alles zu dementieren.“

Eine unbestimmte Anzahl von Lesern — angesichts der Gleichgültigkeit der meisten Nachkriegsdeutschen gegenüber militärischen Dingen wahrscheinlich eine kleine Minderheit — war immerhin besser informiert als vorher. Eine noch kleinere Minderheit mit einem beruflichen Interesse an strategischen und politischen Problemen, unter ihnen der emeritierte Professor für Staatslehre am Amerst College Karl Loewenstein sowie der Oberst Bogislaw von Bonin, zwischen 1952 und 1955 einer der Reorganisatoren der Bundeswehr, erklärten öffentlich, daß sie nichts Bemerkenswertes an dem Artikel gefunden hätten außer der Aufregung, die er verursachte.

Ein paar Zeugen des „Fallex“-Manövers waren weniger verbittert über die Publikation an sich als über den Bruch der Geheimhaltung, zu der sich alle schriftlich verpflichtet hatten.

Schmückle, so stellte das Bundesverfassungsgericht später fest, hatte noch vor Erscheinen des Artikels Journalisten gegenüber angedeutet, daß Helmut Schmidt, der im Verlauf des Manövers Reporter empfangen hatte, möglicherweise mit der Indiskretion etwas zu tun habe. Anscheinend hatte er keine direkten Beziehungen zwischen Schmidt und Ahlers unterstellt. Schmidt sah sich trotzdem durch Zeitungsberichte über Schmückles Andeutung veranlaßt, bei Staatssekretär Hopf im Bundesverteidigungsministerium anzurufen. Hopf berichtete später, Schmidt sei sehr zornig gewesen. In anderer Hinsicht wurden der Verlauf des Gesprächs und selbst sein Datum — höchstwahrscheinlich der 9. Oktober — zu einem Streitpunkt. Schmidt behauptete, er habe im besonderen auf die Besprechung des Manövers in der „Deutschen Zeitung“ hingewiesen. Falls das Ministerium den Ursprung des Lecks suche, solle es dort und nicht in Hamburg anfangen. Hopf habe geantwortet, so sagte Schmidt, daß er den Artikel in der „Deutschen Zeitung“ gelesen, aber nicht für so schlimm gehalten habe; der SPIEGEL-Bericht sei schlimmer gewesen. In Hopfs Version des Telephongesprächs war es Schmidt, der den SPIEGEL zur Sprache brachte. Das Verteidigungsministerium wolle wohl versuchen, ihn auch noch für den SPIEGEL-Artikel verantwortlich zu machen, soll Schmidt gesagt haben. Schmidt habe hinzugefügt, meinte Hopf, daß er die SPIEGEL-Leute kenne. Sie hätten Schmidt nicht benötigt, um ihren Artikel zu schreiben; ihre Quelle sei im Verteidigungsministerium. Hopf, der behauptete, bis dahin weder den Bericht in der „Deutschen Zeitung" noch den im SPIEGEL gelesen zu haben, ließ die entsprechenden Nummern holen. Eine SPIEGEL-Version des Hopf-Schmidt-Gesprächs fügte ein weiteres Detail hinzu: Schmidt habe noch am selben Nachmittag Augstein angerufen: „Augstein", soll er vorwurfsvoll gesagt haben, „es sind Staatsgeheimnisse in dem Artikel."

Wie der SPIEGEL später berichtete, las eine kleine Gruppe von Offizieren im Verteidigungsministerium den Ahlers-Artikel mit Schrecken. Man beschloß aber nochmals, nichts dagegen zu unternehmen. Nur ein Leser unternahm sofort etwas. Das war Friedrich August Freiherr von der Heydte, Professor der Jurisprudenz an der Universität Würzburg und seit Juni 1962 Reservegeneral der Bundeswehr. Von der Heydte war 1935 als aktiver Offizier in die Wehrmacht eingetreten. Am 18. Oktober 1944 überreichte ihm Hitler persönlich das Eichenlaub zum Ritterkreuz; bei der Kapitulation im Jahre 1945 war er Oberstleutnant der Fallschirmjäger. Später behauptete er, an der Verschwörung des 20. Juli 1944 teilgenommen zu haben.

Seine folgende Zivilkarriere wurde geprägt durch eine Vorliebe für Gruppen wie die „Abendländische Akademie", eine ultramontane Organisation mit einem Widerwillen gegen die parlamentarische Demokratie und einer Schwäche für Francisco Franco. Er schrieb auch regelmäßig in der „Deutschen Tagespost", die — trotz ihres Namens — nur dreimal wöchentlich erschien und deren Auflage von 16.000 Exemplaren kaum ihren Anspruch rechtfertigte, das führende Meinungsblatt von Westdeutschlands 25 Millionen Katholiken zu sein. Nichtsdestoweniger war sie ein Meinungsblatt, besonders pro Strauß und pro CSU, zu deren enthusiastischem Sprecher sich von der Heydte gemacht hatte.

Man kann sich vorstellen, daß er kein Freund des SPIEGELS war. Im Sommer 1962 hatte von der Heydte dem SPIEGEL vorgeworfen, daß er lüge und absichtlich offizielle Geheimhaltungsvorschriften verletze — de facto also Landesverrat begehe. Der SPIEGEL hatte mit einer einstweiligen Verfügung geantwortet. Von der Heydte konterte am 1. Oktober 1962 mit einer an die Bundesanwaltschaft gerichteten Anzeige, wie sie jeder Staatsbürger erstatten kann. Er bezichtigte den SPIEGEL, den Gesetzen über Landesverrat zuwiderzuhandeln. Da Ahlers und Schmelz früher Offiziere gewesen und daher fähig seien, zu erkennen, was ein militärisches Geheimnis sei, folgerte er, daß sie wahrscheinlich vorsätzlich gehandelt hätten. Seine Anzeige bezog sich auf sechs Veröffentlichungen im SPIEGEL, darunter „Stärker als 1939?". Ein weiterer Brief wies auf eine siebente, nämlich den „Fallex"-Artikel, hin.

Nach Beginn der SPIEGEL-Aktion wurde von der Heydte berühmt. Der SPIEGEL ehrte ihn mit einer Titelgeschichte. Ohne falsche Bescheidenheit trug von der Heydte sein Scherflein dazu bei, bekanntzumachen, daß er seine patriotische Pflicht erfüllt habe: Er schrieb darüber einen Artikel unter seinem Namen im „Rheinischen Merkur". Einer ihm nahestehenden Studentenzeitung erläuterte er seine Motive mit schlichter Würde: „Aus Liebe zu meinem deutschen Vaterland."

4 DIE AKTION

Die Aktion begann in Karlsruhe, einer freundlichen Stadt von 250.000 Einwohnern, am Nordhang des Schwarzwaldes gelegen und 1715 vom Markgrafen Karl Wilhelm von Baden gegründet. Ein schönes klassisches Schloß mit einer mächtigen Kuppel zeugt von den Ursprüngen der Stadt. Am Rande des Schloßparks beherbergt die Technische Hochschule eines der Hauptzentren für Atomforschung in der Bundesrepublik.

Rund um diese beiden Pole — Schloß und Atommeiler — liegen die Baudenkmäler des 19. Jahrhunderts. Sie erinnern an Napoleon und Bismarck, an 1848, als die Bewohner von Karlsruhe auf die demokratischen Barrikaden stiegen, und an 1871, als sie sich mit der aus Blut und Eisen geborenen Reichsgründung abfanden. Das neobarocke Postamt, über dessen Eingang noch immer „Deutsche Reichspost" zu lesen ist, dominiert an der Hauptkreuzung. Vor ihm befindet sich ein Obelisk zur Erinnerung an die bemerkenswerte Vielfalt von Zielen, um derentwillen die Bürger der Stadt fochten und starben. Vielleicht ist Karlsruhe dazu prädestiniert, immer für eine verlorene Sache zu kämpfen.

1950/51 wurde Karlsruhe Sitz der obersten Gerichtsorgane der Bundesrepublik, die in dem viktorianischen Palais der großherzoglichen Familie von Baden untergebracht wurden. Wie die Gebäude, in denen sie arbeiten, und das Strafgesetz, das sie vertreten, ist um die Bundesanwälte etwas von der Atmosphäre des 19. Jahrhunderts. Die Entfernung zwischen dem Pressehaus in Hamburg und den großherzoglichen Schlössern in Karlsruhe kann nicht nur in Kilometern gemessen werden, sondern auch in Jahrzehnten. Kuhns Reaktion auf den „Fallex"-Artikel hatte etwas grundsätzlich Altmodisches an sich. Das Gesetz, auf das er und seine Kollegen verpflichtet waren, verlangte eine Untersuchung. Es lag in der Natur der Dinge, daß Kuhn sich um sachliche Beurteilung an das Verteidigungsministerium wandte.

Dr. Heinrich Wunder, 38 Jahre alt, aus der Rechtsabteilung des Ministeriums, war der verantwortliche Mann, der entsprechend zu gutachten hatte. Wunder war selbst Staatsanwalt gewesen, hatte drei Jahre bei der Bundesanwaltschaft in Karlsruhe Dienst gemacht und wurde von seinen früheren Kollegen geschätzt. Er ersuchte seinerseits die zuständigen Stellen im Ministerium um fachliche Unterstützung bei der Prüfung der Verdachtsmomente Kuhns, und diese Bitte wurde ihm auch bereitwillig erfüllt.

Auf seine Anforderung wurde Oberst Hans Joachim Hopffgarten, zuständig für Militärpolitik, strategische Planung und NATO-Angelegenheiten und ein glühender Bewunderer von Strauß, zu seinem Berater ernannt. Das Archiv des Ministeriums erhielt Weisung, Vorveröffentlichungen zum Material von Ahlers zu überprüfen. Sicherheitshalber konsultierte Wunder noch eine Reihe anderer Ministerialbeamter. Aber weder wurden das über weit bessere Informationsquellen verfügende Bundespresseamt noch auch der Bundesnachrichtendienst um Rat gefragt.

Sowohl Staatssekretär Hopf als auch Schmückle waren schon zu Beginn der Nachforschungen über das Interesse Karlsruhes informiert worden. Als Hopf später vor dem Verfassungsgericht darüber befragt wurde, vermochte er sich an Einzelheiten nicht mehr zu erinnern. Er entsann sich, daß er den „Fallex"-Artikel am Tag nach Helmut Schmidts Anruf — am Morgen des 10. Oktober — zu lesen begonnen hatte, als ihn der Chef des Amtes für Sicherheit der Bundeswehr besuchte, um sich zu einem Truppenkommando abzumelden. „Ach, Herr Wessel", habe er gesagt, „geben Sie doch bitte mal den Herren Ihrer Abteilung den Artikel; sie möchten ihn sich mal ansehen. Mir kommt er eigenartig vor." Das war aber auch alles. Dann habe es da so etwas wie eine Aktennotiz gegeben, ein Gutachten oder eine offizielle Stellungnahme betreffend, um die die Bundesanwaltschaft ersucht hatte. Und dann seien eines Tages ein paar Leute mit einem Gutachten in seinem Büro erschienen. „Das ist Ihre Angelegenheit“, habe er ihnen gesagt, aber sie meinten, er müsse einen Blick darauf werfen. Natürlich habe er zunächst geprüft, ob es auch schon unterschrieben sei.

Am 12. Oktober wurde für Strauß, der noch in Urlaub war, eine Aktennotiz verfaßt, um ihn über die Anfrage aus Karlsruhe und über die entsprechenden Schritte zu informieren. Am 13. Oktober erschien Wunder selbst bei der Bundesanwaltschaft in Karlsruhe und bestätigte Kuhns Verdacht, nämlich daß der Artikel wichtige Geheimsachen preisgebe. Der Generalbundesanwalt wünschte demgemäß ein umfassendes schriftliches Gutachten als Grundlage für ein Ermittlungsverfahren. Wunder bekundete später, die drohende Atmosphäre der Kubakrise habe bei seiner Entscheidung mitgespielt. Sicherheitshalber zeigte er sein Gutachten, bevor er es vorlegte, einem Nachrichtenoffizier des Ministeriums. Er sagte, er sei zu der Überzeugung gekommen, daß der Nachrichtenoffizier die Angelegenheit genauso einschätze wie er.

Die inzwischen gebildete Arbeitsgruppe legte das Ergebnis ihrer Nachforschungen Hopf am Nachmittag der Rückkehr von Strauß vor, also am 15. Oktober, dem Tag, an dem ein U-2-Flug über Kuba die Stationierung sowjetischer Raketen bestätigt hatte. Am nächsten Tag — an dem die Ergebnisse des U-2-Flugs Präsident Kennedy gemeldet wurden — erschienen die zehn Mitglieder der Arbeitsgruppe bei Strauß zum Vortrag. Strauß überflog ihren Bericht. Der Druck der Ereignisse fordere eine schnelle Aktion, soll Strauß erklärt haben. Irgend etwas müsse gegen Indiskretionen aus Ministerien unternommen werden. Am 17. Oktober schloß Wunder seinen Bericht ab. Am nächsten Tag fügte er eine Zusammenfassung der ihm vom Archiv übermittelten Publikationen über „Fallex“ und die strategische Situation bei. Am 18. Oktober, als angesichts der Kubakrise Alarmbefehle an die Truppen ergangen waren und Feldjäger die Korridore des Ministeriums bewachten, war der Bericht offiziell abgeschlossen, auf Dienstpapier geschrieben und von Wunder allein unterzeichnet worden. Die Einschränkung „im Auftrag“ vervollständigte die Unterschrift. Am selben Abend informierte Strauß den Bundeskanzler über die voraussichtliche Aktion gegen den SPIEGEL. In der folgenden Woche unterrichtete er Adenauer über den weiteren Verlauf.

Ein Regierungsbericht deutete an, daß Adenauer ihn ermuntert habe — unklar blieb, wieweit —, die notwendigen Schritte zu unternehmen.

Im Verlauf des Verfahrens reagierte das Ministerium ungehalten auf den Vorwurf kollektiver Verantwortlichkeit. Jegliche ministerielle Korrespondenz, so wurde erklärt, werde unter ministeriellem Briefkopf geführt. Jegliche ministerielle Korrespondenz, sei es eine Notiz des Staatssekretärs oder eine Büroklammernanforderung, werde „im Auftrag" unterschrieben. Die einzige Ausnahme bilde der Minister selbst. Wunder habe dennoch das Recht, jedes Gutachten zu verfassen, das er für richtig halte. Kraft seines Amtes sei er verantwortlich, nicht aber Schmückle, Hopf oder Strauß. Er habe sich allein an diese Arbeit gemacht, wie loyal er auch immer seinen Vorgesetzten berichtet haben mochte. Wenn man bedenke, daß die Quelle der vermuteten Pflichtverletzung sich wahrscheinlich unter dem Dach des Ministeriums befunden habe und daß das Ministerium erwarten konnte, um Amtshilfe angegangen zu werden, so sei es nur ein Akt der Klugheit gewesen, daß Wunder seinen Vorgesetzten Bericht erstattet habe. Aber es gebe keinen Beweis dafür, daß Hopf oder Strauß irgendeinen direkten Versuch unternommen hätten, ihn zu beeinflussen.

All dies war einigermaßen richtig. Als ein Mann, der gerade erst sein Amt als Bundesanwalt aufgegeben hatte, neigte Wunder dazu, die Dinge mit den Augen eines Staatsanwaltes zu sehen. Auch er wandte sich an jene Stellen, die die Bundesanwaltschaft konsultieren wollte, und er war bereit, diesen Stellen zu glauben. Aber die Teilnahme anderer Personen an den Nachforschungen relativierte seine eigene Verantwortlichkeit, wie er einzugestehen ehrlich genug war. Wunder war der Koordinator und der Mann, der die Niederschrift verfaßte. Aber sein Material kam auf dem Dienstweg aus einem unzureichend ausgestatteten Archiv und stammte von Anhängern eines umstrittenen Ministers und dessen umstrittener Politik. Diese Leute erklärten, daß der „Fallex"-Artikel in 41 Fällen den gesetzlich als Staatsgeheimnis definierten Bereich verletze und daß von diesen 41 Mitteilungen lediglich 24 in der einen oder anderen Form irgendwo vorher veröffentlicht worden seien. Das war die Essenz des Gutachtens, das Wunder am

19. Oktober Kuhn in Karlsruhe überbrachte. Aber wie schon sechs Tage zuvor betonte Wunder erneut, die Arbeit sei nur ein Provisorium. Er habe die Absicht, einige Punkte später sowohl mit dem Bundespresseamt als auch mit Gehlens BND durchzusehen. Nur in einem Punkt des Gutachtens unterschied sich seine Meinung deutlich von der Meinung seiner militärischen Berater und von dem, was das Archiv zusammengestellt hatte. Darüber hinaus versuchte Wunder, den strafrechtlich definierten Begriff „Staatsgeheimnis" zu vermeiden, und zog es vor, auf dem Geheimnisbegriff im Sinne der ministeriellen Sicherheitseinstufungen zu beharren.

Kuhn machte keine solchen Vorbehalte. Er habe — so sagte er später — während seiner Amtszeit eine Menge Gutachten gesehen, und er könne ein gutes von einem schlechten unterscheiden. Er sei davon überzeugt, daß Wunder ebenso zuverlässig wie erfahren sei. Er behauptete mit erschreckender Glaubwürdigkeit, es sei ihm kaum bewußt gewesen, daß das Ministerium selbst in der Kontroverse, über die der SPIEGEL berichtete, Partei war. Wie seine Kollegen wußte er nur vage, daß eine weltweite strategische Debatte im Gang, geschweige denn, daß der „Fallex"-Artikel ein Beitrag dazu war. Auf jeden Fall hatte sich Kuhn seine Meinung schon gebildet. Ein Journalist könne ein einziges Staatsgeheimnis erfahren, ohne sich über die Bedeutung klarzuwerden, behauptete Kuhn, aber kein Reporter könne 15 oder 41 Staatsgeheimnisse veröffentlichen, ohne sich des Risikos bewußt zu werden. Ob schon vorher Veröffentlichungen erfolgt seien, sei eine Frage, die lediglich das Verteidigungsministerium angehe. Das Gesetz verlange von der Bundesanwaltschaft, zu ermitteln, wo Verdachtsmomente gerechtfertigt seien. Das Gutachten sei höchstens eine Bekräftigung der objektiven Verdachtsmomente. Es ergebe sich logisch, so folgerte Kuhn, der Verdacht einer subjektiven Absicht. Am nächsten Tag, einem Samstag, überbrachten er und Wunder den Artikel und das Gutachten Kuhns Vorgesetztem, Walter Wagner, dem Stellvertreter des damaligen Leiters der Bundesanwaltschaft. Wagner las zunächst einmal den Artikel.

Zu diesem Zeitpunkt erschien Hopf. Bei seiner späteren Zeugenaussage war er wieder unsicher in Detailfragen. Ja, er sei dienstlich vorbeigekommen. Ja, er habe die Bundesanwälte der vollen Unterstützung des Ministeriums versichern wollen: Ohne Einschränkung könnten sie ihre Ermittlungen führen, wohin diese auch führen mochten. Wenn sie irgendwelche Probleme hätten, würde das Ministerium helfend eingreifen, zum Beispiel bereit sein, Bundeswehrfahrzeuge zur Verfügung zu stellen.

Wagner, ein alter, rundlicher, kleiner Mann in den Sechzigern, erinnerte sich anderseits sehr gut an den Morgen des 20. Oktober. Er sagte, daß Hopf tatsächlich vorbeigekommen sei. Dieser habe seine Frau in einem Café gelassen, bevor er bei Kuhn und ihm vorgesprochen habe. Hopf habe zu Beginn betont, der SPIEGEL habe eine Reihe sehr wichtiger Staatsgeheimnisse veröffentlicht; Robert McNamara sei so erschüttert gewesen, daß er sich bei der Regierung in Bonn beschwert habe; die Bündnisfähigkeit der Bundesrepublik sei in Frage gestellt, und irgend etwas müsse unternommen werden. Er bestritt, Wunders Gutachten zu kennen, und erklärte, er wünsche, dies alles aus eigener Verantwortlichkeit zu klären.

Wagner war geneigt, ihm zu glauben. Er habe gefragt, ob Hopf die Hilfe der Ermittlungsbehörden brauche, um das Leck im Verteidigungsministerium zu schließen. Hopf habe geantwortet, „eigentlich nicht“, jedoch angedeutet, daß er selbst nicht genau wisse, wie er vorgehen solle. Jedenfalls war er für strafrechtliche Maßnahmen als Ultima ratio.

Wagner erinnerte sich, daß er Hopf auf das mögliche Risiko hingewiesen habe. Der im Gang befindliche Krieg zwischen Strauß und dem SPIEGEL sei nicht die glücklichste Voraussetzung für eine Untersuchung. Hopf habe erwidert, Strauß kenne Wunders Gutachten nicht und wisse auch nicht, daß Hopf nach Karlsruhe gefahren sei. Wagner habe jedenfalls angeordnet — so seine spätere Aussage —, daß die Ermittlungen nach dem Legalitätsprinzip fortzuführen seien, dem Prinzip unabhängiger Untersuchung ohne Rücksicht auf politische Zweckdienlichkeit.

Laut Wagner sagte Hopf volle Unterstützung zu: Fahrzeuge und Nachrichtenübermittlung der Bundeswehr sowie die Hilfe des Militärischen Abschirmdienstes (MAD). Wagner antwortete, das werde wahrscheinlich nicht nötig sein, vielmehr könnte es einen falschen Eindruck erwecken. Hopf habe auch zugestimmt, Presseverlautbarungen und Geheimschutz der Bundesanwaltschaft zu belassen. Wagner hatte auf die Notwendigkeit hingewiesen, die Ermittlungen gegen „X und andere“ zu führen, und zwar sowohl gegen die militärischen Informanten als auch gegen die Autoren des Artikels. Weder habe er um Hilfe ersucht — so betonte Wagner — noch die Einzelheiten der beabsichtigten Maßnahmen mit Hopf diskutiert. Aber er betrachtete das Erscheinen Hopfs als ein Zeichen des Ernstes der Lage und als eine Bestätigung des Gutachtens, besonders in Anbetracht des Hinweises auf die durch den „Fallex“-Artikel entstandene Beunruhigung der Amerikaner. Die persönliche Intervention des Staatssekretärs schien ihm zu bestätigen, daß ein Verstoß gegen die offiziellen Geheimhaltungsbestimmungen vorlag sowie ein indirekter Beweis, wie eilig die Sache sei. Das Leck im Ministerium existierte offenbar schon eine ganze Weile.

Bevor Hopf sich verabschiedete, vereinbarte Wagner für Montag ein Zusammentreffen mit den Offizieren des Amtes für Sicherheit im Verteidigungsministerium. Es sollte außer Wunder, Kuhn, zwei Vertretern des Bundeskriminalamtes auch ein Ermittlungsrichter des Bundesgerichtshofs für etwa notwendig werdende Durchsuchungs- und Haftbefehle teilnehmen. Wagner erklärte, daß Hopf versprochen habe, den Justizminister über die beabsichtigte Aktion zu unterrichten.

Am nächsten Tag ordnete in Washington Präsident Kennedy die Blockade Kubas an und informierte den britischen Botschafter David Ormsby-Gore (seit 1964 Lord Harlech) über seine Entscheidung. Am Montag wurden die in Washington akkreditierten Botschafter und die Verbündeten informiert. Am selben Tag hielten die mit der SPIEGEL-Aktion befaßten Beamten und Offiziere in Karlsruhe eine Besprechung ab, Gehlens BND war von dem Treffen absichtlich ausgeschlossen, obwohl Strauß selbst Gehlen drei Tage später über die Angelegenheit informierte. Hopf hatte auch gebeten, die lokalen Polizeibehörden von der Aktion auszuschließen, um die Zahl der Mitwisser klein zu halten. Jedoch war die Beteiligung des Bundeskriminalamts unvermeidlich — und damit die des ihm übergeordneten Bundesinnenministeriums. Erster Staatsanwalt Buback, der von Kuhn dazu bestimmt worden war, die Aktion in Hamburg zu leiten, erkannte augenscheinlich als erster die sich ergebenden Folgerungen: daß nämlich nach den gesetzlichen Vorschriften die Landesbehörden doch unterrichtet werden müßten, bevor das Bundeskriminalamt innerhalb ihres Zuständigkeitsbereiches an die Arbeit ging.

Das Hauptproblem, dem sich die Montagrunde gegenübersah, betraf das Ausmaß der Aktion. Man stimmte darin überein, daß die Verantwortlichkeit von Ahlers für den „Fallex"-Artikel offensichtlich war. Die Verantwortlichkeit Augsteins für den redaktionellen Inhalt des SPIEGELS überhaupt wurde offenbar durch einen im richtigen Moment vorgebrachten Hinweis auf seine Entscheidung, den „Fallex"-Artikel zugunsten von „Onkel Aloys" zu verschieben, begründet.

Nach der Strafprozeßordnung ist die Verhaftung Verdächtiger ohne formelle Anklageschrift gestattet, sie werden dann in Untersuchungshaft gehalten. Untersuchungshäftlinge müssen jedoch von bereits verurteilten Personen getrennt bleiben. Für Verhaftung und Einleitung der Untersuchung ist ein auf Antrag der Staatsanwaltschaft von einem Richter ausgefertigter Haftbefehl notwendig. Selbstverständlich hat der Richter die Möglichkeit, den Antrag zurückzuweisen. Unter besonderen Umständen kann ein Verdächtiger ohne Haftbefehl von der Polizei festgenommen werden. Aber er muß innerhalb von 24 Stunden einem Richter zur Entscheidung über die Gültigkeit des Haftgrundes vorgeführt werden.

Erst einmal in Haft, ist der Verdächtige berechtigt, zu jeder Zeit eine richterliche Prüfung zu verlangen. Automatische Haftprüfungstermine sind alle drei Monate notwendig, falls der Verdächtige sie nicht von sich aus beantragt. Aber theoretisch kann er unbegrenzt so lange in Untersuchungshaft gehalten werden, wie der Richter findet, daß die Haft wegen Fluchtverdachts oder Verdunklungsgefahr gerechtfertigt sei. Ein praktisches Beispiel aus dem Jahre 1966 ist der Fall eines 64 Jahre alten Kölners, der unter der Beschuldigung, während der Nazizeit Mord begangen zu haben, nahezu sieben Jahre ohne Anklageschrift und Verfahren in Untersuchungshaft gehalten wurde.

Die Entscheidung über die Durchsuchung der SPIEGEL-Büros und die Verhaftung von Augstein und Ahlers war inzwischen gefallen. Angesichts der Probleme, die entstehen konnten, falls eine größere Zahl von Leuten während der Aktion in den Räumen des SPIEGELS anwesend wäre, kam man zu der Ansicht, daß für Durchsuchung und Verhaftungen ein Wochenende am günstigsten wäre. An einem Wochenende würden auch die Verdächtigen am ehesten von irgendwelchen beruflichen Reisen nach Hause kommen. Die Wetterverhältnisse in den letzten Oktobertagen schlossen wohl ferner die Möglichkeit von Familienausflügen aus. Das von Sicherheitsoffizieren selbst zugegebene Scheitern des Versuchs, Verdächtige innerhalb des Ministeriums ausfindig zu machen, ließ eine gleichzeitige Operation in Bonn wünschenswert erscheinen. Die Durchführung wurde dem Landgerichtsrat Oberle übertragen. Ursprünglich war beabsichtigt, die Untersuchung auf das Ministerium zu beschränken. Sie auf das Bonner SPIEGEL-Büro auszudehnen fiel Oberle erst später ein.

Als nächstes tauchte die Frage auf, welche Tatbestände der Aktion zugrunde gelegt werden sollten. Kuhn war nach eigener Aussage der „geistige Vater" der Idee, den Vorwurf des Landesverrats durch den der Bestechung zu ergänzen, wenn sich auch Wagner, wie er später dem Bundesverfassungsgericht erzählte, Kuhns Überlegungen anschloß. Und Amtschef Westram, in der Verhandlung am 8. November 1962 vom Verfassungsgericht über die Motivation für den Bestechungsvorwurf befragt, antwortete — was er wohl für eine schlaue Eingebung hielt — „nach der Lebenserfahrung". Da klar sei, daß jeder Offizier, der beim Verschwindenlassen von Geheimmaterial ertappt würde, mit den letzten Konsequenzen zu rechnen hätte, müßten materielle Vorteile das Motiv gewesen sein.

Mit der jahrelangen Erfahrung in Spionageuntersuchungen gewappnet, rüsteten sich die Karlsruher für eine schnelle und wirksame Operation. Es sei nur darauf angekommen, das Material zu finden, erklärte Kuhn. Dann hätte man noch die beteiligten Redakteure vernehmen sowie die Hauptverdächtigen verhaften müssen — und die ganze Angelegenheit wäre in ein paar Tagen vorüber gewesen. Aber „in diesem Falle ist die Sache ganz anders gelaufen, als wir uns das vorgestellt hatten", fügte er nachdenklich hinzu.

Am nächsten Tag, an dem Dean Acheson nach Bonn kam, um Adenauer über Kennedys Pläne zu informieren, erschien Buback bei Wagner mit umfassenden Anträgen auf Erlaß von Durchsuchungsbefehlen sowie Haftbefehlen für Augstein, Ahlers und Hans Dieter Jaene vom Bonner Büro. Der für Hamburg bestimmte Antrag enthielt den Vorwurf der Bestechung. Alle Anträge lauteten auf Vollstreckung zur Nachtzeit, obwohl angesichts der Tatsache, daß der Artikel schon zwei Wochen zuvor veröffentlicht worden war, die Möglichkeit kaum gegeben schien, die Verdächtigen in flagranti zu ertappen, für welche Voraussetzung diese Maßnahme bestimmt war. Nichtsdestoweniger erhob Wagner keine Einwendungen, obwohl er die Idee, Jaene zu verhaften, zurückwies und Buback daran erinnerte, welche Probleme zu meistern sein würden: nämlich den Nachweis von Augsteins Kenntnis des „Fallex"-Artikels zu erbringen, ferner einen Richter beizustellen, der die Durchsuchungen zu überwachen hätte, und die große Wahrscheinlichkeit, daß es Schwierigkeiten mit der Beweisfindung geben würde. Wagner bezeugte später, daß Buback *das* Dokument oder mehrere Dokumente finden sollte; ferner daß er Wunder eine baldige schriftliche Bestätigung der beabsichtigten Aktion versprochen habe. Er bat auch um angemessene Vorsichtsmaßnahmen im Ministerium, um nicht vorzeitige Aufmerksamkeit bei den noch unentdeckten Verdächtigen zu wecken.

Am 24. Oktober informierte Adenauer sein Kabinett über Achesons Besuch und die Kubakrise, von der zu befürchten war, sie könne sich auf Berlin auswirken. Er versicherte düster, er habe seit Jahren nicht mehr so schlecht geschlafen. Im Verlauf des Tages wurde der amtierende Chef der Bundesanwaltschaft, Westram, über die schwebenden Ermittlungen informiert. Er betonte die Notwendigkeit, den Justizminister auf dem laufenden zu halten. Hopf rief am selben Tag in Karlsruhe an, um zu berichten, daß er Justizminister Stammbergers Staatssekretär Walter Strauß erreicht habe. Das betrachtete man als ausreichend.

Stammberger jedoch hielt dies nicht für genügend. Alles, was Stammberger bis dahin kannte, war ein Durchschlag der Gutachtenanforderung, der ihm versehentlich unter die Augen gekommen war. Am Nachmittag des 24. Oktober informierten Hopf und Franz Josef Strauß bei einer Sitzung im Verteidigungsministerium Walter Strauß über die Besprechung in Karlsruhe vom vorausgegangenen Samstag und ersuchten ihn, so rasch wie möglich einen Beamten seines Ministeriums für Konsultationen zur Verfügung zu stellen — auch am Wochenende. Aber sie wiesen ihn auch an, seinen Minister nicht weiter zu informieren, bis die Aktion in Gang gekommen sei. Später las man im offiziellen Regierungsbericht über die Affäre, Strauß habe dies als eine Weisung des Kanzlers bezeichnet.

Einen Tag früher waren Buback und Oberle aufgebrochen, um ihre Aufträge auszuführen. Oberle begann sofort in engster Zusammenarbeit mit den Sicherheitsbeamten des Verteidigungsministeriums, den „Fallex"-Artikel auf mögliche Anhaltspunkte hin zu analysieren. Er konzentrierte seine Aufmerksamkeit auf den Führungsstab des Heeres, aber es blieben immer noch ungefähr 100 Verdächtige übrig. „Stärker als 1939?" — von dem Artikel hatte er am Donnerstag Kenntnis bekommen — schien eher ein Ausgangspunkt zu sein. Oberle erinnerte sich später, daß er den Widerwillen der militärischen Ermittler verwünscht habe, schon im Juni eine Aktion zu unternehmen, als der Kreis der potentiellen Verdächtigen auf ein halbes Dutzend hätte begrenzt werden können. Nichtsdestoweniger lenkte dieser Artikel seine Aufmerksamkeit auf Jaene und das Bonner Büro, wo die „Fallex"-Geschichte teilweise entstanden war.

Inzwischen begannen Buback und die ihm zugeteilten Beamten des Bundeskriminalamtes — er erhielt unauffällig Unterstützung durch die Beamten des Abschirmdienstes, die ihm in Schleswig-Holstein zur Verfügung gestellt worden waren — die Aktion in Hamburg vorzubereiten. Die fünf Kriminalbeamten trafen nur halbinformiert über die Angelegenheit ein. Ihr Vorgesetzter, Karl Schütz, hatte ihnen den „Fallex"-Artikel unterwegs vorgelesen. Bei seiner Vernehmung als Zeuge in Karlsruhe gab er später zu, daß jene Angehörigen der Gruppe, die in einem zweiten Auto fuhren, die Geschichte nicht gehört hatten. Buback setzte nun ihre Unterrichtung fort: Die Kriminalpolizei habe Ahlers, Augstein und die Chefredakteure Jacobi und Engel zu beobachten. Er erklärte sodann, *was* zu tun sei, aber nicht, *wann*. Über den Zeitpunkt könne erst entschieden werden, wenn alle Verdächtigen definitiv ausgeforscht seien. Buback betonte auch die möglichen Schwierigkeiten, die durch die Durchsuchung einer Redaktion entstehen könnten, deren Unterlagen und Funktion vom Gesetz geschützt seien.

Am Freitag waren die Verdächtigen noch immer nicht gefunden. Buback begann schon, an die Möglichkeiten einer Wochenenderholung in Hamburg zu denken. Schütz erlaubte sich und seinen Leuten den Luxus eines ausgedehnten Essens. Zufällig fanden sie ein Séparée in einem Hamburger Restaurant, wo Schütz — wie er berichtet — sie noch einmal über die juristischen Hintergründe ihrer Mission eingehend unterrichtete. Er las ihnen sogar einschlägige Passagen aus einem Standardkommentar zur Strafprozeßordnung vor. Auch regte er an, sie sollten sich SPIEGEL-Hefte mit dem inkriminierten Artikel kaufen.

Der SPIEGEL wußte inzwischen, daß Ermittlungen im Gang waren, jedoch nichts über die Details. Helmut Schmidts Unterhaltung mit Augstein am 9. Oktober war eine erste Warnung gewesen. Ahlers, der unabhängig davon durch Gerüchte über Ermittlungen im Verteidigungsministerium stutzig geworden war, legte Becker nahe, er möge bei Wicht nachforschen, was vor sich gehe. Becker sprach mit Wicht anläßlich eines Treffens am 16. Oktober. „Schöner Artikel", bemerkte Wicht mit einer Anspielung auf seine eigene Mitwirkung. „Das ist es nicht, was ich hören wollte", behauptet Becker geantwortet zu haben. „Was hat es mit den Ermittlungen auf sich?" Wicht versprach, sich um die Sache zu kümmern. Zwei Tage später kam er und bestätigte, was Ahlers gehört hatte. „Wir können natürlich keine Verantwortung für den gesamten Artikel übernehmen", sagte er zu Becker, war aber einverstanden, für die Hilfe des BND bei den Fragen von Ahlers geradezustehen. Die Information, die Ahlers erhalten hatte, und Wichts Bestätigung machten klar, daß es um den „Fallex"-Artikel ging. Daraufhin schaltete Bekker den Syndikus des SPIEGELS, Armin Sellheim, ein. „Was können sie uns vorwerfen?" fragte Becker. „Landesverrat", antwortete Sellheim. Ahlers wurde schriftlich informiert, daß er von seinem Recht auf Informantenschutz Gebrauch machen könne. Becker, Jacobi, Engel und Ahlers setzten sich zusammen und beratschlagten, was zu tun sei. Optimistisch kamen sie zu dem Ergebnis, daß der Streit zwischen Strauß und Augstein eine wirksame Aktion ausschließen würde. Trotzdem entfernte Ahlers aus seinem Zimmer Aufzeichnungen und Reisespesenabrechnungen, bevor er am 19. Oktober einen Spanienurlaub antrat. Er übergab alles seiner Sekretärin, die das Material nach Hause mitnahm.

„Die ideale Situation wäre folgende gewesen", erklärte Buback später: „Wir hätten alle Verdächtigen auf einen Schlag bekommen, wären in die Büros gegangen, hätten das Material gefunden, das wir suchten, und wären abgefahren." Aber die Situation war genau das Gegenteil von ideal. Es begann damit, daß man der Verdächtigen nicht habhaft wurde. Am Freitag hatten nur Engel und Jacobi ausfindig gemacht werden können. Obwohl Augstein jeden Tag seit Dienstag, als die Polizei in Hamburg ankam, in seinem Büro war, hatten die Beamten ihn irgendwie übersehen. Sie warteten zudem drei Tage lang vergeblich auf Ahlers, allerdings standen sie vor dem falschen Haus. Es gelang ihnen auch nicht, herauszufinden, daß er seine Urlaubsreise angetreten hatte.

Eine Routineüberprüfung der Einwohnerlisten hatte inzwischen zur Entdeckung von Augsteins Wahladresse aus dem Jahr 1957 geführt, daraufhin wurde die Untersuchung auch auf Düsseldorf ausgedehnt. Am Freitag nachmittag erfuhren die Beamten vom Bundeskriminalamt, daß ein imponierend großer Mercedes mit einer Hamburger Nummer vor dem Düsseldorfer Büro des SPIEGELS gesehen worden sei. Man nahm an, daß es Augsteins Wagen sei. Die Einwände eines Polizeibeamten, der Augstein in den letzten paar Wochen im Fernsehen gesehen hatte und nicht an dessen Identität mit dem Wageninsassen glaubte, ging in dem ausbrechenden Wirbel unter. Gegen 18.30 Uhr, als der Verdächtige mit einer eingepackten Sonntagsente unter dem Arm wieder erschien und offenkundig wegfahren wollte, wurde er angehalten und zum nächsten Polizeirevier gebracht. Dem stämmigen Mann — 53 Jahre alt, mit einem birnenförmigen Gesicht — soll es schwergefallen sein, die ganze Sache ernst zu nehmen. Er sei nicht Augstein, wiederholte er immer wieder, und er war es wirklich nicht. Es handelte sich um Erich Fischer, einen der Anzeigenvertreter des SPIEGELS. Nur sehr widerwillig ließ man ihn gehen. „Gott weiß, was in ihren Köpfen vorging", bemerkte Becker ein paar Jahre später. „Nur *ihr* Chef fährt so ein Auto. Vielleicht war es das, woran sie dachten." Die Episode diente später als Quasientschuldigung, um das Eingreifen in Hamburg und Bonn zur Nachtzeit zu rechtfertigen. Dadurch, daß man den falschen Mann erwischte, hätte der SPIEGEL gewarnt werden können. Jedenfalls erschien dieses Motiv für die historische Freitagnachtaktion, als es der Öffentlichkeit präsentiert wurde, eher lachhaft als glaubwürdig. Es wurde sogar als ein Muster von besonders subtilem Machiavellismus interpretiert. Aber alles hatte sich genauso abgespielt. Jedenfalls mußte die zentrale Leitstelle der Operation, die Sicherungsgruppe in Bad Godesberg, unterrichtet werden.

Der Bericht verfehlte seine Wirkung nicht. „Ich war erschüttert“, erinnert sich Oberle. Man war sich einig, daß eine äußerst gefährliche Situation entstanden war. Was, wenn Fischer seinen Chef Augstein und die anderen warnen würde? Man beschloß, schnellstens weiterzumachen. Nicht der nordrhein-westfälische FDP-Innenminister Willi Weyer, sondern sein CDU-Staatssekretär Ludwig Adenauer, ein Neffe des Kanzlers, wurde kurz nach 20 Uhr über die innerhalb seines Zuständigkeitsbereichs, nämlich in Düsseldorf und Bonn, teils schon laufenden, teils bevorstehenden Aktionen informiert. Ein Beamter des Bundesministeriums — nach Hamburg zur Unterrichtung Helmut Schmidts in Marsch gesetzt — erreichte etwa zur gleichen Zeit diesen zu Hause. In Hamburg trat nun Buback in Aktion. Da der SPIEGEL Freitag nacht angedruckt wurde, fand er zur Begrüßung ein Haus in voller Besetzung vor.

Buback fragte nach Augsteins Büro und wurde zum hinteren Teil des Pressehauses geleitet. Augstein war um 20 Uhr fortgegangen, aber Jacobi saß im Büro nebenan. Er erklärte den Besuchern, der einzig verantwortliche Redakteur im Hause zu sein. Daraufhin wurde er aufgefordert, für die Räumung der Redaktion durch das Personal zu sorgen. Er weigerte sich, weil ihm klar war, daß dies das Erscheinen des SPIEGELS verzögern oder verhindern würde. Buback befahl Schütz, die noch anwesenden rund sechzig Redaktionsangehörigen fortzuschaffen, die nun, wie es später im offiziellen Bericht hieß, „unter Mißfallensäußerungen kundtaten, daß sie nicht bereit seien, die Redaktion zu verlassen“. Daraufhin ließ Buback das Hamburger Überfallkommando alarmieren. Die Polizisten kamen und hörten sich etwas skeptisch die Aufforderung Bubacks an, Hilfe und Unterstützung zu leisten. Sie erklärten sich schließlich zu „Schutzmaßnahmen“ bereit, während Buback und seine Leute die tatsächlichen Ermittlungen führten. Die Mitglieder der Redaktion erklärten sich bereit, das Ende der Durchsuchung im Konferenzraum abzuwarten. Jacobi wurde festgenommen und am nächsten Tag formell verhaftet. Kurz nach 21 Uhr wurde Engel beim Betreten des Pressehauses angehalten und ebenfalls festgenommen.

Augstein wurde indirekt durch den Redakteur Josef Klessinger über die Polizeiaktion unterrichtet sowie durch Leo Brawand, den Leiter der Wirtschaftsredaktion des SPIEGELS, der noch bevor Telephon, Fernschreiber und Sprechanlage stillgelegt wurden die Agentur dpa anrief und sie bat, mit Josef Augstein Verbindung aufzunehmen. Brawand hatte diesen bereits durch einen Anruf bei seiner Frau informieren lassen. Josef Augstein gab die Nachricht an seinen Bruder und Becker weiter, die auf einer Gesellschaft waren. Sie hatten gerade eine Flasche neunundfünfziger Mosel aufgemacht, so erinnerte sich Becker später, und wollten zunächst die Geschichte gar nicht glauben. Josef Augstein, der keine solchen Zweifel hatte, legte den Telephonhörer auf und fuhr mit 160 Stundenkilometer nach Hamburg. Er erreichte das Pressehaus gegen 4 Uhr morgens.

Brawand hatte inzwischen Jacobi über die Sprechanlage angerufen, während die Polizisten rund um dessen Schreibtisch standen. In der richtigen Annahme, daß die Polizei ihn nicht verstehen würde, sprach er englisch. „Very good“, antwortete Jacobi. Als Brawand hörte, daß die Polizei sich seinem Zimmer näherte, versteckte er sich in seinem Kleiderschrank, bis die Durchsuchung vorüber war; dann brach er die versiegelte Tür auf und ging nach Hause. Später wollte ein ungläubiger Hamburger Reporter wissen, was Brawand denn im Schrank gemacht habe. „Ich sitze immer im Schrank, wenn ich über ein schwieriges Problem nachdenke“, antwortete Brawand belustigt.

Das Eindringen der Polizei wurde mit einigem Erfolg durch den Bildredakteur Frank Müller-May photographisch festgehalten, der den Beamten überallhin folgte, bis sie die Geduld verloren und drohten, ihm die Kamera wegzunehmen. Die erste Filmrolle verschwand in der Tasche einer Dunkelkammerassistentin, die sie später in ihrem Büstenhalter aus dem Gebäude schmuggelte. Die Bilder erschienen in der folgenden Woche. Ein weiterer Film wurde beschlagnahmt und nicht zurückgegeben.

Während die Polizisten durch die Gänge patrouillierten, die Büros versiegelten und die noch zurückgebliebenen Redaktionsangehörigen hinausbeförderten, ließ Jacobi von zehn Redakteuren die Ausgabe fertigmachen. Sie wurden von elf Polizisten eskortiert. Eine Weigerung Bubacks, die Arbeit fortsetzen zu lassen, hätte das Erscheinen der nächsten Nummer verhindert. Seine Einwilligung beseitigte das Risiko eines verfassungsrechtlichen Konflikts. Doch entstand ein solcher Konflikt, als die Polizei versuchte, einen Satz Druckfahnen zu beschlagnahmen. Chef vom Dienst Johannes Matthiesen lehnte ihre Übergabe ab. Schütz mußte einschreiten: Die Fahnen wurden beschlagnahmt und in einem versiegelten Umschlag zu Buback gebracht, der sie dem die Durchsuchung überwachenden Ermittlungsrichter weitergab. Ausdrücklich wurde die Sicherstellung angeordnet, um weitere „landesverräterische“ Veröffentlichungen, etwa durch einen „Epilog“ auf den „Fallex“-Artikel, zu verhindern. Aber solch ein Epilog — mindestens ein Bericht über die Aktion — würde auf jeden Fall am nächsten Montag erschienen sein. Daß die Fahnen irgendein unmittelbar den „Fallex“-Artikel betreffendes Material enthielten, war in keinem Fall anzunehmen. Unter den gegebenen Umständen schien die Beschlagnahme ein direkter Versuch zu sein, weitere landesverräterische Veröffentlichungen zu verhindern oder, wie der SPIEGEL es verstand, Zensur auszuüben. Der Richter, der die Fahnen durchsah, erlaubte die Veröffentlichung, wie sie vorgeschlagen war. Jetzt war es 4.15 Uhr morgens.

Obwohl Jacobi und Engel bereits festgenommen waren, ging die Suche nach ihnen bis in die Nacht weiter. Reporter der Hamburger Zeitungen, die den Polizeifunk überwachten, bemerkten, daß irgend etwas im Gange war, da ein Streifenwagen auf ein Auto angesetzt wurde, in dem sich angeblich sowohl ein Herr Augustin (sic!) als auch ein Herr Jacobi und ein Herr Engel befinden sollten. Der Wagen gehörte in Wirklichkeit einem Polier namens Werner Dolata, der in der Kantine des Pressehauses zu tun gehabt hatte. Er hatte die Aufmerksamkeit der Polizei dadurch auf sich gezogen, daß er zu seinem Wagen lief — teils, weil es kalt war und er keinen Mantel hatte, teils, weil er hungrig war und rasch nach Hause kommen wollte. Die Polizei verfolgte Dolata bis zu seiner Haustür, hielt den höchst

Verblüfften an, bemerkte ihren Irrtum und kassierte fünf Mark wegen Geschwindigkeitsüberschreitung.

Die weitere Fahndung nach Jacobi führte zu der Wohnung von Ernst Hess, der im SPIEGEL unter dem Namen Peter Brügge schreibt. Das Läuten der Türklingel holte Hess aus der Badewanne heraus. Sein Mißtrauen wurde durch die Eilfertigkeit erweckt, mit der einer der Polizeibeamten seinen Fuß zwischen Tür und Schwelle stellte. Hess rief, sobald die Polizisten gegangen waren, das Polizeipräsidium an. Es schnüffelten Männer um seine Wohnung herum, die behaupteten, Polizeibeamte zu sein, sagte er. Daraufhin wurde ein weiteres Polizeifahrzeug in Marsch gesetzt, um die Angelegenheit aufzuklären.

Die ganze Geschichte klingt wie für eine Räuberpostille geschrieben.

Engel und Jacobi, zu dieser Zeit schon fest in den Händen der Polizei, wurden nach Hause gebracht, wo Beamte die Wohnungen durchsuchten. Unter anderem beschlagnahmten sie bei Engel eine an ihn gerichtete Postkarte sowie die Geschäftskarte eines Hamburger Kindergartens. Die Durchsuchung von Engels Büro brachte am nächsten Morgen die Korrespondenz mit einem Moskauer Photoarchiv zutage sowie den Briefwechsel mit dem Bayerischen Rundfunk über ein Hörspiel über J. Robert Oppenheimer. Bei Jacobi erstreckte sich die Durchsuchung sogar auf die Betten der Kinder, die diese zeitweilig verlassen mußten, und auf das Stroh im Ponystall. Ein Seifenkarton voll privater Briefe und Manuskripte, ein Tonband mit Familienaufnahmen und ein Notizbuch mit Zeichnungen von Jacobis Sohn wurden als Beweismaterial fortgeschafft. Wie es das Gesetz verlangt, wurde vorher alles fein säuberlich in eine Empfangsbestätigung eingetragen.

Da Augstein abwesend war, wurde sein Haus in Gegenwart seiner Frau und John Jahrs durchsucht. Hier nahm die Polizei ebenfalls eine Menge Privatpapiere an sich einschließlich etlicher Briefe aus dem Krieg und eines Heftes mit Schulaufsätzen. Das Haus von Ahlers wurde in Gegenwart seiner Kinder, Fräulein Wildhagens (einer Tante von Frau Ahlers) und des Dienstmädchens durchsucht. Da Fräulein Wildhagen keine Treppen steigen konnte, wurde sie bis in den Keller getragen, um, wie es das Gesetz vorsieht, der Durchsuchung beizuwohnen. Unter dem sichergestellten Material befand sich der Prospekt einer Fluggesellschaft, der bestätigte, was Fräulein Wildhagen schon erklärt hatte: daß Ahlers und seine Frau nach Torremolinos auf Malaga geflogen seien. Fräulein Wildhagen fügte hinzu, Frau Ahlers habe während des Tages angerufen und erzählt, daß sie für den nächsten Tag einen Ausflug nach Tanger planten, um eine alte Schulfreundin zu besuchen. Sie würden dann nach Torremolinos zurückkehren und am 8. November nach Hause kommen.

Gegen Mitternacht wurde die Information über den Aufenthalt von Ahlers an die Sicherungsgruppe in Bad Godesberg durchgegeben, wo drei Vertreter des Verteidigungsministeriums den Fortgang der Aktionen beobachteten. Einer von ihnen war Wunder, ein zweiter war vom Amt für Sicherheit der Bundeswehr. Bei dem dritten handelte es sich um Oberregierungsrat Schnell, der für Korruptionsermittlungen im Ministerium zuständig war und auf besonderen Wunsch von Strauß beigezogen wurde.

Schnell erhielt dieselben Informationen wie Schmückle. Daher war er den Ermittlungsbehörden einen großen Schritt voraus. Diese erfuhren den Aufenthalt erst am 26. Oktober gegen Mitternacht. Schnell aber wußte schon seit Tagen, wo sich Ahlers befand. Ahlers hielt aus seiner Zeit im Amt Blank zu Anfang der fünfziger Jahre noch Kontakt mit Oberst Achim Oster aufrecht, einem Sohn von Generalmajor Hans Oster, der im Zweiten Weltkrieg Stabschef der Abwehrorganisation von Admiral Canaris war. Oster senior hatte die Holländer von der bevorstehenden Invasion ihres Landes in Kenntnis gesetzt und war nach dem Scheitern des Attentats vom 20. Juli 1944 hingerichtet worden. Achim Oster war Gründungsmitglied der CSU und daher ein alter Bekannter von Strauß. Jetzt war er Militärattaché bei der deutschen Botschaft in Madrid. Bevor Ahlers nach Spanien fuhr, hatte er Oster geschrieben und ein Treffen vorgeschlagen. Oster hatte Schmückle angerufen und gefragt, was er tun solle; das Ministerium hatte keine Einwendungen. Schnell erinnerte sich nun an das Telephongespräch und rief am späten Abend des 26. Oktober Hopf an.

Zwischen 23 Uhr und Mitternacht rief Hopf zurück und erkundigte sich über die Möglichkeiten einer Auslieferung. Der

Leiter der Sicherungsgruppe Brückner war skeptisch. Er empfahl drei Alternativwege: das Außenministerium, das Justizministerium, die westdeutsche Interpol-Zentrale in Wiesbaden, doch bezweifelte er sogleich, daß irgend etwas dabei herauskommen werde. Die internationalen Verbindungen sehen Auslieferung nur bei kriminellen Delikten vor, während politische Taten ausdrücklich ausgeschlossen sind. Hopf antwortete dunkel, daß das Verteidigungsministerium „auf eigenem Wege" vorgehen könne. Nachdem er aufgehängt hatte, dachte Brückner über den Anruf und die orakelhafte Bemerkung Hopfs nach. Dann rief er seinen Chef in Wiesbaden, Paul Dickopf, an und sagte ihm, Hopf werde ihn anrufen. Da Brückner am nächsten Tag Bundespräsident Lübke auf eine Reise in den Fernen Osten begleiten sollte, beauftragte er seinen Stellvertreter Theo Saevecke, an seiner Stelle die Leitung der SPIEGEL-Aktion zu übernehmen, und ging nach Hause.

Hopf blieb am Telephon. Er sprach zunächst mit Dickopf und dann mit Ministerialrat Dr. Kleinknecht, dem Beamten des Justizministeriums, der für Konsultationen während der Aktion bereitgestellt worden war. Kleinknecht bestätigte, was Brückner schon Hopf gesagt hatte: Er war durchaus dagegen, Steckbriefe zu erlassen. Der gleichen Ansicht war Kuhn, den Kleinknecht als nächsten anrief. Es folgte ein telephonisches Rundgespräch zwischen Kuhn, Kleinknecht, Dickopf und Saevecke. Alle stimmten überein, daß der Fall außerhalb der Zuständigkeit von Interpol läge.

Die späteren Ermittlungen der Bonner Staatsanwaltschaft ergaben, daß Hopf nun tatsächlich seinen eigenen Weg ging — in das Ministerium und zu Strauß, der von einer Veranstaltung am Abend dorthin zurückgekehrt war. Nach einer eingehenden Unterredung ließ sich Strauß kurz nach Mitternacht von seinem Adjutanten mit Madrid verbinden. Dort kam der Kanzler der Botschaft, Reif, ans Telephon. Oster solle ihn wegen einer außergewöhnlich dringenden Sache binnen einer halben Stunde anrufen, eröffnete Strauß dem überraschten Reif. Dann fragte er ihn, ob er etwas davon wisse, daß Oster für einen SPIEGEL-Redakteur ein Hotelzimmer in Südspanien gebucht habe. „Nein", erwiderte Reif. „Wissen Sie, ob ein SPIEGEL-Redakteur namens Ahlers gegenwärtig in Spanien ist?" fragte Strauß.

„Ja“, antwortete Reif. „Die Kenntnis seines Aufenthaltsortes ist enorm wichtig im Zusammenhang mit der Kubakrise“, gab Strauß zurück. „Ich ersuche Sie hiermit, außer Oberst Oster niemanden von diesem Gespräch zu unterrichten. Dies ist ein dienstlicher Befehl. Ich handle in diesem Augenblick auch im Namen des Herrn Bundeskanzlers und des Herrn Außenministers.“ Ob das erstere zutraf, war später Gegenstand einer Kontroverse; das letztere jedenfalls war eine schlichte Verdrehung. Die Autorität des Verteidigungsministers erstreckt sich nicht auf das diplomatische Personal. Auf keinen Fall hatte ein Kontakt mit dem Außenministerium bestanden. Gleichwohl stellte Reif keine Fragen.

Kurz danach rief Hopf erneut bei Dickopf an und berichtete ihm, er habe gehört, daß Ahlers in Spanien sei und daß höchste Regierungsstellen dringend daran interessiert seien, die Aktion zu einem erfolgreichen Abschluß zu bringen. Dickopf wiederholte, daß er keine Möglichkeit habe, eine Verhaftung im Ausland zu veranlassen, weder in Spanien noch sonstwo. Hopf antwortete, er werde sich mit Oster in Verbindung setzen.

Laut Bericht der Bonner Staatsanwaltschaft erreichte Reif den Militärattaché etwa eine Viertelstunde nach dem Anruf von Strauß. Oster fuhr direkt zur Botschaft und rief von dort gegen 1.30 Uhr das Verteidigungsministerium an. Strauß fragte, ob er etwas von Ahlers' Anwesenheit wisse. Oster antwortete, er habe weder die Reise arrangiert noch für Ahlers Hotelzimmer besorgt. Aber er habe Ahlers eine Woche zuvor gesehen, als dieser auf dem Weg nach Torremolinos durch Madrid kam. Strauß erklärte, daß eine Anzahl von SPIEGEL-Redakteuren unter dem Verdacht des Landesverrats verhaftet und ein Haftbefehl gegen Ahlers, auch wegen des Verdachts der Bestechung, erlassen worden sei. Dies war genauso falsch wie die Berufung auf das Außenministerium. Unglücklicherweise, so setzte Strauß hinzu, erstrecke sich die Untersuchung auch auf einige Offiziere. Etwa ein Dutzend Verfahren seien im Gang. All dies, so betonte er, sei ein schwerer Schlag für die Sicherheit der Bundesrepublik inmitten einer internationalen Krise.

Von da an hörte Strauß auf, gegenüber Oster das vertrauliche „Du“ zu gebrauchen, und wurde bedeutungsvoll förmlich. „Oberst Oster“, sagte er, „ich komme gerade vom Kanzler, und was ich jetzt sage, ist ein Befehl, nicht nur in meinem Namen, sondern auch im Namen des Kanzlers." Auch dies war wiederum nicht wahr. Es sei von entscheidender Bedeutung, sagte Strauß, daß Ahlers so schnell wie möglich festgenommen werde.

Nun folgte eine besonders verstiegene Entstellung des wahren Sachverhalts. Ahlers hatte am Tag zuvor von Malaga aus Jacobi angerufen, um zu fragen, was der SPIEGEL wegen der Kubakrise unternehmen werde. „Soll ich meine Koffer packen?" — „Das ist nicht nötig, Rudolf hat schon etwas gemacht."*

Beide erinnerten sich später, daß die Verbindung besonders schlecht gewesen war — vielleicht, so argwöhnte Ahlers, weil der MAD die Leitung abhörte. Er vermutete, daß der MAD das Wort „Kuba" gehört habe. Offenbar schmückte Strauß spä-

---

* Augstein hatte eine scharfe Attacke auf die US-Politik geführt: „Die amerikanische Öffentlichkeit (in ihrem Schlepptau die europäischen Verbündeten) hat eine für Europa und besonders für Berlin verhängnisvolle Entscheidung getroffen, als sie ohne Ausschöpfung der gebotenen Möglichkeiten die Kennedy-Doktrin etablierte, der zufolge eine Weltmacht an ihren Grenzen keine essentielle Bedrohung ihrer Interessen hinzunehmen braucht. Der Zusammenhang zwischen Berlin und Kuba war Kennedy auch gegenwärtig, als er vor zwei Monaten Vorschläge zur Intervention in Kuba unter Hinweis auf West-Berlin zurückwies. Man sieht nicht recht, wieso diese auf der Hand liegende Einschätzung sich geändert haben soll und wieso die Administration in Washington nun plötzlich zu der Ansicht gelangt ist, laut ‚New York Times', die Kubablockade habe wohlgeplante Sowjetbemühungen, eine für den Westen demütigende Berlinregelung zu erreichen, unterbrochen.

Vielmehr ist eine Faustrechtphilosophie exerziert worden, die jede Begrenzung des Risikos in der machtpolitischen Auseinandersetzung zwischen den Blöcken unmöglich machen muß... Die Welt wird in den dritten Weltkrieg gleiten wie in den Ersten, nämlich auf einer Rutschbahn nicht zu Ende gedachter Risiken und erlösender ‚Jetzt-oder-nie'-Emphase. Ob noch Historiker übrigbleiben werden, das ‚Hineinschlittern' zu beklagen, daran zu zweifeln besteht freilich der allerernsteste Grund."

In der Einführung zu einer später veröffentlichten Sammlung von Kommentaren gab Augstein zu, Kennedys Augenmaß voreilig verkannt zu haben. „Der Irrtum", schrieb er, „war eklatant. Daß Chruschtschow schon einen Tag später einlenkte, rettete vielleicht die Menschheit, bestimmt aber den SPIEGEL!"

ter dessen Bericht aus. Er erklärte Oster, es sei besonders wichtig, Ahlers zu finden, weil Augstein bereits in Kuba sei. Das Leck im Verteidigungsministerium müsse gestopft werden. Der Gedanke sei beklemmend, sagte er, möglicherweise in den nächsten Tagen etwas für die Verteidigung Berlins unternehmen und gleichzeitig mit Unzuverlässigkeit in den eigenen Reihen rechnen zu müssen.

Auf Osters Einwand, daß ihm jede Grundlage für eine solche Aktion fehle, antwortete Strauß, der Haftbefehl sei via Interpol bereits unterwegs. Er ersuchte Oster, die spanischen Behörden über den Aufenthalt von Ahlers in Kenntnis zu setzen und ihre Bemühungen zu dessen Festnahme zu unterstützen. Oster erklärte später der Bonner Staatsanwaltschaft, daß er im Verlauf des Gesprächs den Eindruck gehabt habe, Hopf sei in Hörweite gewesen — ein Umstand, der später erhebliche Bedeutung erlangte. Ob Hopf tatsächlich anwesend war oder an einem anderen Apparat mithörte, konnte Oster nicht feststellen. Doch wie Reif stellte auch er keine Fragen.

Statt dessen ging er sofort zu Dr. Feit, dem Chef der Konsular- und Rechtsabteilung in der Botschaft, und erzählte ihm die ganze Geschichte. Wie Feit später bezeugte, hatte sie sich in der Zwischenzeit sehr erweitert. Feit jedenfalls verstand die Erklärungen Osters so, als ob alle SPIEGEL-Verantwortlichen Landesverrat begangen, NATO-Pläne verraten und Bestechungsgelder verteilt hätten. Die gesamte SPIEGEL-Redaktion sei von der Polizei besetzt worden.

Inzwischen war es 2 Uhr morgens. Feit fragte Oster, ob er sicher sei, daß der Haftbefehl unterwegs sei. „Ja“, sagte Oster. Ob er ebenso sicher sei, daß Strauß mit Wissen des Außenministers Schröder seine Anordnungen getroffen habe. Auch dies bejahte Oster. Feit schlug vor, den Konsularsekretär Kunz einzuschalten, der ständige Verbindung mit der spanischen Polizei hatte. Kunz rief den Direktor des spanischen Interpol-Büros, Pozo Gonzáles, an, der sich bereit erklärte, Oster und Feit zu empfangen. Oster schilderte die ganze Geschichte und sprach vom „Vorliegen einer gemeinen strafbaren Handlung“ (gemeint war Bestechung), von „kommunistischer Organisation“, „Kriegsgefahr“ und „Flucht des SPIEGEL-Herausgebers nach Kuba“. Pozo Gonzáles interpretierte dies als ein Ansuchen um vorläufige Festnahme von Ahlers zwecks späterer Auslieferung. Er verließ sich auf Osters Wort, daß der Haftbefehl unterwegs sei. In Anbetracht der ziemlich ungewöhnlichen Umstände erklärte er sich bereit, sofort zu handeln, und gab den Polizeibehörden in Malaga Auftrag, Ahlers in seinem Hotel in Torremolinos festzunehmen. Ahlers' Wunsch, um 6 Uhr früh geweckt zu werden, damit er das Flugzeug nach Marokko erreiche, spielte, wie der Spanier später berichtete, eine wesentliche Rolle bei dieser Entscheidung.

Um 3 Uhr morgens wurden Ahlers und seine Frau von der Polizei geweckt. Sprachliche Schwierigkeiten verhinderten einen ernsthaften Dialog. Höflich verließen die Polizisten das Zimmer, damit sich Frau Ahlers anziehen könne. Da ihre Befehle einige Zweifel über die Situation offenließen, sperrte man das Ehepaar Ahlers zunächst im örtlichen Polizeikommissariat ein. Später am Morgen wurde Frau Ahlers unter Entschuldigungen entlassen. Um 5.30 Uhr wurde Feit informiert, der wiederum Oster in Kenntnis setzte. Oster rief daraufhin Strauß an.

Die Staatsanwaltschaft in Bonn berichtete später, daß — in Abwesenheit des im Urlaub weilenden Botschafters — der Geschäftsträger Breuer mittlerweile dringend nach dem versprochenen Haftbefehl verlangt habe. Um 7 Uhr rief Oster den Adjutanten von Strauß an, um 9 Uhr wiederholte er seine Geschichte noch einmal gegenüber Breuer. Breuer betonte, daß er lediglich auf Weisung des Außenministeriums handeln könne. Oster rief daraufhin Hopf an, informierte ihn über Breuers Haltung und bat um Intervention beim Außenministerium. Hopf erwiderte, daß er Schröders Staatssekretär, Karl Carstens, vor einer Viertelstunde angerufen habe und daß Carstens mit Breuer Verbindung aufnehmen werde. Breuer bezeugte später, Carstens habe ihn über die Dringlichkeit der Verhaftung von Ahlers informiert. Zu diesem Zeitpunkt erfuhr Carstens von Breuer, daß man dafür bereits gesorgt habe. Leider versäumte er, diese Information auch an Schröder weiterzugeben, bevor sie internationale Verwicklungen auslöste.

Als Saevecke am Samstagmorgen um 9 Uhr zur Sicherungsgruppe nach Bad Godesberg zurückkehrte, erschien ein Vertreter des Verteidigungsministeriums bei ihm mit der Bitte, den Haftbefehl unverzüglich zu Händen von Oster an die Botschaft in

Madrid zu übermitteln. In der Annahme, die Botschaft benötige den Text zu ihrer eigenen Information, stimmte Saevecke zu. Da er keine direkte Fernschreibverbindung mit Madrid hatte, gab er die Bitte an das Bundeskriminalamt in Wiesbaden weiter. Die im selben Gebäude residierende Interpol-Zentrale der Bundesrepublik beförderte den Text des Haftbefehls nach Madrid.

Breuer suchte inzwischen das spanische Außenministerium auf, das ihm vorschlug, ein Auslieferungsansuchen zu stellen; allerdings könne es keinen Erfolg garantieren. Eine zweite Möglichkeit wäre, Ahlers zur Persona non grata zu erklären und ihn aufzufordern, das Land zu verlassen. Aber er könne gegen seinen Willen nicht veranlaßt werden, direkt in die Bundesrepublik zu fliegen. Als dritte Möglichkeit käme eine Vereinbarung über seine freiwillige Rückkehr in Betracht. Botschaft und Außenministerium hielten den letzten Vorschlag für den günstigsten.

Der Flug wurde für 15.20 Uhr des nächsten Tages gebucht. Feit, der — wie es der Zufall wollte — mit Ahlers an der Universität Hamburg studiert hatte, begleitete ihn zum Flughafen. Ahlers erinnert sich, Feit gesagt zu haben, er selbst habe nicht viel Jura studiert, vielleicht könne Feit ihm die theoretische Frage beantworten, ob er hätte ausgeliefert werden können, wenn er nicht freiwillig zugestimmt hätte, das Land zu verlassen. Es blieb unklar, sagte Ahlers, ob Feit die Frage nicht beantworten konnte oder wollte. Vor dem Abflug habe Feit mit schlichtem patriotischem Stolz jedoch erklärt: „Ich finde es großartig, daß unsere Regierung noch fähig ist, einen solchen Schlag zu führen." Um jeden Selbstmordversuch zu verhindern, wurden die Toilettenartikel von Ahlers beschlagnahmt, als er an Bord ging, und beim Piloten deponiert. Dieser dachte, es handle sich um wichtige diplomatische Dokumente. Sonntag abend um 19.15 Uhr landete Ahlers auf dem Flughafen Frankfurt und wurde sofort verhaftet. Zu dieser Zeit hatte sich Augstein längst gestellt, und Engel war bereits wieder entlassen worden.

Der Rest der Bonner Aktion war vergleichsweise undramatisch. Freitag nacht, als Buback gegen das Hamburger Pressehaus vorging, steuerten Oberle und seine Gruppe das Bonner

Büro an. Sie fanden es geschlossen. Der Redakteur Hans-Roderich Schneider, der das Büro als letzter verlassen hatte, wurde geholt, um zu öffnen. Wie gewünscht, brachte er alle Papiere mit, die er aus dem Büro mit nach Hause genommen hatte. Es waren aber nur die Zeitungen vom selben Tag. Schneider wiederholte immer wieder, daß nicht er, sondern Jaene der Leiter des Büros sei. Gegen 20.30 Uhr wurde Jaene durch die Polizei vom häuslichen Fernsehapparat weggeholt, während sich die zurückgebliebenen Kriminalbeamten mit Schneider, einem Wirtschaftsexperten, den ganzen Abend über Autos unterhielten. Ein Beamter fragte ihn mit offenkundigem Interesse, was er mit seinen Volkswagen-Aktien anfangen solle. Der Photokopierapparat des Büros schien die Polizei besonders beeindruckt zu haben. Einer der Polizeibeamten bemerkte, sie wünschten, sie hätten auch so einen neuen Apparat.

Kurz vor 22 Uhr kam Jaene an. Oberle las ihm den Durchsuchungsbefehl vor und ersuchte um seine Mitwirkung. Die Durchsuchung dauerte einige Stunden. „Was würde passieren, wenn ich mich entschlösse zu gehen?" fragte Jaene. Er würde in Gewahrsam genommen und in eine Zelle gesperrt werden, war die Antwort. Jaene, Offizierssohn aus Potsdam, der schon als junger Mann wegen illegaler politischer Tätigkeit in der Sowjetzone eingesperrt worden war, entschied sich gegen das Weggehen. Statt dessen wurde er nach Hause gebracht, um Schlafanzug und Waschzeug einzupacken, und dann für die Nacht bei der Sicherungsgruppe in Bad Godesberg festgehalten. Um 12 Uhr am nächsten Tag schaffte man ihn zurück ins Büro, wo die restlichen Räume durchsucht und die Akten beschlagnahmt wurden. Unter den Papieren von Schmelz fand man zwei photokopierte Sitzungsberichte vom Verteidigungsausschuß des Bundestags. Sie betrafen den Luftwaffenoberstleutnant Barth, der 1961 durch Strauß von seinem Posten entfernt worden war, und den Starfighter-Ankauf. Samstag abend wurde Jaene entlassen.

Am Sonntag war das Haus von Schmelz zur Durchsuchung an der Reihe. Schmelz selbst war in Budapest, dafür war Frau Schmelz Zeugin der Durchsuchung. Man suchte militärisches Material, und man fand es — aber militärisch im denkbar weitesten Sinn: so etwa Material über die Reichswehr der zwanziger Jahre und den Röhm-Putsch von 1934. Material über Strauß wurde ebenso eingesammelt wie Informationen über die Handhabung des politischen Strafrechts in der Bundesrepublik. Man stellte das private Telephonbuch von Frau Schmelz sicher und überprüfte mit Interesse die privaten Bankauszüge.

Schmelz selbst wurde von der Aktion erst am Montag durch den Pressereferenten des ungarischen Außenministeriums informiert, der davon in einem Reuter-Bericht gelesen hatte. Statt auf ein ohnehin verschobenes Interview mit dem stellvertretenden ungarischen Ministerpräsidenten Kallai zu warten, reiste Schmelz nach Wien, wo er sich mit Josef Augstein traf. Am 30. Oktober, kurz vor Mitternacht, rief er in Bonn an, um sich über die Lage aufklären zu lassen. Dann fuhr er mit seinem Kollegen Ferdinand Simoneit auf direktem Weg nach Hause und stellte sich selbst. dpa berichtete, die ungarische Regierung hätte ihm Asyl angeboten. Jedoch stellte sich das „Asyl" als ein neuer Termin für das Kallai-Interview heraus.

Unterdessen ging die Durchsuchung in Hamburg — begleitet von endlosen Schwierigkeiten — weiter. „Die Atmosphäre war gespenstisch", erinnerte sich Buback. Er wurde regelmäßig durch Telephonanrufe unterbrochen — manchmal anonyme Drohungen, manchmal Blödeleien. „Hier ist Augstein", sagte ein Anrufer, „ich bin bei meinem Freund Strauß; wir haben uns wieder vertragen, deshalb können Sie aufhören und nach Hause gehen." Nachdem sich Buback gerade mühsam die Zigaretten abgewöhnt hatte, fing er wieder an zu rauchen.

Augstein stellte sich Samstag nachmittag — es war ein Ereignis für Reporter und Pressephotographen. Ein Fahrer, der ihm sein Köfferchen nachtrug, erregte dabei besondere Aufmerksamkeit. (Im November 1962 erschien in Nannens „Stern" ein Bildbericht mit Aufnahmen der Kriminalbeamten, die Augstein verhaftet hatten, jedoch wurden ihre Namen nicht genannt. Die drei, Karl Schütz, Siegfried Heider und Heinz Lübke, forderten deswegen 10.000 Mark Schadenersatz plus 4 Prozent Zinsen seit dem 11. November 1962. Sie behaupteten, ausländische Agenten hätten aus den Bildern ihre Identität ermitteln können, was ein persönliches Sicherheitsrisiko bedeutet haben würde. Ihr Strafantrag, den sie ebenfalls stellten, wurde in Hamburg zurückgewiesen; ihre Beschwerde hatte keinen Erfolg. Auf dem Zivilweg unterlagen sie 1966 in Düsseldorf. Die Richter unterschieden zwischen absoluten und relativen Personen der Zeitgeschichte und stuften die Kläger in die zweite Gruppe ein. Die Verhaftung vom 27. Oktober 1962 sei ein besonders bedeutendes Ereignis der Zeitgeschichte gewesen. Als „relative Personen der Zeitgeschichte" hätten sie es sich gefallen lassen müssen, als Randfiguren in Presseberichten zu erscheinen. Für sie habe es sich um eine Art Berufsrisiko gehandelt; und so mußten sie auch noch die Kosten des Verfahrens tragen.)

Von seinem Bruder ermuntert, erklärte sich Augstein bereit, den Durchsuchungen beizuwohnen, die bis dahin in Gegenwart von Becker weitergeführt worden waren. Am Sonntag wurde Augstein in sein Büro gebracht, er traf dort auf Buback, der schon durch die vorhergegangenen Bemühungen erschöpft war, eine hypothetische Nadel in einem Heuhaufen zu finden. Ahlers hatte sein Büro ausgeräumt, bevor er nach Spanien gefahren war. Die Tatsache, daß dort nichts gefunden wurde, bestätigte nur Bubacks Verdacht. Augsteins Büro war ergiebiger. Nachdem man sich stundenlang mit Augsteins Schreibtisch aufgehalten hatte, wurde schließlich der Safe geöffnet. Ziemlich zuunterst in dem Stapel Papiere befand sich ein an Augstein persönlich adressierter Umschlag. Es handelte sich um eine Ablichtung des „Exposés" von Ahlers, der Aufzeichnungen seiner ersten Unterhaltung mit Martin. Beide waren entsetzt, erinnerte sich Buback. Er nahm an, daß Augstein vergessen hatte, daß es seit Mai dort lag.

Aber Augstein hatte diesen Bericht ganz und gar nicht vergessen. Er schrieb später einem Bekannten: „Tatsächlich konnte ich meine Erregung nicht völlig verbergen, als das Exposé auftauchte. Aber nicht weil ich es vergessen gehabt hätte, sondern weil ich vergebens versucht hatte, es unter einen schon durchsuchten Stapel zu schieben. Mir war natürlich klar, was das Exposé in diesem Stadium des Verfahrens bedeutete — es ersetzte den Schuldbeweis —, und Buback lief denn auch sofort zu meinem Panzerschrank und stellte die darin liegende Pistole sicher."

Im Laufe des Nachmittags kam „Zeit"-Verleger Bucerius vorbei, um zu sehen, wie die Ermittlungen fortschritten. Er fand Buback vor Erschöpfung schwitzend vor. „Ich bin hier völlig allein“, seufzte Buback, „und muß sämtliche Akten selbst durchsehen.“ — „Wenn Sie eine solche Aktion unternehmen“, antwortete Bucerius, „dann müssen Sie sich einen Generalstabsplan machen; dann können Sie nicht mit einem Herrn kommen, dazu brauchen Sie ein Dutzend Staatsanwälte, so viele gibt es mindestens in Deutschland.“

Bucerius rief Karlsruhe an, wo man über seine Nachricht offensichtlich überrascht war; aber Karlsruhe versprach, mehr Leute zu schicken.

Inzwischen steckte Oberle bis über die Ohren in den Ermittlungen beim Verteidigungsministerium, obwohl Verhaftungen nicht sofort erfolgten. Er begann seine Untersuchung bei der relativ kleinen Gruppe von Bundeswehroffizieren, die in Washington gewesen war, landete aber in einer Sackgasse. Daraufhin zog die Untersuchung immer weitere Kreise. Er nahm Hopf beim Wort und verschonte niemanden. Die Spitzen der Bundeswehr, Maizière, Baudissin, Trettner, Steinhoff, schließlich der ganze Führungsstab des Heeres — alle wurden systematisch befragt, jedoch ohne Erfolg. Daß Martin beteiligt war, stellte sich erst geraume Zeit nach dem Auffinden der Aufzeichnungen von Ahlers heraus, aber es gab keine Gewißheit, ob die angenommene Verschwörung tatsächlich mit ihm begann und bei ihm auch endete. Zur Sicherheit wurde Oberst Friedrich Beermann, ein persönlicher Freund und privater Briefpartner von Schmelz, aus Washington zurückgerufen; er verbrachte zwei Wochen im „Stern“-Hotel in Bonn, bevor sich seine Unschuld herausstellte.

Die ausgesperrte SPIEGEL-Belegschaft ging inzwischen daran, die Redaktionsarbeit wiederaufzunehmen. Die Presse von Hamburg kam ihr solidarisch zu Hilfe. Jahr stellte Büros zur Verfügung, Bucerius und das „Hamburger Echo“ nebenan boten Archive, Fernschreiber und Telephone an. Selbst Springer bot Unterstützung an. Am Montag morgen sammelte Becker über hundert Angestellte vor dem Haupteingang um sich und dirigierte sie in den Maschinensaal der Druckerei Auer zur ersten Betriebsversammlung in der Geschichte des SPIEGELS. Die Fernsehkameras des Landes, ja der Welt waren auf ihn gerichtet. Trotz der Anstrengung der letzten zweieinhalb Tage war er einfallsreich, witzig und tüchtig. „Bitte, gehe niemand nach Hause, weil er sagt, ‚ich habe keine Aufgabe'. Wir haben Hunderte von Aufgaben", betonte er. Die Polizei habe zugestimmt, auf Anforderung das notwendige Material herauszugeben. Um die Ermittlungen zu erleichtern, bat er, die Anforderungen knapp zu halten. Improvisation sei das Gebot der Stunde. Er berichtete von den Hilfsangeboten der Hamburger Presse. „Ich kann es mir nicht verkneifen, auf einen Herrn hinzuweisen, der einmal eine Gesellschaft unter Protest mit den Worten verließ: ‚Ihr habt mir nicht gesagt, daß Becker da ist, ihr wißt, daß ich den nicht ertragen kann.' Mit diesem Herrn habe ich gestern eine halbe Stunde über Dinge verhandelt, die hier zu veranlassen waren. Wir haben uns nicht zu schämen. Keiner von Ihnen ist bei Al Capone engagiert, sondern Sie sind bei Herrn Augstein tätig."

Die Telephonzentrale und einige Redaktionsbüros wurden erst am Mittwoch, also am fünften Tag nach Beginn der Aktion, freigegeben. An die hundert weitere Räume mit etwa 3000 Quadratmeter Bürofläche und einem der besten Zeitungsarchive der Welt wurden weiter durchsucht. Buback, immer verzweifelter, verfolgte stets kompliziertere Zusammenhänge bei seiner Suche nach dem Anhaltspunkt; aus dem Material, das er schließlich gesichtet hatte, hätte man so etwas wie eine kurze Geschichte des SPIEGELS zusammenstellen können.

Auffallend viel Material gab es über Strauß: Strauß und das „Fibag"-Projekt, Strauß und „Onkel Aloys", Strauß und Kapfinger, Strauß und sein Schwiegervater Zwicknagl. Material über den Schmeisser-Fall wurde ebenso beschlagnahmt wie solches über die Epstein-Affäre. Eine Landkarte, auf der verschiedene Straßen rot markiert waren, wurde ihrer möglichen militärischen Bedeutung wegen sichergestellt. Es erwies sich, daß es sich um Willy Brandts Wahlkampfroute aus dem Jahre 1961 handelte. Selbst die Buchhaltung wurde durchsucht — man glaubte ja immer noch an Bestechung.

Becker wußte sehr wohl, was in seinem Büro gefunden werden könnte. So gelang es ihm, die Durchsuchungsbeamten bis zum Ende der Woche davon fernzuhalten. Schließlich war es in Abwesenheit von Augstein und Jacobi seine Sache, darauf zu achten, daß die Zeitschrift, so gut es ging, erschien. Da es

Beckers Angewohnheit war, nichts wegzuwerfen, sondern alles methodisch seinen Weg in die Akten finden zu lassen, tauchten Aktennotizen über seine Kontakte mit Wicht und über Besprechungen mit den Anwälten des Verlages auf, kaum daß Buback die Untersuchung auf sein Büro ausgedehnt hatte. Daß der SPIEGEL über das bevorstehende Verfahren informiert gewesen war, bestätigte Bubacks Verdacht aufs neue. Kopien einer Rede, die einige Zeit zuvor der frühere Generalbundesanwalt Max Güde über das deutsche Presserecht und das Recht des Journalisten auf Informantenschutz gehalten hatte, wurden natürlich als Bestätigung konkreter Vorbereitungen für den „Ernstfall" angesehen. Becker und Wicht wurden am 2. November verhaftet. In der Zelle hörte Becker einen Radiobericht über die Verhaftungen. Erst jetzt stellte er nachdenklich fest, daß Wichts Name wirklich Wicht war.

Die Durchsuchungen dauerten bis zum 26. November. Während der ganzen Zeit saß Augstein in Hamburg ein; er verbrachte die Nächte im Gefängnis und die Tage in seinem Büro. Auf Grund der Gesetze war ihm gestattet zu schreiben. Er fuhr damit fort, selbst als die Durchsuchung beendet und er nach Koblenz abtransportiert worden war. Was er da verfaßte, war eine kuriose Mischung von aggressivem Frohlocken und innerer Erschütterung.

„Soll der Staat zugrunde gehen, damit einem Mann Genüge geschieht? Diese Frage werde ich nun nicht mehr zu stellen aufhören", schrieb er Mitte November.

Fünf Wochen später brachte die Lektüre des Alten Testaments Augstein auf die Handhabung der Justiz. Er erkannte sie als willkürlich, patriarchalisch, rachsüchtig, als „Gerechtigkeit à la Adenauer". Der Artikel reizte Westdeutschlands protestantisches Establishment und zog eine Leserbriefflut von Theologen nach sich. „Ich erlebe meine gegenwärtige Lage als Christ", schrieb Augstein, „ich empfinde mein In-Haft-Sein als stellvertretend und als Rückwurf eines Menschen, der vom Glück immer zu sehr begünstigt war."

Einige Jahre später gestand er einem Interviewer, daß dies ein wenig exhibitionistisch gewesen sei. Trotzdem habe es seine damalige Denkweise getreulich wiedergegeben. Er sei wirklich unglücklich gewesen, jedoch weniger darüber, daß er eingesperrt war, als über die Untersuchung seiner intimsten Papiere und Angelegenheiten.

Bei seinen Vernehmungen war er bedeutend milder, ruhiger und vernünftiger. Buback erinnerte sich später gegenüber einem Interviewer, daß nur einmal das Temperament mit Augstein durchgegangen sei. Eines Tages hatte er Augstein herausgefordert: „Sprechen wir es aus, Sie waren so entschlossen, Strauß zu Fall zu bringen, daß Sie bereit waren, deswegen sogar Landesverrat zu begehen." In diesem Moment, bemerkte Buback ehrlich erstaunt, habe er das Gefühl gehabt, daß Augstein eine Bierflasche nach ihm geworfen haben würde, hätte er eine gehabt.

Ahlers wiederum war trotz seines anfänglichen Widerstandes, seine Notizen oder sein Urmanuskript herauszugeben — die inzwischen auf einem abenteuerlichem Weg zu Josef Augstein gelangt waren —, nicht weniger hilfsbereit. Martins Verhaftung am 28. November hatte den Widerstand gebrochen. Mit dessen Verhaftung und Aussage konfrontiert, bat Ahlers Josef Augstein, das Material auszuliefern. Auf Grund dieses Materials wurden später Verfahren gegen Helmut Schmidt und Major Brandt eingeleitet. Conrad wurde am 29. November, Josef Augstein am 4. Dezember verhaftet. Zu dieser Zeit war Jacobi bereits seit drei Wochen wieder in Freiheit. Becker wurde zwei Tage später entlassen.

Josef Augstein wurde am 10. Dezember freigelassen, Conrad am 14., Wicht am 21., Ahlers am 22. und Martin am 29. Dezember. Zum Jahresende fehlten nur noch Augstein und Schmelz. Am 20. Januar kam auch Schmelz frei — voll diskreten Lobes für seine Bewacher, die seiner Frau erlaubt hatten, für ihn zu kochen, und ihm, gegen jede Gefängnisordnung, ein abendliches Glas Schnaps oder Bier gestatteten. Augstein, auf den immer noch die Augen wenigstens eines Teils der Nation gerichtet waren, tröstete sich mit Spielen, hausgemachten Kuchen, Adventskränzen, handgestrickten Strümpfen, warmer Unterwäsche, Bildern und Büchern. Telegraphische Grüße in jeder Schmuckblattform des Bundespostkatalogs wurden ihm in seine Koblenzer Zelle zugestellt. Drei Wohlmeinende schickten die Platte „Junge, komm bald wieder". Schließlich wurde er nach 103 Tagen Haft am 7. Februar entlassen. Schmelz war

81 Tage, Ahlers 56, Wicht 49, Becker 35, Martin 31, Jacobi 18, Conrad 15 und Josef Augstein 6 Tage gesessen; Jaene und Engel je einen Tag. Seit seiner Verhaftung hatte Augstein 15 Pfund Gewicht verloren; aber in diesem Punkt wenigstens hat er das Erlebnis nicht bedauert.

5 DIE POLITISCHE AFFÄRE

Es war unvermeidlich, daß politische Konsequenzen eintraten, obwohl niemand vorauszusagen vermocht hätte, worin sie bestehen würden. Die Regierung verschanzte sich hinter der Behauptung, daß das Vorgehen gegen den SPIEGEL eine Angelegenheit der unabhängigen Justiz sei. Aber dies war keine Rechtfertigung und wäre selbst dann keine gewesen, wenn die Haltung der Regierung, also die Rolle, die Strauß und Hopf in der Affäre spielten, so selbstlos gewesen wäre, wie dies behauptet wurde.

Die Gerichte waren in der Tat unabhängig. Das Grundgesetz aus dem Jahre 1949 garantiert ihnen Parität mit der Legislative und Exekutive. Aber auf die Bundesanwaltschaft, bei der die Affäre begann, trifft dies nur bedingt zu. Ihr offizieller Titel lautet „Der Generalbundesanwalt beim Bundesgerichtshof", und das Amt residiert in einem Flügel des Bundesgerichtshofgebäudes, wie um seinen Status zu demonstrieren. Nun werden aber der Generalbundesanwalt wie auch die Bundesanwälte durch den Bundesjustizminister ernannt und arbeiten bis zu einem gewissen Grad nach Weisung des Justizministeriums. In welchem Umfang, ist leider weitgehend unklar. Wilfried Saliger von UPI schrieb Mitte Dezember im Jahresbericht an die Abonnenten des Nachrichtendienstes: „Die Regierung lastete den Redakteuren Unkenntnis der Verfassung an; aber keiner ihrer Rechtsvertreter war in der Lage, zu klären, wo und wann die Bundesanwaltschaft der ministeriellen Kontrolle unterliegt."

Diese Frage mußte früher oder später aufgeworfen werden, und zwar nicht nur von der Presse. Da nach dem Grundgesetz letztlich allein der Kanzler dem Bundestag verantwortlich ist, betraf die Frage nicht nur den Justizminister, sondern im Grunde die ganze Regierung.

Die entscheidend schwache Stelle in der Position der Regierung war psychologischer Natur. Die Polizeiaktion vom Freitag hatte die ganze Fülle nationaler Traumata wachgerufen. Die nächtliche Razzia allein hätte schon genügt, um gewisse Erinnerungen zu erwecken. Aber dazu kamen noch: aus den Betten gerissene Kinder; ein Landesverratsvorwurf am Tage, nach dem Strauß sich durch die Regierungsmehrheit im Bundestag seine keineswegs so eindeutig bewiesene Unschuld hatte bestätigen lassen und nach seinem bemerkenswerten Auftritt in Brühl — drei Wochen nach der Veröffentlichung des umstrittenen Artikels. Schließlich aber schnüffelte eine Armee von Ermittlungsbeamten in den Akten und in der Buchhaltung der prominentesten Oppositionszeitschrift herum. Dies alles waren Dinge, die eine gegen jede Art von Untersuchungsmaßnahmen höchst empfindlich gewordene Öffentlichkeit alarmierten.

Der erste Anruf erreichte die Bundesanwaltschaft Freitag nacht um 23.40 Uhr; ein älterer Journalist aus Karlsruhe verlangte eine Bestätigung der Meldung von Herrn Augensteins (sic!) Verhaftung. Von nun an klingelte das Telephon fast ohne Aufhören. Die offizielle Reaktion war zwiespältig, halb Stolz der Behörde, im Mittelpunkt des öffentlichen Interesses zu stehen, halb eingefleischtes Vorurteil gegenüber der Presse. Die Position der Bundesanwaltschaft wurde ferner dadurch kompliziert, daß sie über einige der interessantesten Aspekte der Affäre einschließlich der Verhaftung von Ahlers in Spanien nicht informiert war. Es ist nicht verwunderlich, daß die amtlichen Sprecher in Karlsruhe jedesmal, wenn sie den Hörer abnahmen, ins Fettnäpfchen traten.

„Die deutsche Öffentlichkeit ist um eine SPIEGEL-Affäre reicher“, erklärte Staatsanwalt Antonius Berard unheilverkündend, „niemand kann sagen, wo sie enden wird.“ In diesem Zusammenhang fügte er hinzu, daß es sich um Landesverrat und Bestechung handle, um „Veröffentlichungen, die sich mit wichtigen Fragen der Landesverteidigung in einer Art und Weise befaßten, die den Bestand der Bundesrepublik sowie die Sicherheit und Freiheit des deutschen Volkes gefährdet“. Die

Initiative sei nicht von Strauß ausgegangen, sagte er wahrheitsgemäß. Er behauptete auch, daß die Bundesanwaltschaft nach einer „Routineüberprüfung der Presse“ selbständig tätig geworden sei, was weniger der Wahrheit entsprach. „Routineüberprüfung“ deutet an, daß die Bundesanwälte systematisch die Zeitungen lesen. Weder stimmt dies, noch wäre es ihre Aufgabe gewesen. Ganz abgesehen vom Problem der Zensur, gab es nur 8 Bundesanwälte, 15 Staatsanwälte, die von den Generalstaatsanwaltschaften der Oberlandesgerichtsbezirke aus den einzelnen Bundesländern nach Karlsruhe delegiert worden waren, 11 Untersuchungsrichter, von den jeweiligen Justizministerien abgeordnet, und 46 Angestellte. Hätten sie es sich zur Aufgabe gemacht, die Zeitungen durchzulesen, würden sie kaum Zeit für andere Aufgaben gehabt haben.

Bei den Versuchen, die Affäre zu erklären, hatten die Sprecher der Regierung ebensowenig Erfolg wie die Bundesanwälte. Die erste mehr oder weniger offizielle Stellungnahme kam von Josef Hermann Dufhues, dem geschäftsführenden Vorsitzenden der CDU, und setzte die Maßstäbe. „Es ist dies keine Affäre der deutschen Presse“, sagte er, „sondern eine Affäre des SPIEGELS“ — womit er sogleich an Goebbels’ berühmt-berüchtigte Erklärung aus dem Jahre 1933 erinnerte: „Dies ist keine Affäre der Parteien, es ist eine Affäre der SPD“, als die Nationalsozialisten den Auszug der SPD aus dem Reichstag erzwangen, was der erste Schritt zur Auflösung aller Parteien gewesen war. Jede weitere offizielle Stellungnahme machte die Dinge nur noch schlimmer. Aber auch Schweigen hatte eine negative Wirkung. Wie Sir Lewis Namier einmal schrieb: „Wenn ein Problem ein Stadium erreicht hat, in dem entgegengesetzt laufende Entwicklungen dazu angetan sind, zu gleich ungünstigen Ergebnissen zu führen, ist es zweifelhaft, ob jemand die Situation retten kann.“ Diese Situation konnte niemand retten.

Die erste Erklärung der SPD wurde von Herbert Wehner abgegeben. In ihrer allgemeinen Zurückhaltung würde sie Jean Jaurès Ehre gemacht haben, der bei Ausbruch der Dreyfus-Affäre überzeugt war, daß Frankreichs Sozialisten mit einem Streit innerhalb der Bourgeoisie nichts zu tun hätten. Es sei Pflicht der Verantwortlichen, dafür zu sorgen, sagte Wehner, daß gegen die mutmaßlichen Informanten im Verteidigungsministerium ebenso schnell und streng vorgegangen werde wie gegen die schon verhafteten Journalisten. Erst danach sprach er die diskrete Hoffnung aus, daß die Affäre nicht bloß von innenpolitischer Taktik verursacht worden sei. Es war ein wenig aussichtsreicher Beginn.

Andere Sozialdemokraten waren weniger zurückhaltend. Ulrich Lohmar, stellvertretender Vorsitzender des kulturpolitischen Ausschusses des Bundestags, forderte den sofortigen Zusammentritt des Ausschusses — der auch für Pressefragen zuständig ist —, um die Angelegenheit zu beraten. Gerhard Jahn und Adolf Arndt, die Rechtsexperten der SPD, verlangten eine Sondersitzung des Rechtsausschusses. Beide Anträge wurden zurückgewiesen. Die Geschäftsordnung, so wurde behauptet, gestatte nicht die Diskussion von Fragen, die den Ausschüssen nicht vom Plenum des Bundestages überwiesen worden seien. Damit war jedoch sicher, daß die Affäre im Plenum, und zwar in voller Öffentlichkeit vor Presse, Rundfunk und Fernsehen behandelt werden würde. Inzwischen forderte Fritz Sänger, vormals Chefredakteur von dpa und jetzt Bundestagsabgeordneter der SPD, eine außerordentliche Sitzung des hauptsächlich dekorativen Deutschen Presserats.

Die entscheidende Reaktion — oder vielleicht Nichtreaktion — kam von der FDP. Justizminister Stammberger erfuhr von der Affäre am Samstag morgen in München aus den Zeitungen. Alsbald folgte ein Protest Willi Weyers. Der offenkundige Zusammenhang war schwer zu übersehen. In diesem Punkt wurde die SPIEGEL-Krise zu einer Koalitionskrise. Der FDP-Abgeordnete Oswald Kohut forderte, Stammberger solle die Beamten entlassen, die in seinem Ministerium mit der Aktion befaßt waren. Stammberger zögerte: sie hätten nur ihre Pflicht getan. Er brauchte weitere drei Tage, um sich darüber klarzuwerden, daß man ihn absichtlich übergangen hatte.

Die Rückkehr von Ahlers fügte dem explosiven Gemisch noch weiteres Dynamit hinzu. Spanien, bei dem man noch immer an die Legion Condor dachte, gehörte zu den mächtigsten Tabus in Deutschland. Die Presseerklärungen der SPD deuteten auf Spaniens ungewöhnliche Dienstfertigkeit bei der Auslieferung — wenn dies der Fall war — eines demokratischen Journalisten hin, wobei sie auf den wohlbekannten Schutz anspielten, den gesuchte Nationalsozialisten dort genießen. Wiederum vergrößerten die offiziellen Verlautbarungen nur die allgemeine Verwirrung und ließen mehr und mehr deutlich werden, daß es etwas zu verbergen galt.

Auf der ersten offiziellen Bundespressekonferenz nach dem Ausbruch der Affäre dementierte Heinrich Thiesmeyer, der Sprecher des Justizministeriums, die Beteiligung der Interpol an der Verhaftung von Ahlers. Im Kreuzfeuer der Fragen behauptete er, Ahlers sei überhaupt nicht festgenommen worden. Aber Frau Ahlers erklärte das Gegenteil. Der Sprecher von Strauß, Schmückle, schüttete zwei Tage später Öl ins Feuer: Die militärischen Sicherheitsorgane seien nicht bemüht worden, erklärte er und lehnte es ab, weitere Fragen zu beantworten. „Da wir zum Kreis der möglichen Betroffenen gehören", sagte er, bevor er sich in Schweigen hüllte. Mit Ahlers hinter Gittern blieb das Dilemma bestehen.

Da er voraussah, was kommen mußte, verneinte Schmückle energisch, daß die Aktion irgend etwas mit Vergeltung zu tun habe. Er bestritt ferner, daß Strauß bei dem Empfang auf Schloß Brühl irgend jemanden bedroht habe. Regierungssprecher Karl Günther von Hase leugnete, daß Strauß Kenntnis von dem Gutachten gehabt habe, das den Ausgangspunkt der Aktion bildete. Mit dem ersten einer langen Reihe von Interviews legte sich Strauß nun ins Zeug. „Ich habe alles andere als Interesse daran, als (sic!) — lassen Sie mich den vulgären Ausdruck gebrauchen — mein eigenes Nest zu beschmutzen", sagte Strauß gegenüber der „Frankfurter Abendpost", „und ich darf sagen, daß ich persönlich oder die Leitung dieses Hauses mit der Ingangsetzung dieser Aktion gar nichts zu tun habe." Über den Vorfall in Brühl befragt, beteuerte Strauß wiederum seine Unschuld. „Ich habe an diesem Abend von Art, Umfang und Ziel der Aktion des Generalbundesanwalts keinerlei Ahnung gehabt", sagte er.

Die SPD hatte sich inzwischen halbwegs entschlossen zurückzustecken. Am Montag erschien Jaene in Jahns Büro und berichtete, daß bei der Durchsuchung in Bonn die Protokolle des Verteidigungsausschusses gefunden worden seien, die Jahn im vorigen Sommer Schmelz gegeben hatte. Der entsetzte Jahn, der den Vorfall vollständig vergessen hatte, ging direkt zu Fritz

Erler, dem stellvertretenden Fraktionsvorsitzenden, und berichtete. Als einer der parlamentarischen Geschäftsführer der SPD bekundete er seine Entschlossenheit, die Konsequenzen seines Versehens zu tragen. Die Tatsache, daß Schmelz SPD-Mitglied war, machte die Situation noch unerfreulicher. Das Problem wurde im Parteivorstand diskutiert, der beschloß, Jahn zu decken und ruhig die Sache an sich herankommen zu lassen. Um die Geschichte unter Kontrolle zu halten, gab sie der Sprecher des Parteivorstandes, Franz Barsig, vertraulich einigen ihm bekannten Journalisten weiter. Unglücklicherweise war einer von ihnen betrunken. Am nächsten Tag war allgemein bekannt, daß Jahn in die Affäre verwickelt war.

Verdacht wurde auch gegen Wolfgang Döring von der FDP laut — es war schwer zu sagen, ob aus Zufall oder mit Absicht, und wenn letzteres, durch wessen Schuld. Jedenfalls steckte zu dieser Zeit die FDP bis über beide Ohren in der Affäre. Die Meldung über Dörings Beteiligung kam während einer Sitzung des Parteivorstands über den dpa-Fernschreiber. Wütend drohte Döring, sofort dpa zu verklagen, und stellte auch einen Strafantrag. Um ihn herum ging die Sitzung weiter.

Von allen Beteiligten der Affäre war die FDP jedoch in der zweideutigsten Lage. Gesegnet mit Unwissenheit, sammelten sich die CDU-Anhänger, ohne auch nur zu überlegen, hinter ihren Führern. Da die Kubakrise jedermann lebhaft vor Augen stand, war es Adenauer ein leichtes, die Dringlichkeit der Lage glaubhaft zu betonen. Kuba war das einzige Thema bei einer Sondersitzung des Kabinetts am Montag morgen. Die SPIEGEL-Affäre kam außerhalb der regulären Tagesordnung zur Sprache. Sicherheit sei Sicherheit, bedeutete Adenauer dem Kabinett. „Das ganze Haus wackelt", sagte er. Auch Bundeswehroffiziere seien in die Untersuchungen einbezogen, ganz abgesehen von Beamten anderer Ministerien. Das letztere war falsch, spiegelte aber bezeichnend sowohl Adenauers allgemeine Einstellung zum damaligen Zeitpunkt wider als auch seine Informationsquellen über das Fortschreiten der Aktion. Selbst Stammberger murmelte fügsam, Pressefreiheit habe ihre Grenzen. Das Kabinett beschloß im Prinzip, Strauß Sonderbefugnisse zu übertragen, falls die NATO solche für notwendig erkläre.

Für die SPD war die Situation gleichermaßen einfach. Trotz der durch Jahn und Schmelz hervorgerufenen Komplikationen hatte die SPD als parlamentarische Opposition diesmal einen eindeutigen Auftrag zum Opponieren.

Für die FDP lagen die Dinge anders. Sie war weder Regierung noch Opposition und doch beides zugleich. Ganz abgesehen von dem klaren Affront gegen Stammberger, mobilisierte die Affäre atavistische liberale Instinkte der Partei. Viele ihrer Abgeordneten, an erster Stelle Döring, kannten Augstein und Ahlers. Ihnen erschienen die gegen beide erhobenen Vorwürfe unglaublich. Die Aktion traf sie wie ein Donnerschlag. Aber selbst hier gab es unterschiedliche Meinungen. Einer der Abgeordneten hatte den Eindruck, daß der Parteivorsitzende Erich Mende den Landesverratsvorwurf ernster nehme als manch anderer FDP-Abgeordnete. Doch selbst Mende mußte einräumen, daß der Affront gegenüber Stammberger ein Vorgehen der Partei zwingend erforderte.

Es ging zunächst darum, die Verantwortlichen zu finden oder wenigstens einen geeigneten Sündenbock. Stammberger drohte mit Rücktritt. Die CDU machte es der FDP nur noch leichter, hart zu bleiben. Regierungssprecher von Hase verteidigte die verantwortlichen Staatssekretäre Hopf und Walter Strauß mit dem Argument, daß ihre Ämter sie zu strengster Geheimhaltung verpflichteten. Die Gegenfrage war verständlich: ob Staatssekretäre, die bloß politische Beamte sind, nun plötzlich Regierungsverantwortung trügen. Die FDP blieb dem Ministerrat fern: das Rumpfkabinett fügte dem Schaden noch den Spott hinzu, indem es ein Sozialpaket verabschiedete, das die FDP abgelehnt hatte.

Nunmehr erschien Hopf auf der Szene, um der FDP aus den Schwierigkeiten zu helfen. Walter Strauß hatte ihn belastet, und Thomas Dehler, der liberalste von Deutschlands Liberalen, schlug vor, Hopf solle gerufen werden, um sich zu verantworten. Hopf war im Bundeskanzleramt. Sein Erscheinen verblüffte die in den Fluren des Bundeshauses wartenden Reporter. Sodann setzte er die FDP auch noch mit der Erklärung in Erstaunen, er sei für den unglücklichen Zwischenfall verantwortlich. Damit war zum erstenmal offiziell zugestanden worden, daß das Verteidigungsministerium eingeschaltet worden war. Hopf bot seinen Rücktritt an. Die FDP zeigte sich zugänglich; es konnte kaum einen leichteren und eleganteren Weg aus der Krise geben, als seinen so willigen Sündenbock zu schlachten.

In einem neuerlichen Interview mit dem Nürnberger „8-Uhr-Blatt“ tat Franz Josef Strauß sein Bestes, dem nachzuhelfen. „Es ist kein Racheakt meinerseits“, erklärte er abermals. „Ich habe mit der Sache nichts zu tun, im wahrsten Sinne des Wortes nichts zu tun.“ Als er aus den Ferien zurückgekommen sei, habe er festgestellt, daß der Generalbundesanwalt ein Gutachten verlangt habe.

Natürlich habe er die umfassende Amtshilfe seines Ministeriums zugesichert. Nichtsdestoweniger habe er die Angelegenheit an zwei namentlich bestimmte Experten des Ministeriums delegiert — gemeint waren Wunder und Hopffgarten — und Hopf offiziell die Verantwortung übertragen. Strauß erklärte: „In dieser Zuständigkeit ist Herr Hopf augenblicklich Chef meines Ministeriums.“

Die Affäre war jetzt eine Woche alt. Die FDP war entschlossen, sie wenigstens politisch mit einem Ultimatum zu beenden. Adenauer wurde aufgefordert, bis zum nächsten Montag die namentlich bekannten Schuldigen, Hopf und Walter Strauß, aus ihren Ämtern zu entfernen. In einer besonders hektischen Bundespressekonferenz am Freitag nachmittag räumte von Hase ein, daß Stammberger genaugenommen von allem, was da im Namen seines Ministeriums getan worden war, hätte informiert werden müssen. Aber die Haft von Ahlers verursachte weiterhin Schwierigkeiten. „Ich wollte, es wäre Nacht oder Herr Blank käme zurück“, seufzte von Hase unter dem Druck der Fragen. Blank, der Vorgänger von Strauß als Verteidigungsminister und mittlerweile Bundesarbeitsminister, sollte über das gerade vom Kabinett verabschiedete Sozialpaket berichten. Die Anleihe beim Herzog von Wellington („Ich wollte, es wäre Nacht oder die Preußen kämen“) forderte sogleich eine Stichelei heraus. „*Wohin* soll Herr Minister Blank zurückkehren?“ fragte ein Reporter unter allgemeinem Gelächter.

Inzwischen lief der bayerische Wahlkampf. Mende nutzte dies aus, um in Schweinfurt in einer Rede zu erklären, Landesverrat sei eine schlimme Sache, Pressefreiheit ende dort, wo Verrat beginnt. Er fügte hinzu, seine Partei sei bemüht, eine Regierungskrise zu vermeiden. Die entschieden regierungstreue „Deutsche Zeitung“ gab ihm Schützenhilfe und erinnerte ihre ebenfalls entschieden regierungstreuen Leser daran, daß nur die SPD von einer Spaltung der Koalition profitieren würde. Für die SPD antwortete Wehner finster, daß der Gedanke, seine Partei könne sich hier ins Spiel bringen, absurd sei. Die SPD sei nicht bereit, für die Regierung die Kastanien aus dem Feuer zu holen.

Der Samstag war mit Beratungen ausgefüllt. Adenauer, dessen geplanter Besuch in Washington wegen der Kubakrise verschoben worden war, beriet statt dessen in Bonn. Daß er am Samstag im Kanzleramt erschien, wurde als mindestens ebenso deutliches Anzeichen für den Ernst der Lage gedeutet wie seine schon sprichwörtlichen Mahnungen. Im Verlauf des Tages beriet er mit Bundespräsident Lübke, der seinerseits mit Mende und dem „älteren Staatsmann“ der FDP Reinhold Maier verhandelte. Maier, der sein politisches Altenteil verlassen hatte, betätigte sich de facto als Mittler zwischen Döring, dessen Position festlag, und Mende, dessen Autorität in Zweifel gezogen wurde. Seine Absicht war, dem Kanzler zu versichern, daß die FDP es ernst meine. Die „Welt“ berichtete, die CDU habe die Möglichkeit erwogen, mit einem Minderheitskabinett weiterzuregieren; sie habe aber die Idee fallengelassen und statt dessen zugestimmt, Disziplinarverfahren gegen Hopf und Walter Strauß in Betracht zu ziehen sowie Innenminister Hermann Höcherl zu beauftragen, bei Willi Weyer Abbitte zu leisten. Adenauer kritisierte die „Begleitumstände“ und bedauerte Stammberger. Sodann beriet er im einzelnen über nicht bekanntgewordene Dinge mit seinen intimsten Vertrauten, seinem früheren Fraktionsführer Heinrich Krone und seinem Staatssekretär Hans Globke. Franz Josef Strauß erschien mit einem weiteren Interview wieder auf der Bühne. Stammberger sei über das eingeleitete Ermittlungsverfahren schriftlich unterrichtet worden, sagte er.

Am Montag wurden Hopf und Walter Strauß mit angemessenen Ausdrücken des Bedauerns vorläufig ihrer Ämter enthoben. Walter Strauß wurde entlassen — keine große Unannehmlichkeit, da er bereits 1963 als Richter für den Europäischen Gerichtshof in Luxemburg ernannt worden war. Hopf wurde beurlaubt. Da er sich im Juli einer schweren Operation unterzogen habe, handle es sich um einen wohlverdienten Urlaub, erklärte Franz Josef Strauß in einem Interview mit dem Hessischen Rundfunk.

Innerhalb der CDU/CSU wurden empörte Stimmen über die offensichtliche Kapitulation laut. In Augsburg erklärte der Ministerpräsident von Baden-Württemberg und spätere Bundeskanzler Kurt Georg Kiesinger vor Anhängern der Partei, daß „es in diesen Tagen in der Bundesrepublik nicht darum (geht), die Freiheit gegen die staatliche Autorität, sondern umgekehrt, die Autorität gegen eine zügellose, chaotische Freiheit zu schützen". Seine Zuhörer klatschten Beifall. Auf einer Veranstaltung in München warnte Wirtschaftsminister Erhard seine Zuhörer davor, sich dem Luxus einer übertriebenen Beschäftigung mit dem SPIEGEL hinzugeben, während rundum die Welt brenne. Die FDP gab klein bei. Mende kündigte in einem Rundfunkinterview an, die Krise sei behoben. Ein offizieller Parteisprecher versicherte der Presse, daß Adenauer die Wünsche der FDP erfüllt habe. Stammberger zog sein Rücktrittsgesuch zurück und beschloß zu bleiben. Eine weitere Untersuchung in seinem Ministerium sei nicht mehr nötig, sagte er; die notwendigen Schritte seien unternommen worden.

Von Hase erklärte für die Regierung, daß ein Übereinkommen zu folgenden Bedingungen erreicht worden sei: Adenauer bestätigt das Recht Stammbergers auf Information über alle ihn betreffenden Angelegenheiten und befugt ihn, alle noch verbleibenden Fragen zu untersuchen; Walter Strauß und Hopf werden aus ihren Ämtern entlassen; die Koalitionsparteien stimmen überein, daß Landesverrat den Schwerpunkt der Affäre bilde. Von Hase betonte den letzten Punkt besonders nachdrücklich. Er sagte, nach allem sei es „der schwerste Verdachtsfall, der sich in der gesamten Geschichte der Bundesrepublik abgespielt hat".

Es gab aber noch das Problem Ahlers. Auf der Bundespressekonferenz, die dem hektischen Wochenende folgte, mochte von Hase weitere Fragen nicht beantworten. Mit deutlich zur Schau getragenem Selbstvertrauen beklagte er statt dessen die angeblich tendenziöse Fernsehberichterstattung über die Haltung der Regierung. Weitere Fragen wurden auf die Bundestagssitzung zwei Tage später verwiesen. Stammberger erklärte, er sei als verantwortlicher Minister schon bei der Ausarbeitung der Antworten. Von Hase, der völlig im dunkeln gelassen worden war, wandte sich nun privat und taktvoll an Adenauer: Er habe offiziell gegen die Sendung „Panorama“ des Norddeutschen Rundfunks protestiert, die er für einseitig, feindselig und voreingenommen gegen Staat und Regierung halte. Nichtsdestoweniger habe er den Eindruck, daß die meisten CDU-Politiker, ganz zu schweigen von den Regierungsstützen in der Presse, mehr Vertrauen zu der Haltung der Regierung gewinnen würden, wenn die Regierung klarstellen würde, was tatsächlich geschehen sei. Adenauer schickte von Hases Brief mit einer lakonischen handschriftlichen Randbemerkung zurück: „Fragen werden in der Fragestunde am Mittwoch beantwortet, gez.: A.“

Inzwischen kamen Antworten aus Madrid denen aus Bonn zuvor. Dort waren ebenfalls Fragen gestellt worden, seit Ahlers unter geheimnisvollen Umständen nach Deutschland zurückgekehrt war. Um den 1. November wandten sich Journalisten an Oster. Er habe nichts zu verbergen, dürfe aber auch nichts sagen, erzählte er deutschen Korrespondenten. Der bayerische SPD-Bundestagsabgeordnete Alois Strohmayr, der früher ein Architektenbüro in Barcelona unterhalten hatte, setzte sich hin und schrieb einen persönlichen Brief an Staatschef Franco.

Einige Tage später berichtete Robert Held in der FAZ mit deutlichem Hinweis über die Behandlung eines offenbar ähnlichen Falles der jüngsten Vergangenheit in England: George Blake, der Spionage verdächtig, wurde 1961 telegraphisch aus dem Nahen Osten nach Hause beordert, nicht aber verhaftet. Er kehrte freiwillig zurück, wurde verhört, überführt und zu 40 Jahren Gefängnis verurteilt. (1966 floh er nach Prag.) Held erinnerte auch daran, daß die Spanier gewöhnlich nicht allzu eifrig mit Auslieferungen seien, allerdings hatten sie drei Israelis eingesperrt, die versucht hatten, Léon Degrelle, den früheren belgischen NS-Führer, aus seinem spanischen Refugium zu entführen. Held schrieb, es gebe in Deutschland ein merkwürdiges Gefühl, als ob mit Spanien gemeinsame Interessen bestünden, eine Stimmung, die noch auf die Zeit vor dem Krieg und die Geheimdienstverbindungen des Admirals Canaris zurückgehe. Es sei eine seltsame Form internationaler Zusammenarbeit,

Spanien für die Festnahme von Ahlers verantwortlich zu machen, wie Bonn zu tun entschlossen scheine.

War Spanien wirklich verantwortlich? Die Redensart „Das kommt mir spanisch vor" erfreute sich ungeahnter Beliebtheit. Verärgert über die unerfreuliche Publizität, über die Vorwürfe, daß Madrid Bonn Hilfe bei einer sehr zweifelhaften Aktion geleistet habe, und über das dauernde Schweigen Bonns, ergriffen die Spanier schließlich am 6. November selbst die Initiative.

In einer großen Pressekonferenz berichtete Informationsminister Manuel Fraga Iribarne über den ganzen Kontakt mit Wiesbaden. Als seine Trumpfkarte präsentierte er die Photokopie des „Interpol-Telegramms" vom 27. Oktober sowie die Erklärung von Ahlers, er kehre freiwillig nach Hause zurück.

Mit zwar unglaubwürdiger, aber durchaus echter Unschuld leugnete der Sprecher der Bundesanwaltschaft, Antonius Berard, jegliche Kenntnis der Angelegenheit. Reinhart Dullien, der Präsident des Bundeskriminalamtes in Wiesbaden, das das Telegramm abgeschickt hatte, antwortete auf die Fragen der Reporter: „Gewiß, ein sehr interessanter Fall", und fügte hinzu: „Es gibt mehr Dinge im Himmel und auf Erden, als eure Schulweisheit sich träumen läßt."

Was Berard am 6. November sagte, erschien am nächsten Tag im Regierungsbulletin und diente der Regierung als zusätzliche Munition für die geplante parlamentarische Debatte. Berard bestätigte, daß Augstein und die anderen Verdächtigen von den bevorstehenden Ermittlungen spätestens seit dem 18. Oktober gewußt hätten. Die Einleitung der Ermittlungen habe sich selbst gerechtfertigt, da sie das Exposé von Ahlers zusammen mit anderem, weniger eindeutigem Beweismaterial zutage gefördert hätten.

Als solches Beweisstück mußte der Bericht eines SPIEGEL-Korrespondenten herhalten. Der Journalist hatte ein Ausbildungszentrum der Bundeswehr in den Vereinigten Staaten besucht und war von den amerikanischen Ausbildern ermuntert worden, die Fortschritte der Ausgebildeten auch nach seiner Rückkehr in die Heimat weiter zu verfolgen. Die Bundeswehr war bedeutend weniger begeistert als ihr amerikanischer NATO-Partner und erklärte die Ausbildungsgruppe und ihre Tätigkeit als geheim. Von der Redaktion unterstützt, setzte der

Reporter seine Bemühungen fort, obwohl die Geschichte schließlich nicht erschien. Berard interpretierte sie als Beweis für vorsätzliches Handeln: Trotz der offiziellen Geheimeinstufung habe der SPIEGEL den Journalisten dazu aufgefordert, die Geheimhaltungsvorschrift zu verletzen.

Kuhn versorgte die CDU/CSU-Fraktion mit einem erschöpfenden Memorandum zum selben Thema — ein eineinhalb Meter langes Fernschreiben, das auch eine Liste des Inhalts von Augsteins Safe enthielt. Adenauer präsentierte es am Morgen des 7. November im Parteiausschuß mit dem Erfolg, daß alle noch vorhandenen Bedenken gegen volle Solidarität der Fraktion in der unmittelbar folgenden Bundestagssitzung beseitigt wurden. Die normale Tendenz der Parlamentarier, sich unter Feuer von außen einzuigeln, wurde durch Erinnerungen an Weimar und an das Gespenst einer intrigierenden, politisch ehrgeizigen Reichsabwehr bestärkt: Man witterte einen möglichen „Aufstand der Obersten“ im Verteidigungsministerium.

Stammberger, durch den Druck der Ereignisse auf die Mitte der Bühne geschoben, brach bei dem Versuch zusammen, die Affäre zu erklären. Kurz vor seinem geplanten Erscheinen im Bundestag am 7. November erhielt sein persönlicher Referent die Nachricht, daß Stammberger einen Kreislaufkollaps erlitten habe und zu krank sei, um zu kommen. Nicht böse Absicht, sondern die Geschäftsordnung bestimmte den bayerischen Landsmann von Strauß, Höcherl, zum Vertreter des fehlenden Justizministers. Aber unter diesen Umständen war es, als schickte man Polonius an Stelle von Hamlet auf die Bühne. Alert und unermüdlich begann Höcherl in einer der bemerkenswertesten Sitzungen der Geschichte des Bundestages, die Fragen der Opposition zu beantworten. Strauß, der Mann, der die Antwort wußte, saß schweigend auf der Regierungsbank.

Es ist niemals klargeworden, wieviel Höcherl wirklich wußte. Von Amts wegen wußte er wenig genug, was für ihn aber nur nützlich war. Bombardiert mit Fragen über die verspätete Unterrichtung der zuständigen Behörden in Hamburg und Düsseldorf, über die verspätete Unterrichtung Stammbergers, über die Erstellung des Gutachtens gegen den SPIEGEL, über die nahezu dreiwöchige Verzögerung der Aktion und über das Ausmaß der Durchsuchungen, antwortete Höcherl spitzfindig, aber mit unverkennbarem Geschick. Mit drei Ausnahmen kamen alle Fragen von der SPD. Die FDP griff nur zweimal in die Debatte ein, durch Oswald Kohut, einen Außenseiter in einer Partei von Außenseitern. Gerhard Stoltenberg stellte für die CDU nur eine Zwischenfrage, die augenfällig bestellt war: „Mußte die Regierung nicht damit rechnen, wegen Einmischung in ein schwebendes Verfahren kritisiert zu werden, wenn sie sich so sehr um die Details des Verfahrens gekümmert hätte, wie das hier unterstellt wird?" Die Antwort verstand sich von selbst.

Bald ein Verteidiger des Staates in der Stunde der Gefahr, bald ein Verfechter der unabhängigen Justiz, bald ein vollendeter Biedermann, bald ein Daniel in der Löwengrube, heimste Höcherl bei seinen Antworten von Regierungsseite Beifall ein, aber noch mehr Protestrufe von der Opposition. Seine entgegenkommenden Antworten provozierten den Zorn der oppositionellen Abgeordneten weit mehr, als daß sie ihn besänftigt hätten.

Weder ein Minister noch ein Staatssekretär seien mit der Abfassung des Gutachtens betraut gewesen, erklärte Höcherl, gab jedoch zu, daß Hopf bei der Absendung beteiligt war. Er leugnete, daß Verteidigungsminister Strauß die Angelegenheit mit Hopf und Walter Strauß in Abwesenheit Stammbergers erörtert hätte; es gab aber keinen Beweis dafür, daß er wußte, daß das Gegenteil richtig war. Er versicherte, vielleicht allzu großzügig, daß er, Höcherl, seiner Verpflichtung nachgekommen sei, Hamburg und Nordrhein-Westfalen über die bevorstehende Aktion zu unterrichten. Trotz des hastigen Beginns der Aktion seien schließlich die Haft- und Durchsuchungsbefehle am 23. Oktober ausgestellt worden. Seine Interpretation der Hamburger Polizeimaßnahmen war eine offensichtliche Verdrehung. Er verneinte, daß Arbeitsräume und Arbeitsunterlagen des SPIEGELS beschlagnahmt worden seien, und behauptete, es sei lediglich ihre Benutzung eingeschränkt worden.

Weder der Justizminister noch die Bundesanwaltschaft noch Interpol hätten spanische Behörden aufgefordert, Ahlers festzunehmen, erwiderte er auf eine Reihe von Fragen über die Ereignisse in Spanien. Dies wenigstens entsprach der Wahrheit. Der Eindruck in Spanien, daß Interpol eingeschaltet worden sei, beruhe auf einer Verwechslung, sagte er, hervorgerufen durch das Mißverständnis über die Herkunft des Telegramms aus Wiesbaden, wo nicht nur das Bundeskriminalamt, sondern auch die westdeutsche Interpol-Zentrale residiert. Als das Telegramm ankam, hätten die Spanier die Möglichkeit erwogen, Ahlers zur Persona non grata zu erklären. Ahlers sei jedoch freiwillig in die Bundesrepublik zurückgekehrt. Genaugenommen war dies keine Antwort. Aber es war auch keine Lüge. Am Ende der Fragestunde waren Höcherl und die Regierung obenauf. Bundestagspräsident Gerstenmaier hatte allen Grund, Höcherl zu seinem Erfolg zu beglückwünschen. Am nächsten Tag sollte die Fragestunde weitergehen; das Haus setzte seine Debatte über den Haushalt für das nächste Jahr fort.

Im Laufe des Nachmittags wurde die Debatte jedoch durch Heinrich Ritzel von der SPD, einen der dreizehn Abgeordneten, deren parlamentarische Karriere noch bis in den Reichstag zurückreicht, unterbrochen. Ritzel war Mitglied der SPD-Fraktion gewesen, die 1933 allein gegen Hitlers Ermächtigungsgesetz gestimmt hatte. Für ihn war plötzlich das Jahr 1933 wiederauferstanden. Der Anlaß war ein Zwischenruf des CDU-Geschäftsführers Will Rasner. „SPD“, trompetete Rasner, „das heißt SPIEGEL-Partei Deutschlands.“ Ritzel erhob sich, um eine persönliche Erklärung zu verlesen. Er weise die Unterstellung zurück, die SPD sei in die Affäre verwickelt, sagte er. Seiner Partei gehe es vielmehr um die Gesetzmäßigkeit ministerieller Aktionen und um das Rechtsstaatprinzip.

Wütend ging Adenauer zum Rednerpult, um zum erstenmal selbst zu antworten. Er wende sich gegen die Andeutung, Bürger der Bundesrepublik müßten gegen die Justizbehörden geschützt werden, sagte er, und er fühle sich verpflichtet, diesen richterlichen Beamten seinen persönlichen Dank und seine Hochachtung auszusprechen. Adenauer fuhr fort: „Es ist Landesverrat geübt worden — das ist sehr wahrscheinlich — von einem Manne, der eine Macht, eine journalistische Macht in Händen hatte. Ich stehe auf dem Standpunkt, je mehr Macht, auch journalistische Macht, jemand in Händen hat, desto mehr ist er dazu verpflichtet, die Grenzen zu wahren, die die Liebe zum Volk . . .“

Hier mußte Gerstenmaier eingreifen, um die Protestrufe der SPD zum Schweigen zu bringen. „SPIEGEL-Partei“, rief der

CDU-Abgeordnete Otto Schmidt. „Partei der Neofaschisten", brüllte die SPD zurück. Adenauer setzte fort: „Meine Damen und Herren, ist es dann nicht erschreckend ..." — „Sehr wahr" und SPD-Applaus — „wenn ein Oberst der Bundeswehr, nachdem er gehört hat, daß ein Verfahren gegen Augstein und Redakteure des SPIEGELS eingeleitet sei, hingeht und denen Bescheid gibt, damit Beweismaterial beiseite geschafft wird?"

Nun war es Erler, der sich zu einer Erwiderung erhob. „Ein Parlament, das sich den Ruf zuziehen würde, ein Verfahren wegen Landesverrats, das durchgeführt werden muß, nicht so zu beachten, daß dabei im übrigen Verfassung und Gesetz nicht in Trümmer gehen, würde seine Kontrollaufgabe nicht erfüllen. Nur darum geht es heute und um nichts anderes", verkündete er unter dem Beifall seiner Partei. Adenauer kehrte an das Rednerpult zurück. Er erklärte: „Es ist in jedem rechtsstaatlichen Staat oberste Pflicht, nicht in schwebende Gerichtsverfahren einzugreifen." Die Abgeordneten der Regierungsparteien applaudierten. Von ständigen Zwischenrufen der SPD unterbrochen, versicherte Adenauer aufs neue sein Vertrauen zur richterlichen Gewalt. „Nun, meine Damen und Herren ..." — anhaltende Zurufe von der SPD — „... wir haben ..." — fortgesetzte Zwischenrufe — „... einen Abgrund von Landesverrat im Lande; denn, meine Damen und Herren, wenn von einem Blatt, das in einer Auflage von 500.000 Exemplaren erscheint, systematisch, um Geld zu verdienen, Landesverrat getrieben wird ..." — Erregte Zurufe, Pfiffe und Pfuirufe.

Auf Adenauer folgte der CSU-Abgeordnete Gerhard Wacher. „Sie werden es mir nachsehen", sagte er, zur SPD gewandt, „wenn ich Ihnen sage, daß ich aus dieser Debatte den Eindruck bekommen habe, daß Ihnen ... die Randerscheinungen bei diesem Verfahren viel wichtiger sind als der Landesverrat selbst ..." — Applaus von der CDU/CSU, weitere Pfuirufe von der SPD. „Sie haben heute Verdächtigungen ausgesprochen. Dann müssen Sie sich aber auch gefallen lassen, daß Sie verdächtigt werden, wenn Sie ... den Eindruck erweckt haben, daß Sie für Ihren Genossen Schmelz ... hier allzu stark eintreten. Sie machen ... sich verdächtig, allzu stark für den SPIEGEL Partei zu ergreifen. Sie brauchen sich deshalb gar nicht zu wundern, wenn Sie heute ... als ‚SPIEGEL-Partei' bezeichnet wurden."

Wieder antwortete Erler für die SPD, zunächst mit einer Anspielung auf die Tendenz, die in Bayern zutage zu treten begann, dann mit einer voraussagbar heftigen Reaktion gegen die nur knapp vermiedene Gleichsetzung von SPD und Landesverrat, eine Gleichsetzung, durch die zwangsläufig Traumata der Partei wiedererweckt wurden, die bis zur Dolchstoßlegende der Weimarer Republik zurückgingen. Erler kam schließlich auf die immer noch nicht erklärte Festnahme von Ahlers zurück, zu dem unzureichenden Schutz und zu der ungenügenden Informierung der Presse, die möglicherweise zur jetzigen Situation geführt habe, und schließlich sprach er vom Rechtsstaat. Die SPD und selbst einige FDP-Abgeordnete spendeten lauten Beifall. Adenauer, erregter denn je, kehrte ans Rednerpult zurück, um den Staat zu verteidigen, für dessen Schaffung er mehr als irgendein anderer getan hatte.

Abermals verteidigte er die richterlichen und die politischen Behörden und gab seiner Empörung Ausdruck, daß ein Bundeswehroberst — Wicht — den SPIEGEL vor den bevorstehenden Ermittlungen gewarnt habe. „In der Person Augstein", erklärte er, „sind zwei Komplexe drin ... Auf der einen Seite verdient er am Landesverrat, und das finde ich einfach gemein."

„Ist das erwiesen?", „Hört, hört" und „Unglaublich", rief die SPD.

„Und zweitens", fuhr Adenauer fort, „verdient er an allgemeiner Hetze auch gegen die Koalitionsparteien, und das gefällt Ihnen, wie Sie nicht bestreiten können." — Beifall und Lachen von der CDU/CSU, „Infamie"-Zurufe von der SPD. „Ich lese übrigens den SPIEGEL im allgemeinen nicht, möchte ich hier bemerken — ich habe Besseres zu tun." — Gelächter und Applaus von der CDU/CSU.

„Gott, was ist mir schließlich Augstein", sagte Adenauer. „Der Mann hat Geld verdient auf seine Weise. Es gibt Leute, die ihm dabei geholfen haben, indem sie den SPIEGEL abonniert haben und indem sie Annoncen hineingesetzt haben. Die Leute stehen nicht sehr hoch in meiner Achtung."

Mit einer neuerlichen Verbeugung vor der Justiz kam er auf die Festnahme von Ahlers zu sprechen. „Und nun Malaga. Auch gegen den Herrn Ahlers hatte die zuständige Stelle des Bundesgerichts Haftbefehl erlassen wegen des Verdachtes, er habe ein

Verbrechen begangen, sogar ein Verbrechen von besonderer Abscheulichkeit: Landesverrat. Das hatte das Bundesgericht getan. Nun war der zufällig in Malaga. Ich habe soeben gehört, daß auch die Rede von Tanger gewesen ist. Holen Sie bitte mal einen aus Tanger 'raus! Ich wüßte nicht, wie wir das machen sollten." — Gelächter. — „Wenn der Herr Ahlers in Deutschland gewäsen wäre und er wäre verhaftet worden, dann könnte kein Mensch etwas dagegen sagen." — Lachen bei der SPD. — „Er war zufällig in Spanien, und da hat ihn dasselbe Mißgeschick getroffen." — Weiteres Lachen bei der SPD. — „Nun, wir wollen prüfen: Sind da irgendwelche Bestimmungen verletzt worden ... Aber ob der Mann, gegen den das Bundesgericht wegen des Verdachts eines so schweren Verbrechens einen Haftbefehl erläßt, nun in Malaga oder ob er in Hamburg verhaftet wird, darüber rege ich mich nicht auf." —

Beifall bei der CDU/CSU.

An dieser Stelle machte der Kanzler eine seltsame Wendung in Richtung auf eine Verständigung: „Und nun habe ich noch eine Bitte an Sie, meine Damen und Herren, speziell auch an Sie von der Opposition. Nächsten Dienstag fliege ich auf Einladung des Präsidenten Kennedy nach Washington." Unter diesen Umständen, sagte er, fände er es besonders unerfreulich, wenn der Eindruck entstünde, die Bundesrepublik verwende Gestapo-Methoden. „Meine Herren", erklärte er, „ich kenne Gestapo-Methoden." — „Wir auch", rief der SPD-Abgeordnete Peter Blachstein. — „Ich bin zweimal verhaftet worden." — „Wir auch, Herr Bundeskanzler", rief Blachstein erneut. „Ich hätte beinahe gesagt, ich freue mich, daß wir diese Erfahrung gemeinsam haben", entgegnete Adenauer unter Beifall.

Wenn Verfahrensmängel vorgekommen seien, so würden sie untersucht werden, fuhr Adenauer fort. Er würdige die Rolle, die die SPD im Nachkriegsdeutschland gespielt habe, und auch ihr Interesse, zu verhindern, daß der Eindruck aufkomme, in der Bundesrepublik herrschten wieder Gestapo-Methoden. Mit Pathos rief Adenauer aus, es gebe solche Methoden in diesem Lande nicht. Wenn Irrtümer passiert seien, würde ihnen nachgegangen werden, fuhr er unter Zurufen der SPD fort und schloß: „Aber lassen wir nicht ... aus Anlaß der Verhaftung von Männern, von denen das Bundesgericht der Auffassung ist, daß sie auf Grund des vorliegenden Materials dringend eines Verbrechens verdächtig sind, lassen wir nicht in diesem Zusammenhang die Frage ‚Fehler, Fehler, Verfahrensfehler' hochkommen. Wir schädigen die deutsche Sache in der ganzen Welt." Begleitet von Ovationen der CDU/CSU und Teilen der FDP setzte er sich.

Döring von der FDP erhob sich, um ihm mit der bemerkenswertesten Rede dieses bemerkenswerten Tages zu antworten. Er begann orakelhaft, aber wirksam: „Der Herr Bundeskanzler hat hier gesagt, daß die Verhaftung dieses oder jenes Mannes bereits als Beweis für diese oder jene Sache gelten könne. Ich glaube, Herr Bundeskanzler, es wäre im Zuge der Untersuchung vielleicht der Aufklärung wert, welcher Nachrichtendienst der Bundesrepublik es für zweckmäßig gehalten hat, mit dem SPIEGEL zu arbeiten, und welcher es für zweckmäßig gehalten hat, gegen ihn zu arbeiten." Die SPD spendete Beifall.

Aber der Hauptgedanke von Dörings Rede war moralischer Natur.

„Herr Bundeskanzler", fuhr Döring fort, „es fällt mir schwer, das zu sagen, was zu sagen ich mich jetzt für verpflichtet halte. Ich glaube, ich brauche in diesem Hause niemandem zu sagen, daß ich mit Herrn Augstein seit Jahren befreundet bin. Ich glaube, ich brauche in diesem Hause auch niemandem zu sagen, daß es niemand mehr bedauern würde als ich selbst, wenn nach Recht und Gesetz der objektive Tatbestand des Landesverrats in diesem Falle festgestellt werden könnte.

Aber, Herr Bundeskanzler, ich bin es nicht nur meinem Freund, sondern auch dem Staatsbürger Augstein und allen anderen schuldig, dagegen zu protestieren, daß Sie hier sagen: Herr Augstein verdient am Landesverrat. Dann haben Sie als erster hier ein Urteil gefällt, das zu fällen nur dem Gericht zusteht." Die SPD und einige, aber nicht alle FDP-Abgeordnete klatschten. „Herr Bundeskanzler, ich weiß, was ich sage. Ich bin nicht bereit — und das ist keine koalitionspolitische Frage —, unwidersprochen hinzunehmen, daß letztlich durch eine ganz bestimmte Stimmungsentwicklung, gleichgültig, wer sie bewirkt, Leute verurteilt sind, bevor sie überhaupt jemals einen Gerichtssaal gesehen haben.

Sowenig wie ich bereit bin, mich vor irgendeine gerichtlich bekräftigte Verfehlung meines Freundes Augstein oder seiner Redakteure zu stellen, sosehr fühle ich mich gezwungen, auch als Angehöriger dieser Koalition zu sagen, was an dem Tage, an dem der Verdacht aufkam oder gerechtfertigt erschien, es sei nicht alles ganz rechtens zugegangen, viele Menschen bewegt hat, unter anderem einen Menschen, der mir am nächsten steht: meine eigene Frau, von deren sechsundzwanzig Familienmitgliedern zweiundzwanzig in deutschen Konzentrationslagern umgekommen sind, eine Frau, der es schwergefallen ist, nach Deutschland zurückzukommen, der ich mich wochen- und monatelang bemüht habe klarzumachen, daß alle ihre Sorgen und Zweifel, die sie vielleicht hier oder da haben könnte, unberechtigt sind, die mich fragt: Ist es möglich, daß, wenn nur ein Verdacht besteht, es sei nicht alles mit rechten Dingen zugegangen, irgendwo eine Hemmung besteht, diesen Verdacht aufzuklären?

Meine Damen und Herren, ich beschwöre jetzt meine eigenen Koalitionsfreunde: Erwecken wir doch nicht einen Eindruck, es gehe hier etwa um eine koalitionspolitische oder machtpolitische Frage! Lesen Sie die Auslandszeitungen! Wir haben alle gemeinsam Grund, dafür zu sorgen, daß nicht die Spur eines Verdachts an uns hängenbleibt." Beifall bei der FDP, anhaltende, lebhafte Zustimmung bei der SPD. Mende gehörte nicht zu jenen, die seinem Rivalen um den Parteivorsitz Beifall spendeten. Statt dessen sah man ihn Döring beiseite nehmen, mit allen Anzeichen der Erregung und vermutlich auch des Mißfallens. Von allen Parteifreunden schüttelte nur Oswald Kohut Dörings Hand, als dieser vom Rednerpult herabstieg. „Döring benahm sich, als wäre die SPIEGEL-Aktion ein neuer Reichstagsbrand", hörte man einen CDU-Abgeordneten sagen.

Der letzte bedeutsame Beitrag kam von Adolf Arndt, SPD, der mit einer spitzen Antwort an den Kanzler den größten Heiterkeitserfolg an diesem Tage erntete: „Der Herr Bundeskanzler hat auch wieder den Eindruck zu erwecken versucht, als ob es um ein Bundesgericht gehe und irgend jemand in ein schwebendes Verfahren eingreifen wollte. Nun, der einzige Eingriff in ein schwebendes Verfahren ist, daß hier Herr Augstein schon als Landesverräter behandelt wird und daß alle die diffamiert werden, die im SPIEGEL inseriert haben. Offenbar ist dem

Herrn Bundeskanzler entgangen, daß die Bundeswehr immer im SPIEGEL inseriert."

Die dreieinhalbstündige Debatte — gekennzeichnet durch kaum gezügelte Leidenschaft, gespenstische historische Erinnerungen, eine übertriebene Empfindlichkeit gegenüber der ausländischen Presse und eine Demonstration der unerschütterlichen und scheinbar bedingungslosen Solidarität der Regierungsparteien gegenüber ihrer Führung, die dem Obersten Sowjet Ehre gemacht hätte — war der Augenblick der Wahrheit für die Bundesrepublik. Die Frage nach der Festnahme von Ahlers war noch immer nicht beantwortet.

Am nächsten Morgen, dem 8. November, bemühte sich die SPD erneut, die Antwort zu erhalten. Wieder stand Höcherl für die Regierung am Rednerpult. Seine Reaktion bewies, daß die erregende Auseinandersetzung des vergangenen Tages nicht ohne Wirkung auf die Haltung der Regierung geblieben war: Höcherl übertrug Strauß die Beantwortung der Frage nach Ahlers. Strauß erhob sich blassen Gesichtes und redete ungewöhnlich sanft.

Der deutsche Militärattaché in Madrid sei angewiesen worden, mit den spanischen Behörden Verbindung aufzunehmen, bestätigte Strauß. „Hört, hört", rief die SPD; und als Höcherl wieder die Fragebeantwortung übernehmen wollte, verlangte die SPD nach Strauß. Diesmal fand er sich zu einer Antwort bereit: Dem Bundeskriminalamt sei es nicht gelungen, Ahlers zu finden, sagte er. Ahlers sei früher Pressereferent des Verteidigungsministeriums gewesen und der Autor des fraglichen Artikels. Dem Militärattaché in Madrid sei seine Adresse in Spanien bekannt gewesen. Unter diesen Umständen, sagte Strauß, würde das Verteidigungsministerium pflichtwidrig gehandelt haben, hätte es abgelehnt, der Polizei zu Hilfe zu kommen. Er setzte sich und überließ die Bühne wieder Höcherl. Was sei genau die gesetzliche Grundlage für die Intervention der Bundesregierung in Spanien gewesen, fragte ein SPD-Abgeordneter. Dies brachte Höcherl dazu, eine sehr zweifelhafte Analogie zu zitieren und damit eine Antwort zu geben, die sprichwörtlich wurde.

Ein Provinzstudienrat namens Zind war einige Jahre zuvor wegen antisemitischer Äußerungen verurteilt worden. Es war sogar der SPIEGEL, der über diesen Fall zuerst berichtet hatte. Höcherl erinnerte daran, daß der Mann außer Landes geflohen war und die Bundesrepublik sowohl die österreichische als auch die italienische Regierung um Hilfe gebeten hatte. Zind war dann in Italien festgenommen worden, aber ein italienisches Gericht stellte sechs Wochen später fest, daß dem Auslieferungsgesuch nicht stattzugeben sei. Trotzdem habe damals niemand in Deutschland dagegen protestiert, daß der Versuch, die Auslieferung zu erreichen, ebenso wie im gegenwärtigen Falle „etwas außerhalb der Legalität" sei. Wenn man bedenkt, daß Zind, anders als Ahlers, zur Zeit des Auslieferungsversuchs überführt und schon verurteilt war, so war die Analogie ebenso fragwürdig wie die Ausdrucksweise. Höcherl wurde durch Lachen und Zurufe der SPD unterbrochen. Es bedurfte einiger Mühe, zu erreichen, daß Strauß wieder an das Rednerpult kam.

Auch er wählte ein Beispiel, um seine Situation zu erklären. Einige Tage zuvor, erinnerte er, sei ein britischer Kollege im Unterhaus Ziel heftiger Angriffe gewesen, nicht, weil er versucht habe, mit allen verfügbaren Mitteln einen Spionagefall im Marineministerium aufzuklären, sondern vielmehr, weil er es nicht versucht habe. (Er bezog sich auf den Fall eines Admiralitätsangestellten namens William Vassall, der überführt worden war, den Russen jahrelang Dokumente übergeben zu haben. Die Londoner satirische Zeitschrift „Private Eye" nahm die Erklärung von Strauß einige Tage später zum Anlaß, eine Photomontage zu bringen, die zeigte, wie sich Macmillan und Adenauer auf dem Flughafen treffen. „Diese Sache mit dem SPIEGEL könnte in meinem Land niemals passieren, old man", sagt Macmillan. „Nein", antwortet Adenauer, „bei Ihnen sind ja keine Staatsgeheimnisse mehr zu enthüllen.")

Strauß setzte sich und überließ Höcherl wieder das Rednerpult.

Ob Oster die Festnahme von Ahlers verlangt habe, fragte Ludwig Metzger von der SPD. „Haben Sie die Frage an mich gerichtet?" wollte Höcherl unschuldig wissen. „An die Bundesregierung", antwortete Metzger. „Wie soll man wissen, wer bei Ihnen verantwortlich ist?" rief Wehner aus dem Plenum. „Herr Wehner", gab Höcherl mit kaum verhüllter Anspielung auf Jahns — wenn auch nur am Rande liegende — Beteiligung an der Affäre zurück, „sehen Sie denn nicht, in welch schwierige Situation Sie sich selbst durch diese ganzen Fragen bringen? Sehen Sie das nicht?“ Die Debatte endete, ohne daß die Frage nach der Rolle von Strauß beantwortet worden wäre.

Das offizielle Madrid reagierte mit Entrüstung auf den offenbaren Versuch, die letzte Verantwortung Spanien zuzuschieben; zum erstenmal forderte nun Schröder einen Bericht des deutschen Botschafters in Madrid über die Vorgänge an. Am nächsten Tag, dem 9. November, unternahm die SPD einen neuen Versuch; und diesmal wurde klar, daß Strauß über die bevorstehenden Schritte seit seiner Rückkehr ins Amt am 16. Oktober auf dem laufenden gehalten worden war. Höcherl berichtete, daß Strauß dann Hopf die Verantwortung für die Teilnahme des Ministeriums an dieser Aktion übertragen habe. Erler wollte daraufhin wissen, ob Hopf selbst oder irgend jemand anders Oster angerufen habe, um die Festnahme von Ahlers zu verlangen. Strauß antwortete nun selbst, daß am 27. Oktober zwischen 1 und 2 Uhr morgens die Sicherungsgruppe in Bad Godesberg dem Verteidigungsministerium mitgeteilt habe, sie könne Ahlers nicht finden. Das Ministerium habe sodann Oster angerufen, der jedoch den Minister selbst zu sprechen verlangte. Dazu sei er, Strauß, bereit gewesen. Was er gesagt habe, fragte Friedrich Schäfer von der SPD. Daß es die Pflicht eines Beamten sei, der Polizei zu helfen, erwiderte Strauß, und daß der Haftbefehl unterwegs sei. Ob er Oster angewiesen habe, die spanischen Behörden aufzusuchen, wollte Schäfer wissen. Strauß verstrickte sich immer weiter: „Aber ich darf sagen: Nachdem Herr Oster von der Sicherungsgruppe genannt worden war als der Mann, der über die Reise Bescheid wisse, war Veranlassung gegeben, um jeden Verdacht einer Vernebelung oder Verdunkelung durch das Verteidigungsministerium zu verhindern, Herrn Oster zu den spanischen Behörden gehen zu lassen und dort den Sachverhalt mitteilen zu lassen. Hätte ich anders gehandelt, würden Sie mir mit Recht schwere Vorwürfe machen, nur andere, als Sie sie jetzt erheben.“ Glücklich über eine Gelegenheit zum Applaus, spendeten die CDU/CSU-Abgeordneten Beifall.

Ob Strauß weiterhin auf der Darstellung beharren wolle, daß

er nichts mit der ganzen Affäre zu tun habe, wollte Karl Mommer, SPD, sehr betont wissen. Strauß bejahte die Frage. Man habe ihn am 16. Oktober über das Ermittlungsverfahren und am 27. Oktober nach Mitternacht darüber informiert, daß Oster wisse, wo sich Ahlers aufhalte. Ob dies kein Widerspruch sei, erkundigte sich Ritzel. Nein, antwortete Strauß, er sei gefragt worden, ob er mit der „Ingangsetzung des Verfahrens" zu tun und bei der Organisation der Ermittlungsdurchführung mitzusprechen gehabt habe. Das habe er nicht, „wenn es anders wäre, wäre es auch unvereinbar mit der Abgrenzung der Kompetenzen" gewesen. Es gab verstärkten Beifall von seiten der CDU/CSU. Ob sich denn zwischen dem 16. und 28. Oktober nichts ereignet habe, fragte Erler. Natürlich sei er über die Entwicklung auf dem laufenden gehalten worden, sagte Strauß, aber er bestritt jede weitere Beteiligung. Adenauer trat an das Rednerpult und versuchte auf spektakuläre Weise, den Tag zu retten. Er habe bemerkt, daß sein Telephon abgehört werde, erklärte er dem überraschten Haus.

Telephonüberwachung war, wie die meisten Deutschen zu ihrem Schrecken ein Jahr später im Verlauf einer ausgewachsenen Abhöraffäre erfuhren, im Grunde ein Vorrecht, das sich die früheren Besatzungsmächte vorbehalten hatten, als die Bundesrepublik 1955 ihre Souveränität erhielt — oder fast erhielt. In der Praxis aber war die Überwachung dem dritten Nachrichtendienst der Bundesrepublik, dem Bundesamt für Verfassungsschutz, übertragen worden, einem Zweig des Innenministeriums. Aber die vorhandenen Möglichkeiten waren „vor November 1962" nicht ausgenutzt worden, wie Höcherl später erklärte.

Daß die Möglichkeit bestand und ausgenutzt wurde, schien Döring in seiner dunklen Anspielung auf die seltsamen Praktiken der Nachrichtendienste zwei Tage zuvor gemeint zu haben. Döring dürfte selbst ein Opfer dieser Überwachungspraktiken gewesen sein. Ein naher Freund und FDP-Kollege Dörings war in der Woche, die der Fragestunde folgte, auf geheimnisvolle Weise von einem Agenten des Verfassungsschutzamtes angegangen worden. Zu seinem Schrecken entdeckte dabei der Freund, daß Döring, der mit dem BND in enger Verbindung stand, beim Verfassungsschutz durch einen anderen FDP-Abgeordneten denunziert worden war, kommunistische Verbindungen zu besitzen, und seit einiger Zeit von Sicherheitsbeamten beobachtet wurde.

Zu dieser Zeit war aber noch wenig — wenn überhaupt — davon bekannt, was für den Kanzler unmittelbare Folgen hatte. Adenauers Anspielung war offenbar sowohl als Schreckschuß wie auch als Ablenkung gedacht gewesen. Vielleicht wollte er andeuten, daß eine oder mehrere der Besatzungsmächte in die Affäre verwickelt seien. Jedenfalls faßte die britische Botschaft in Bonn dies so auf und dementierte schnell, je von einer Telephonüberwachung Gebrauch gemacht zu haben. Adenauers Bemerkung wurde weder im Bundestag noch in der Presse verstanden. „Da sind wir ja Leidensgenossen", rief Wehner Adenauer zu. „Ja, eben", antwortete Adenauer unter allgemeinem Gelächter. Vorläufig war dies das Ende der Geschichte.

Die SPIEGEL-Affäre war nun zu einer Strauß-Affäre geworden. Brentano, der sein tiefgehendes Mißvergnügen über die ganze parlamentarische Aufregung erst zwei Tage zuvor zum Ausdruck gebracht hatte — „Dies ist kein SPIEGEL-Parlament", hatte er gesagt —, plädierte nun für eine „englische" Fragestunde, in der nur mit Ja oder Nein geantwortet werden sollte.

Wiederum waren es die Spanier, die rasch jene Fragen beantworteten, die Strauß und Höcherl unbeantwortet gelassen hatten. Auf einer Pressekonferenz in Madrid berichtete Fraga Iribarne, es sei tatsächlich Oster gewesen, der bei der spanischen Polizei vorgesprochen habe, wobei er die Gefahr einer Flucht Ahlers' nach Nordafrika und die unmittelbar bevorstehende Ankunft des Haftbefehls aus Wiesbaden als Argumente benutzt habe. Als der deutsche Botschafter nach Bonn kam, um dem ungehaltenen Schröder die Vorgänge zu erklären, bemerkte die SPD, es sei symptomatisch, daß mehr Informationen aus Spanien als von der deutschen Regierung zu erhalten seien. Die CSU formierte sich zur Verteidigung ihres Chefs. Strauß habe nur Amtshilfe geleistet, erklärte sie. Schmückle bestritt, die Presse durch sein Schweigen in den vergangenen Wochen irregeführt zu haben. Es habe sich um eine Anordnung „von oben" gehandelt, sagte er.

Abrupt stürzte die CDU von Vertrauen in Verzweiflung.

„So war es in Weimar“, wurde der Ausspruch eines Berliner CDU-Abgeordneten zitiert. „Ich möchte mein Mandat am liebsten zurückgeben“, fügte ein norddeutscher Kollege hinzu, „wir machen unseren Staat kaputt. Warum hat man Fehler vertuscht?“

Plötzlich war ein Krieg aller gegen alle ausgebrochen. Am Vorabend der Landtagswahl begrub die CDU von Hessen — zum erstenmal seit dem Krieg optimistisch — alle Hoffnungen auf einen Sieg, von dem sie eine Woche zuvor noch geträumt hatte. Selbst CDU-Minister — so hieß es — sträubten sich, ihren CDU-Staatssekretären zu vertrauen. Georg Schröder berichtete in der „Welt“, was einer der abgesetzten Staatssekretäre am Freitag abend in einem Flur des Bundeshauses gesagt habe: Er würde am liebsten aus dem Staatsdienst ausscheiden, um als Redner und Schriftsteller für die Wiedererweckung des Staatsgedankens unter seinen Landsleuten zu wirken. „Dies ist 1932“, habe er erklärt. „Das unter Hitler zerstörte Staatsgefühl ist nicht wieder erwacht. Der Staat als Wirtschafts-GmbH, als Verteiler von Pfründen, das ist die Ursache für das, was wir in dieser Woche erlebten.“ Georg Schröder war beeindruckt. „Und es ist ihm bitterernst mit jedem Wort“, schrieb er.

Während Stammberger sich gegen die lauter werdenden Vorwürfe verteidigte, seinem Amt nicht gewachsen zu sein, häuften sich in den Zeitungen Berichte über Telephonüberwachung. So habe ein Freund von Ahlers etwa dessen Schwiegermutter angerufen, um zu fragen, wohin er Grüße zu dessen vierzigstem Geburtstag schicken könne. Ahlers sei im Moment in Euskirchen in Haft, wurde ihm gesagt, Jacobi in Düren und — klick! Offenbar hatte sich die Abhörstelle eingeschaltet. Ein Redakteur der „Zeit“ berichtete, er sei mitten im Gespräch durch ungewohnte Geräusche in der Leitung unterbrochen worden. „Wenn Sie hier schon mithören, dann könnten Sie wenigstens nicht so aufdringlich sein“, spöttelte er in den Hörer. „Ich denke gar nicht daran, Ihren unverschämten Aufforderungen nachzukommen“, antwortete eine wütende Stimme, „sondern werde mich gleich wieder einschalten.“

Am Sonntag, dem 11. November, fand die Landtagswahl in Hessen statt, am nächsten Tag sollte Adenauer amerikanische Journalisten empfangen. Diese Ereignisse beherrschten am Montag Bonn. Am Vorabend seiner Abreise zu dem verschobenen Besuch in Washington erzählte Adenauer seinen Gästen, Hopf solle demnächst wieder auf seinen alten Posten zurückkehren. Unter dem massiven Druck, Ergebnisse vorzuweisen, die irgendwie der wachsenden Erregung an Bedeutung entsprachen, behauptete Bundesanwalt Joachim Loesdau in der Fernsehsendung „Report" am Montag, daß die Ermittlungen gute Fortschritte machten.

Die Verdachtsmomente hätten sich durch die zutage geförderten Beweise nur noch verstärkt, erklärte er zuversichtlich. Zu dem Vorwurf der Bestechung sagte er: „Wir sind auf dem Wege, das aufzuklären. Wir müssen die Unterlagen auswerten, und das ist zum Teil etwas schwierig, weil es da auch Zahlungen gibt, die unter Decknamen verbucht sind." Natürlich würden die Verdächtigen weiter in Haft gehalten. „Verdunklungsgefahr", sagte Loesdau. Sie hätten sich alle auf dieselbe Geschichte abgestimmt, und einer von ihnen habe sogar zugegeben, Unterlagen vernichtet zu haben. Damit war wahrscheinlich Ahlers gemeint, der behauptet hatte, seine Aufzeichnungen und Manuskripte verbrannt zu haben; tatsächlich hatte er sie lediglich versteckt. Beckers Kontakte mit Wicht bildeten das große Finale. „Ein anderes Schriftstück kann ich Ihnen zeigen!" kündigte Loesdau an, indem er seine Stimme zu freudigem Crescendo erhob. „Der Oberst Wicht hat darin den Inhalt einer Besprechung mit einem anderen Beschuldigten niedergelegt; und dieser andere rechnet nur mit einer Verwarnung, so heißt es dort, ‚da sonst Zusammenhang mit Politikum der Strauß-Bekämpfung zu offensichtlich'."

Zur selben Zeit wurde die CDU in Hessen geschlagen:

	1962	1958	1961 (Bundestag)
SPD	50,9 Prozent	46,9 Prozent	42,9 Prozent
CDU	28,8 Prozent	32,0 Prozent	34,9 Prozent
FDP	11,4 Prozent	9,5 Prozent	15,2 Prozent

Die FDP reagierte sowohl auf Adenauer als auch auf den bedingten Erfolg des Wahlergebnisses mit Energie. Mende betonte, Hopf werde nicht ins Amt zurückkehren — er teilte damit nicht, wie es schien, eine Tatsache mit, sondern sprach vielmehr eine Drohung aus. Doch gab es in der FDP auch Anhänger einer bedingten Aussöhnung: Hopf könne wieder eingestellt werden, wenn Strauß dafür verschwände. Als Regierungssprecher hatte von Hase dazu keinen Kommentar. Die SPD, die seit dem Ende des Zweiten Weltkrieges in Hessen jede Wahl gewonnen hatte, leugnete jede Beziehung zwischen der SPIEGEL-Affäre und ihrem Sieg an den Urnen. Die anderen Parteien zogen ihre eigenen Schlußfolgerungen. Die FDP entschloß sich, hart zu bleiben. Eine wachsende Zahl von CDU-Abgeordneten entschied sich für das Gegenteil. Bei seinem Interview mit amerikanischen Journalisten schob Adenauer die Niederlage — wie die CDU in Hessen — gänzlich auf die SPIEGEL-Affäre und fügte resigniert hinzu, daß möglicherweise noch Schlimmeres zwei Wochen später bei den Wahlen in Bayern erwartet werden könne. Rundfunk und Fernsehen hätten einen „erschreckenden Einfluß" auf die öffentliche Meinung, seufzte er. Es war unklar, ob er Ausführungen meinte wie die von Loesdau, Auslegungen wie die von „Panorama" oder die Übertragungen der vergangenen Wochen aus dem Bundestag als Nachrichten an sich.

Es spielte kaum eine Rolle. Rundfunk und Fernsehen waren die geringsten seiner Sorgen — so wie Adenauer die Lage interpretierte. Staatssekretär Globke war auf Erholungsurlaub in die Schweiz gefahren — er hatte Bonn am 7. November verlassen — und mit Strauß, aufgestiegen zum Primus inter pares unter den Beratern des Kanzlers, gab es niemanden in seiner näheren Umgebung, der ihm hätte etwas anderes erzählen können. Für Adenauer schien die Verbindung zwischen SPIEGEL, Schmelz und SPD bereits ein Beweis für Verschwörung zu sein. Die Verbindung des SPIEGELS mit der FDP war ja ohnehin bekannt. Die Aufdeckung der Kontakte zwischen dem SPIEGEL und dem BND schien ihm nur zu zeigen, wie weit die Verschwörung schon gediehen war. Da der BND eine Gründung der Amerikaner war und Adenauer annahm, daß der BND Ahlers' Quelle und Beckers Schützer sei, führte die mutmaßliche Verschwörung direkt nach Washington.* Bezeichnenderweise rief Adenauer den

* Siehe Seite 41.

amerikanischen Botschafter Walter Dowling ins Kanzleramt, um sich nachträglich zu beschweren, daß die Vereinigten Staaten ihm Gehlen aufgebürdet hätten.

Gehlens herzliches Verhältnis zu General Wessel vom MAD, der von einer Aktion gegen den SPIEGEL abgeraten hatte, führte wieder in das Verteidigungsministerium zurück, wo sich die Verbindung mit Martin und möglicherweise noch mit einer anderen Verschwörungsrunde leicht kombinieren ließ. Ahlers berichtete später, er habe während seiner Verhöre den Eindruck gehabt, daß nicht nur die Anklage auf Landesverrat, sondern auch auf Hochverrat erwogen worden sei.

Versuche, Gehlen zu verteidigen, wie dies Außenminister Schröder anläßlich einer Kabinettssitzung kurz nach der Verhaftung von Wicht getan hatte, schienen die Dinge zu verschlimmern. Ein Augenzeuge erinnert sich, daß Adenauer zornig und mit rotem Gesicht zugehört habe. Dörings Bemühungen, Gehlen bei seiner Erwähnung der Geheimdienste im Bundestag durch eine persönliche Klarstellung in einem privaten Gespräch zu entlasten, schienen eher die Stellung Dörings selbst ins Zwielicht zu setzen, obwohl Globke im Interesse Dörings und Gehlens interveniert haben soll. Unter solchen Umständen schien die unwichtige Tatsache, daß Dörings Frau für kurze Zeit Randolph Churchills Sekretärin war, die Verschwörung auf England auszuweiten.

Strauß selbst trug wesentlich dazu bei, daß dieser abstruse Verdacht Verbreitung fand. Zu Beginn der Affäre waren die „SPIEGEL-Väter“ Chaloner und Bohrer zurückgekehrt, um der bedrängten Redaktion ihre Hilfe anzubieten. Chaloner, der in London als Zeitungsimporteur tätig war, reiste von Hamburg nach München weiter, um dort Geschäftsfreunde zu treffen, aber auch, um Unterstützung zu organisieren, falls es notwendig werden sollte, den SPIEGEL im Ausland zu veröffentlichen. Der MAD verfolgte ihn auf seinem Weg. Strauß sah jedoch in der Anwesenheit von Chaloner und Bohrer nur eine neue Variante der geradezu unbegrenzten Verschwörung. „Was hat es auf sich mit dem, was Sie im Bundestag sagten?“ fragte ihn Reginald Peck vom „Daily Telegraph“ im Verlauf des bayerischen Wahlkampfes. „Was ist mit Bohrer und Chaloner?“ rief Strauß zurück; und später wiederholte er die Frage in einem improvisierten Interview mit Graham Hovey von der „Minneapolis Tribune“.

Am 12. November führten verworrene Vorstellungen zu entsprechend verworrenen Konsequenzen. Stammberger beriet gerade in Karlsruhe mit Kuhn über den Fortschritt der Ermittlungen, als ein Anruf aus Bonn kam: beide sollten sofort im Kanzleramt erscheinen. Sie nahmen den nächsten Zug nach Bonn und begaben sich dort direkt zum Palais Schaumburg, wo zwei Beamte des Justizministeriums schon warteten. Adenauer kam sofort zur Sache. „Herr Stammberger“, sagte er, „Sie müssen den Herrn Gehlen verhaften. Er hält sich in einem Nebenzimmer auf und ist dort greifbar.“

Stammberger, dessen Geistesgegenwart in dieser Woche wiederholt angezweifelt worden war, schien wenigstens diesmal der Gelegenheit gewachsen zu sein. „Herr Bundeskanzler“, antwortete er, „so einfach ist das nicht. Dazu benötige ich einen Haftbefehl. Warum soll ich Herrn Gehlen überhaupt festnehmen?“ — „General Gehlen hat die Vorbereitungsmaßnahmen gegen den SPIEGEL dem Oberst Wicht mitgeteilt, und der hat sie dem SPIEGEL verraten“, antwortete Adenauer.

„Aber, Herr Bundeskanzler“, erwiderte Stammberger, „wenn wir keine harten Beweise haben, stellt uns kein Bundesrichter einen Haftbefehl aus.“ Wütend wendete sich Adenauer an Kuhn. „Was sagen Sie dazu?“ fragte er. Kuhn stimmte Stammberger zu. „Ich bin auch einmal Staatsanwalt gewesen“, antwortete Adenauer enttäuscht. „Früher war das aber ganz anders.“

Also entschieden sie sich für die Alternative, Gehlen im Nachbarraum durch Kuhn vernehmen zu lassen. Gehlen berichtete, er sei von Strauß selbst über die bevorstehende Aktion in Kenntnis gesetzt worden und habe die Geschichte bei seiner Rückkehr nach München zwei seiner Untergebenen erzählt. Wicht sei nicht durch ihn informiert worden, geschweige denn der SPIEGEL. Kuhn schien befriedigt, Adenauer enttäuscht. Gehlen kehrte nach München zurück, die Affäre ging weiter.

„Ist es wahr, daß der Kanzler versuchte, General Gehlen festnehmen zu lassen?“ wurde Globke einige Jahre später gefragt. „Der Kanzler dementiert das“, antwortete Globke.*

---

* Gespräch mit dem Autor am 1. Februar 1966.

Der 12. November war auch ein Tag der Pressekonferenzen. Die Bundesanwaltschaft bestätigte, daß Wicht Angehöriger des BND sei. Schmückle versuchte auf der Bundespressekonferenz erfolglos, einen Zusammenhang zwischen dem Außenministerium und der Verhaftung von Ahlers glaubhaft zu machen. Dem widersprach sofort das Auswärtige Amt. Will Rasner, der parlamentarische Geschäftsführer, dementierte eifrig jede Absicht von seiten der CDU, dem FDP-Druck gegen Strauß nachzugeben. Folglich, deutete er an, werde die Affäre wahrscheinlich noch einige Zeit dauern.

Die SPD kündigte zum erstenmal an, daß sie die Entlassung von Strauß und eine eingehende Untersuchung der Umstände der Verhaftung Ahlers fordere. Adenauer kam dem jedoch zuvor. Als Abschiedsgeste vor seiner Abreise nach Washington ordnete er die Ausarbeitung eines gemeinsamen Berichtes der Ministerien für Justiz, Inneres, Verteidigung und Äußeres an. Höcherl ließ wissen, daß der Bericht innerhalb einer Woche erwartet werden könne; dies wurde jedoch schon am nächsten Tag geringfügig modifiziert: Das erste Treffen wurde noch für dieselbe Woche angesetzt, und man schätzte, es werde eine weitere Woche dauern, bis der Bericht fertiggestellt war.

Von Hases Stellvertreter kündigte einen Stopp offizieller Informationen durch die Regierung bis zu der Fertigstellung des Berichtes an. In letzter Minute strich Adenauer seinen Intimus Krone, auf dessen Loyalität er sich verlassen konnte, von der Delegationsliste für Washington und ließ ihn in Bonn zurück, um die Situation in der Hand zu behalten. Stammberger bestritt Rücktrittsabsichten, und der Deutsche Gewerkschaftsbund schlug zur Lösung der Probleme eine große Koalition vor — ohne FDP, aber mit der SPD.

Adenauer, der alle Hände voll zu tun hatte, Strauß, seine Regierung und auch sich selbst zu retten, sah sich nun der weiteren Aufgabe gegenüber, den guten Namen der Bundesrepublik in Washington zu verteidigen. Schröders bemerkenswert gute Laune stand in seltsamem Gegensatz zu der spätherbstlichen Atmosphäre — nicht nur bildlich. Es habe nicht nur ein, sondern zwei Telephongespräche zwischen Strauß und Oster gegeben, erzählte er bei seiner Ankunft in Washington munter dem deutschen Pressekorps, und er habe keinen Zweifel, daß sich noch mehr Überraschungen einstellen würden. Er, Schröder, nähme die Situation nicht leicht, fügte er hinzu und überließ die Bühne Adenauer.

Zum letztenmal auf amerikanischem Boden, zeigte sich Adenauer der Situation gewachsen, aber es herrschte unverkennbar eine elegische Stimmung. Der Kontrast zwischen dem jüngsten Präsidenten der amerikanischen Geschichte, der da ohne Mantel im scharfen Novemberwind auf dem Flugplatz stand, am Tage nach einem historischen Sieg, und dem alten „kalten Krieger" neben ihm, eher der Jahreszeit entsprechend eingepackt, erschien Augenzeugen symbolisch. In einem privaten Gespräch mit deutschen Korrespondenten wiederholte Adenauer seine Ansicht, daß nach Kuba Chruschtschow wahrscheinlich gefährlicher sei als vorher. Es war eine andere Variation des „Die Lage war noch nie so ernst". Aber der alte Zauber war dahin. Ein müder Patriarch, stellte sich Adenauer bei dem Empfang im Weißen Haus mit Kennedys kleinem Sohn den Photographen und hörte geduldig den Rednern zu, die ihn „einen visionären, einen großen Staatsmann" nannten. Im vertraulichen Gespräch nahm er die Forderungen der amerikanischen Regierung nach stärkeren westdeutschen Verteidigungsbemühungen und nach mehr konventionell bewaffneten Truppen hin, um die Berlinkontingente des Westens im Falle eines sowjetischen Angriffs zu unterstützen.

In seiner Antwort auf Kennedys Toast kam Adenauer selbst auf die SPIEGEL-Affäre, wenigstens am Rande. Sein Toast wurde am nächsten Tag im regierungsamtlichen Bonner „Bulletin" veröffentlicht. Deutschland habe aus der Vergangenheit gelernt, versicherte Adenauer Gastgebern und Gästen; seinem Zusammentreffen mit der Presse im National Press Club sehe er ohne Befürchtungen entgegen. Die Presse könne Ärger verursachen, bemerkte er, aber sie sei in Deutschland nicht in Gefahr. Er fügte eine Anekdote aus seiner Zeit als Oberbürgermeister von Köln hinzu. Er habe einmal Streit mit den Zeitungen gehabt. Am selben Abend speiste er mit dem Dramatiker Max Halbe, dem gegenüber er sich beklagt hatte. Halbe habe ihn mit olympischer Ironie bemitleidet. „Mein Freund", habe er auf die Menükarte geschrieben, „wenn die Presse Sie ärgert, regen Sie sich nicht auf. Morgen erscheint eine neue Ausgabe."

Vor einem gestopft vollen Haus im National Press Club sah sich Adenauer mit der Affäre direkt konfrontiert. George Cullen, der Vorsitzende, zog die von den Journalisten gestellten Fragen über den SPIEGEL zu einer einzigen Frage zusammen, die er als letzte selbst vortrug. Die Antwort des Kanzlers hatte majestätische Länge, und es gab danach keine weiteren Fragen. Adenauer betonte, die Aktion sei vollkommen legal. Die Verantwortung läge bei der Bundesanwaltschaft, deren Arbeit vom Bundeskriminalamt unterstützt worden sei. Die Durchsuchungs- und Haftbefehle seien vom Bundesgerichtshof ausgestellt worden. Alles sei durchaus nach Recht und Gesetz geschehen. Insbesondere verbat er sich Anspielungen auf „Gestapo-Methoden". „Ich war zweimal von der Gestapo verhaftet", sagte er, „und ich kenne ihre Methoden." Es sei entscheidend, herauszufinden, wer den SPIEGEL informiert habe. Irgendeine Gefahr für die Freiheit der Presse in Deutschland gebe es nicht. Als Beispiel dafür verwies Adenauer auf die Auflagensteigerung des SPIEGELS seit Beginn der Affäre und darauf, daß Augstein ohne jede Behinderung von seiner Gefängniszelle aus Artikel gegen Strauß schreiben und veröffentlichen könne.

Die Zuhörer hätten das Auftreten Adenauers als letzten Widerstand eines alten Kämpfers gesehen, der sich weigere abzutreten, beobachtete Hans Ulrich Kempski von der „Süddeutschen Zeitung". Die „Los Angeles Times" lobte Adenauers Geist und Ausdauer. Als besondere Geste der Hochachtung überreichte der Vorsitzende Cullen im Namen des Clubs Adenauer einen silbernen Humpen. Die „Washington Post" war skeptischer. „Doktor Adenauers ganzes Verhalten schien anzudeuten, daß der SPIEGEL eine Angelegenheit der Polizei und des Gerichts sei", schrieb sie am nächsten Tag, „und nicht ein größerer politischer Streit. Zu sagen, ein Redakteur sei frei, weil er vom Gefängnis aus einen Leitartikel schreiben kann, bezeigt eine seltsame Auffassung von Pressefreiheit. Der Kanzler ist kein Diktator, und er mag recht haben, wenn er die aufgeregt vorgebrachten Beschuldigungen von Gestapo-Taktiken abweist. Aber es war keiner seiner glücklichsten Augenblicke. Die SPIEGEL-Affäre ist noch immer sehr lebendig."

Als indirekte Bestätigung dessen berichtete die „New York Herald Tribune", daß Adenauer am selben Tage Krone angerufen und ihn gebeten habe zu versuchen, bis zu seiner Rückkehr nach Bonn in zwei Tagen irgendwelche Weiterungen der Affäre zu verhindern. Da seine Gespräche in Washington abgeschlossen waren, reiste der Kanzler am Freitag abend ab, 24 Stunden früher als geplant; in Bonn eingetroffen, fand er, daß sich die Affäre einem neuen Höhepunkt näherte.

Krone war während des Kanzlers Abwesenheit sehr tätig gewesen und hatte ein neues Gutachten vorgelegt, das an alle CDU-, CSU- und FDP-Abgeordneten verteilt wurde. Angeblich das Werk namhafter Juristen, kam das neue Gutachten zu der überraschenden Feststellung, daß Strauß berechtigt gewesen sei, sich in die Suche nach Ahlers einzuschalten, ja, daß er vielmehr seine Amtspflichten verletzt haben würde, wenn er dies versäumt hätte. Im Gutachten wurde betont, daß die Zustimmung des Außenministeriums als gegeben angenommen werden konnte; sie sei tatsächlich am nächsten Tag, wenn auch *ex post facto*, erfolgt. Die Bundesregierung sei auch berechtigt gewesen, andere Staaten um Hilfe zu bitten. Schließlich erkundigte sich ein CDU-Abgeordneter bei Krone, wie es käme, daß keiner der für dieses Werk verantwortlichen namhaften Juristen seinen Namen daruntergesetzt habe. Krone antwortete in müder Resignation: „Sie haben durchaus recht; aber so liegen die Dinge bei uns.“ — „Und er hatte recht“, bemerkte der skeptische Abgeordnete dazu.

Die anderen Parteien waren bereit, Adenauer die Lösung der Krise zu erleichtern. Die „Stuttgarter Zeitung“ meldete, daß Wehner zwar nicht geneigt war, die SPD den Platz der FDP in der Regierung einnehmen zu lassen, aber, wie schon ein Jahr zuvor, ein Allparteienkabinett erwäge. Um des lieben Friedens willen sei die FDP soweit, Stammberger und ihren umstrittenen Finanzminister Heinz Starke fallenzulassen.

Zur selben Zeit kamen Hilferufe aus Bayern, wo der Landtagswahlkampf sich zu einem Kampf um die politische Existenz von Strauß entwickelte. Mitte Oktober hatte eine Meinungsumfrage die absolute Mehrheit für die CSU vorausgesagt, jetzt aber glaubte niemand mehr daran. Die Bayern-Partei erwartete zehn Prozent der Stimmen auf Kosten der CSU. Bayerns traditionell unterlegene SPD errechnete sich eine Erhöhung ihres Stimmenanteils von 30 auf 35 Prozent.

Adenauers Rückkehr traf mit einer Ein-Mann-Gegenoffensive zusammen: Bei einer Wahlrede in Fürth dementierte Strauß emphatisch jede Rücktrittsabsicht. In einem weitverbreiteten Interview erklärte er, das Verlangen der SPD nach seinem Rücktritt sei nichts anderes als eine Neuauflage ihrer Anti-Atomwaffen-Kampagne des Jahres 1958, und ferner, daß Jahn und Heinemann tatsächlich mit dem SPIEGEL eine „Realkooperation“ eingegangen seien.

Er gab zu verstehen, die SPD machte nur Lärm, um die zu Schmelz führenden Spuren zu verdecken. Nach seiner eigenen Rolle gefragt, bot er ein Bild gekränkter Unschuld. „Ich habe nie behauptet, daß ich mit der ganzen Angelegenheit nie etwas zu tun gehabt habe und daß ich von der ganzen Angelegenheit nichts gewußt habe“, protestierte er. „Ich habe nur behauptet ..., daß weder das Verteidigungsministerium noch meine Person mit der Einleitung des Verfahrens etwas zu tun hatte.“ Bei einer Rede in Straubing trat diese Art der Selbstverteidigung wieder als beste Angriffsmethode hervor. Der Wahlkämpfer Strauß übernahm das Stichwort vom Verteidigungsminister Strauß. „Nehru hat seinen Verteidigungsminister abgelöst“, erklärte Strauß in bezug auf Krishna Menons Entfernung im Gefolge des scheinbar unaufhaltbaren chinesischen Vordringens über den Himalaya, „weil er zuwenig getan hat. Bei uns soll der Verteidigungsminister abgelöst werden, weil er zuviel getan hat.“ Es sei alles sowjetzonale Propaganda, rief er. Das erlebe er schon seit sechs Jahren.

In einem Interview mit der von der CDU geförderten Studentenzeitschrift „Argus“ dementierte er bescheiden jede Absicht, Außenminister zu werden. Im Gegenteil, so protestierte er, Schröder genieße seine volle Anerkennung. Ob er danach strebe, Kanzler zu werden, wurde er gefragt. „Je mehr ich darüber spreche, desto mehr wird darüber kombiniert“, antwortete er mit einer bescheidenen Handbewegung; er habe keine andere Alternative, als zu schweigen. Er sei nicht nur bereit, Erhard zu unterstützen, sondern auch jeden anderen geeigneten Kandidaten der CDU/CSU. Laut dpa erwiderte Erhard einige Tage später das Kompliment, indem er sich im Kabinett für das weitere Verbleiben von Strauß im Amt einsetzte.

Adenauer, der seine eigenen Bedenken sorgfältig verschwieg,

hielt nach seiner Rückkehr in neunstündigen Verhandlungen mit der FDP an Strauß fest. Ungeachtet der wiederholten Anspielungen auf die schwierige internationale Lage blieb die FDP hart: Entweder Strauß gehe, oder die FDP würde zusammen mit der SPD gegen die Regierung stimmen. Für die CDU bestand ein Dilemma von klassischer Einfachheit. Mit Strauß würde auch die CSU das Kabinett verlassen. Blieb er, so schied die FDP aus. Angesichts der bevorstehenden Wahl in Bayern sah sich die CDU gezwungen, fest aufzutreten. Die „Welt" berichtete am 19. November: „Für die CDU steht nicht mehr der Verteidigungsminister im Mittelpunkt der Erörterungen, für sie geht es um die Frage, ob einem Koalitionspartner das Recht zugestanden werden kann, personalpolitische Forderungen zu stellen, die den Parteivorsitzenden eines anderen Koalitionspartners betreffen."

In einem Interview mit der „Welt am Sonntag" kündigte Strauß mit Genugtuung an: „Ich bleibe Verteidigungsminister. Eine andere Entwicklung kann ich mir nicht vorstellen. Ich freue mich, feststellen zu können, daß der Bundeskanzler in der Beurteilung dieser ganzen Angelegenheit meiner Meinung ist."

Am nächsten Tag unterwarf die FDP ihren eigenen Entschluß und den des Kanzlers bei einem Treffen des Parteivorstands und der Bundestagsfraktion in Nürnberg einer entscheidenden Belastungsprobe. Die Tagung fand im Marmorsaal des Grand-Hotels statt, dessen Wandgemälde die Venusbergszenen aus der Oper „Tannhäuser" zeigen. Vor dem Hotel trugen Demonstranten Plakate umher, auf denen die Partei — unter Bezugnahme auf das Debakel vom letzten Herbst — gewarnt wurde, diesmal nicht nachzugeben. Die Parteiführung entsprach nur zu gerne der Forderung. Die fünf FDP-Minister erklärten geschlossen ihren Rücktritt aus dem Kabinett. Aus Gründen des Taktes wurde in ihrer Erklärung Strauß nicht erwähnt, dafür aber die Bereitschaft betont, „dem Willen der Mehrheit der deutschen Wähler" entsprechend, an einer neuen Regierung wieder teilzunehmen.

Am Abend des nächsten Tages sprach Strauß in Weilheim, dem Hauptort seines Bundestagswahlkreises. Obwohl er zu der Wählerversammlung fast zwei Stunden zu spät kam, wurde er von einer großen und begeisterten Menge empfangen. Aus

Ordnungsgründen wurde die Versammlung, die ursprünglich in einer Halle, die 2500 Leute fassen konnte, stattfinden sollte, in einem 500 Menschen fassenden Saal abgehalten. Indem Strauß die Situation der SPD mit der Indiens verglich, brachte er die Zuhörer vollends auf seine Seite. „Er erweckt den Eindruck eines Mannes", schrieb Josef Riedmüller am nächsten Tag in der „Süddeutschen Zeitung", „der von finsteren Mächten der deutschen Innenpolitik, unterstützt vom Osten, daran gehindert wird, das Land vor dem Untergang zu bewahren. Wie Laokoon von Schlangen, fühlt er sich von seinen politischen Gegnern umzingelt, die nicht so sehr seinen Sturz, sondern die Ohnmacht der Bundesrepublik herbeiführen wollen — in völliger Verblendung gegenüber den Gefahren aus dem Osten."

Dieselben Themen beherrschten die Wahlkampfwerbung der CSU. „Verschwörung gegen unsere Sicherheit ist das Ende der Freiheit", war das Leitmotiv des Wahlkampfs in den Städten. „Schützenhilfe für Verrat gefährdet Sicherheit und Freiheit", war die ländliche Variation; „Verrat oder Sicherheit: CSU". CSU-Sprecher wurden angewiesen, Kritik an Strauß durch die Erklärung zu beantworten, es handle sich um eine Bedrohung der Demokratie — weil durch diese Kritik die Behauptung aufgestellt werde, legitime Amtshilfe sei eine Form der Rache. „Chruschtschow, Ulbricht, Wehner und Mende reichen sich im Geist die Hände", erklärte die CSU auf einem Wahlplakat.

Eine Reihe bayerischer Zeitungen brachte Wahlanzeigen von je einer ganzen, gut placierten Seite, die ein Bild von Strauß mit seinem englischen Amtskollegen Peter Thorneycroft zeigte, darüber die Strauß-Titelbilder der „Time"-Ausgabe vom 19. Dezember 1960 und des SPIEGELS vom 5. April 1961. Die Anzeige verkündete, für „Time" sei Strauß ein Staatsmann. (Tatsächlich war die „Time"-Titelgeschichte alles andere als freundlich — aber das wußten die Leser ja nicht.) Für den SPIEGEL sei er „die Zielscheibe des Vernichtungs- und Selbstvernichtungswillens der deutschen verlorenen Generation". Während FDP und SPD sich der Aufgabe widmeten, mitten in einer internationalen Krise Strauß zu stürzen, und den Befehl des FDP-Mitglieds Augstein auszuführen trachteten, der unter dem Verdacht des Landesverrates stehe, verhandle Strauß auf internationaler Ebene mit seinen ausländischen Kollegen. Wer solle die Bundesrepublik bei den kommenden NATO-Treffen in Paris vertreten, wenn nicht Strauß, der Mann mit zehn Jahren (sic!) Erfahrung, der Mann, der Deutschlands Zuverlässigkeit in der westlichen Allianz symbolisiere, und der Mann, der im letzten Jahrzehnt das Ziel der kommunistischen Angriffe gewesen sei? Die SPD beantragte sofort zwei einstweilige Verfügungen gegen diese Anzeigen, wurde aber abgewiesen. In privaten Gesprächen rechneten CSU-Funktionäre mit Stimmenverlusten in den Städten.

Am 22. November kündigte der bayerische Finanzminister Eberhard in München an, Strauß habe den gemeinsamen Rücktritt der CDU/CSU-Minister aus dem Kabinett vorgeschlagen. Auf allgemeinen Wunsch, hätte er hinzufügen können. Der Berliner CDU-Vorstand verlangte eine Reorganisation des Kabinetts. Der geschäftsführende Vorsitzende der CDU, Dufhues, griff persönlich ein. Die CDU-Minister gaben eine Fünfpunkteerklärung ab, in der sie ihrer Bereitschaft abzutreten Ausdruck gaben.

Zwischen 1949 und 1961 habe sich die Bundesrepublik politischer Stabilität erfreut, begann diese Erklärung. Seit 1961 habe die FDP dies zunichte gemacht, und sie sei für die gegenwärtige Krise allein verantwortlich. Die CDU vertraue Adenauer uneingeschränkt; er habe alle Vollmachten, zu tun, was er für notwendig halte. Dufhues und Strauß hätten den Rücktritt der Kabinettsmitglieder der CDU/CSU vorgeschlagen. Alle Minister hätten bereitwillig zugestimmt, ihre Ämter zur Verfügung zu stellen. Eine neue Koalition mit der FDP werde nur dann in Erwägung gezogen, wenn die wichtigsten sachlichen Fragen und Formen einer „erfolgreichen Zusammenarbeit“ zuvor klargestellt seien.

Strauß gab wieder ein Interview. Ob das kollektive Rücktrittsangebot eine Geste der Solidarität ihm gegenüber sei, wurde er gefragt. Es sei ein Vorschlag von Dufhues und ihm selbst gewesen, antwortete er. Es sei der einfachste Weg, die notwendigen Veränderungen zu erleichtern. Er sei nur der Vorwand für die FDP, in Wahrheit wolle sie Adenauer stürzen, eine unglückliche Taktik, wenn man ihre Verbindung zu Augstein bedenke. Wie er die Situation sehe, sei der Koalitionspakt gebrochen und damit auch Adenauers Verpflichtung, in der Mitte der Legislaturperiode zurückzutreten. Er selbst erhebe keinen speziellen Anspruch, als Vorsitzender der CSU der neuen Regierung anzugehören; aber natürlich müsse er dieselbe Zahl von Kabinettsitzen für seine Partei verlangen, die sie bisher eingenommen habe. Die ganze Krise sei künstlich, sagte er.

Für die FDP sprach Stammberger in seiner Heimatstadt Coburg und war auf seine Weise mindestens ebenso konziliant. Franz Josef Strauß sei der Alleinschuldige, erklärte er. Hopf und Walter Strauß seien voll rehabilitiert.

Im „Bulletin“ der Bundesregierung wurde plötzlich erklärt, die Beweise gegen Augstein und Ahlers seien ausreichend, um eine Anklage zu begründen und ein Hauptverfahren zu eröffnen. „Woher hat das ‚Bulletin‘ diese Kenntnis?“ fragte ein SPD-Sprecher. Die Kontroverse ging im Abwehrfeuer aus München unter. Eine neue CSU-Anzeige setzte den SPIEGEL mit der SPD gleich und die SPD mit dem früheren Abgeordneten Frenzel, der wegen Spionage zugunsten der Tschechoslowakei verurteilt worden war. Erfüllt von Haß gegen die Bundesrepublik, hieß es, habe die SPD es jetzt zuwege gebracht, die Abneigung des Auslands gegen Deutschland wiederzuerwecken. Die SPD habe nicht dagegen protestiert, daß Studienrat Zind* im Ausland festgenommen oder daß Eichmann entführt worden sei oder daß die Amerikaner sich bemüht hätten, die Auslieferung des bereits überführten Dr. Robert Soblen zu erreichen.

Die internationale Lage sei voller Gefahren, hieß es weiter. Amerika sei besessen von der Idee friedlicher Koexistenz, Großbritannien von Komplexen, verletzter nationaler Eitelkeit und Konkurrenzneid. In Frankreich gebe es den Antigaullismus — gleichbedeutend mit Gegnerschaft zu den Deutschen; Italien stehe unter dem Druck der Linken: Ein Im-Stich-Lassen Deutschlands sei die unabdingbare Voraussetzung für die „Öffnung nach links“ der Christlichen Demokraten Italiens. All dies konzentriere sich auf Strauß, nicht als Person, sondern als politisches Programm. „Time“, die „Neue Zürcher Zeitung“ und der „Corriere della Sera“ hätten die Gefahr erkannt, den Nihilismus von links und rechts. Vielleicht sei es die bayerische

---

* Vergleiche Seite 122.

Wahl, die diese gewaltige antideutsche Koalition mobilisiert habe; vielleicht sei es ein kollektiver Versuch, den „gesunden Hausverstand“ des bayerischen Wählers zu korrumpieren.

Etwas andere Töne kamen aus dem Norden. Im Verlauf der Sitzung des CDU-Parteivorstands in Berlin erklärte Adenauer bei einer Kundgebung vor rund 12.000 Zuhörern, daß die Krise das Ergebnis von „höchst überflüssigen Zerwürfnissen“ sei, Zwischenrufer, die auch pfiffen, beschied er patriarchalisch, als Junge habe er sich immer gewünscht, auch auf zwei Fingern pfeifen zu können. Hier wie am nächsten Tag im Fernsehen suchte er Zuflucht bei den Gerichtsentscheidungen gegen den SPIEGEL, womit er sich den Protest eines Bundesrichters zuzog.

Wütend über das, was sie als einen Versuch ansahen, die bayerischen Wahlen zu beeinflussen, verzichteten FDP und SPD auf die ihnen zustehenden Fünf-Minuten-Sendungen zur Beantwortung der Ansprache Adenauers. Aber diese Rede war ein kurioser Fehlschlag. Als Darstellung der rechtlichen Situation hatte sie die Folge, daß, ähnlich wie bei der Erklärung vor dem National Press Club in Washington, seine Zuhörer stutzig wurden, ob Adenauer sich wohl der fortschreitenden Krise bewußt sei. Die Gerstenmaier nahestehende Stuttgarter Wochenschrift „Christ und Welt“ sah keine andere Möglichkeit als eine große Koalition zwischen CDU/CSU und SPD mit Helmut Schmidt als neuem Verteidigungsminister.

Auf einer Tagung der Hamburger CDU erklärte Erhard, er sei von Anfang dafür gewesen, die Karten auf den Tisch zu legen. Er wolle nicht leugnen, daß Fehler gemacht worden seien, noch auch, daß der Demokratie in Deutschland Schaden zugefügt worden sei. Der Vorsitzende der Hamburger CDU, Erik Blumenfeld, ließ keinen Zweifel an seiner Meinung, daß Strauß hätte reden sollen und die Regierung ihn dazu hätte anhalten müssen.

Strauß antwortete erneut mit schwerem Geschütz. In einem Interview mit dem ihm nahestehenden „Münchner Merkur“ erklärte er, er habe lediglich in „vollem Einvernehmen“ mit dem Kanzler gehandelt. „Heute geht es um Grundfragen unseres deutschen Staates!“ Die FDP, die er zur Zielscheibe gemacht hatte, reagierte heftig. Im letzten Jahrzehnt unversöhnlich gegen Adenauer eingestellt, fand sie sich plötzlich bei seiner Verteidigung wieder. Döring erklärte, Strauß sei es gewesen, der Walter Strauß angewiesen habe, Stammberger zu übergehen. Er habe sich Adenauers Autorität angemaßt. Aber der Kanzler selbst schwor FDP-Abgeordneten, die Strauß-Erklärung sei „unwahr und frei erfunden". Auf einer Pressekonferenz in Ansbach verfolgte Stammberger resolut die gleiche Linie.

Am 23. November wiederholte Strauß in überfüllten Versammlungen in München seine Erklärung mit genaueren und noch mehr emotionsgeladenen Details. Die CSU veranstaltete zwei Schlußkundgebungen: Im Mammutauditorium des Deutschen Museums und in den Gewölben des Löwenbräu-Kellers. Im Gegensatz zur üblichen Praxis gab sie Eintrittskarten aus, um sicher zu sein, daß die richtigen Leute erschienen. Eine Handvoll Störer stand draußen herum. Eine noch kleinere Gruppe, die durch die Türen geschlüpft war, wurde durch die Saalordner drinnen schnell zum Schweigen gebracht. Störer waren ohnehin unterlegen. Gegen Strauß aufzutreten war, als wolle man einem Tornado in den Weg treten. Heftig schwitzend, mit der Inbrunst eines Wanderpredigers und der Zuversicht, Herr im eigenen Hause zu sein, überwand er den Widerstand in wenigen Minuten und sprach sodann — donnernd, brüllend, trompetend — zwei Stunden lang. Dann tankte er wieder auf und wiederholte die Vorstellung, diesmal im Löwenbräu.

Seine Partei und selbst die Regierung bereiteten ihm den Weg. Stammberger, zeterte die CSU, sei als Justizminister untragbar und habe seine Unfähigkeit durch die Art, wie er die Affäre behandelt habe, bewiesen. Strauß dagegen, so ließ die Regierung indirekt durch den Mund eines Rechtsprofessors aus Kiel ausführen, sei nicht untragbar, weil die Festnahme von Ahlers sich mit neuerer Rechtsansicht vereinbaren lasse. Die internationale Rechtsentwicklung, erklärte Professor Hellmuth Mayer im offiziellen Regierungsbulletin, tendiere mehr und mehr dazu, „die Justiz aller Länder als einen einheitlichen Organismus anzusehen". Gemeinsame Verteidigungsinteressen, behauptete er, verlangten wechselseitige Auslieferung von Landesverrätern. Eine Verhaftung im Ausland sei rechtsgültig, wenn sie dem deutschen Recht entspreche.

Am 25. November, während die Bayern endlich zu den Urnen gingen, kündigte der CDU-Geschäftsführer Dufhues im Fernsehen an, daß sich die Säuberung, wenn nötig, selbst auf Adenauer, Erhard oder Schröder erstrecken würde. Dieser Vorschlag wurde von der „Süddeutschen Zeitung" bis zu seinem offenbaren Ursprung in „Christ und Welt" zurückverfolgt, die eine große Koalition vorgeschlagen hatte, womit sie ein Kabinett ohne Adenauer, Strauß und Stammberger, jedoch unter der Führung Gerstenmaiers als Bundeskanzler gemeint hatte. So gesehen, erschien das, was als Beruhigung der Öffentlichkeit gedacht war, noch einmal fast als eine Kriegserklärung aller gegen alle.

Solche Wirkung hatte auch, wie sich bald herausstellte, das Ergebnis der Wahlen in Bayern. Zur Überraschung der meisten Beobachter machten sie zwei, wenn nicht sogar alle Beteiligten glücklich:

	1962	1958
CSU	47,5 Prozent	45,6 Prozent
SPD	35,3 Prozent	30,8 Prozent
FDP	5,9 Prozent	5,6 Prozent

Aber am glücklichsten von allen war die CSU, und der Glücklichste der CSU war Strauß. Das Wahlergebnis brachte der CSU 108 von 204 Sitzen im Landtag, die erste absolute Mehrheit für die CSU seit Gründung der Bundesrepublik.

In einem Gespräch mit Graham Hovey von der „Minneapolis Tribune" äußerte sich Strauß vorsichtig über die Folgerungen, die aus seinem Sieg zu ziehen seien. Natürlich könne er nicht für den Kanzler sprechen, sagte er, und er denke auch gar nicht daran. Aber es führe kein Weg an den bayerischen Wahlen vorbei. Die Bayern hätten denen geantwortet, die versuchten, „uns von der Verteidigung der Bundesrepublik" abzuhalten.

Der amerikanische Journalist schrieb, Strauß habe den Eindruck erweckt, an der Zonengrenze zu stehen und mit einer Hand die anstürmende Flut des Bolschewismus aufzuhalten, während er mit der anderen die Dolche herausziehe, die ihm — obwohl Namen nicht erwähnt wurden — Augstein, Erler,

McNamara und verschiedene Drahtzieher in London, Washington und in der CDU in den Rücken gestoßen hätten.

Ob Strauß wirklich Grund zum Triumphieren hatte, war eine andere Frage. Das klarste Einzelresultat war die Niederlage der FDP, ungeachtet des nominellen Gewinns von 0,3 Prozent. In Mittelfranken, dem Zentrum der FDP-Kräfte Bayerns, hatte sie tatsächlich 0,9 Prozent verloren und sank von 12,1 auf 11,2 Prozent. Der größte Gewinner war nicht die CSU, sondern die SPD. Und während die CSU unleugbar gewonnen hatte, konnte man nur schwer nachweisen, daß es ein Sieg von Strauß war.

Stellte das Wahlergebnis — wie Strauß behauptete — eine persönliche Rechtfertigung in einer Sache von nationaler Bedeutung dar, so hätte man wohl die Bundestagswahl von 1961, bei welcher die CSU 54,9 Prozent der Stimmen erreicht hatte, zum Vergleich heranziehen müssen. In dieser Perspektive war sein Sieg bestenfalls relativ. Unter normalen Umständen ist es schwer, einen Verlust von 7,4 Prozent einen Sieg zu nennen. Wenn anderseits die Landtagswahl von 1958 den Vergleichsmaßstab hergeben sollte, dann gehörte der Sieg der bayerischen CSU-Regierung, aber nicht Strauß. Was in den folgenden Tagen von Bedeutung war, war weniger die Frage, ob Strauß einen Sieg davongetragen hatte, sondern daß er es so darstellte und daß es nach dem Lärm der vergangenen Wochen Leute gab, die bereit waren, ihm zu glauben. Es war ebenso wichtig, daß die FDP, wenigstens im Verhältnis zu ihren Anstrengungen, verloren hatte.

Am Morgen des 26. November war Bonn mit dichtem Nebel bedeckt.

An diesem Tag kam Strauß nach Bonn zurück und verschwand zu einer zweistündigen Sitzung mit dem Kanzler. Wieder einmal blieb es von Hase überlassen, die Dreckarbeit zu leisten. Die Voraussage, daß Anklage gegen Ahlers und Augstein erhoben werde, so erklärte er beruhigend angesichts bemerkbaren Unwillens der Journalisten, beruhe auf Mitteilungen, die die Regierung auf legalem Wege erhalten habe. Für die Wahlkampfwerbung der CSU sei die Bundesregierung nicht verantwortlich, fügte er bei wachsender Unruhe hinzu. Dann kündigte er unschuldig an, daß der offizielle SPIEGEL-Bericht fertig sei, es bedürfe nur noch der Unterschriften der vier Minister.

Dies wurde am nächsten Tag von Stammberger bestätigt. Zur selben Zeit erklärten die CDU-Kabinettsmitglieder, die den Bericht hätten mit unterzeichnen sollen, unter Hinweis auf das Rücktrittsangebot der letzten Woche, sie seien hierfür nicht mehr zuständig. Als die CDU/CSU-Minister zurücktraten, gab die Fraktion Adenauer Vollmacht, „nach allen Seiten" zu verhandeln, obwohl es hieß, daß die Gegner eines Zusammengehens mit der SPD noch die Oberhand hätten. Der SPD-Vorsitzende Erich Ollenhauer antwortete mit gleicher Münze. Die SPD sei nicht bereit, die FDP zu erpressen, sagte er. Eine große Koalition werde es nicht geben, doch fügte er hinzu, seine Partei sei nicht bereit, ein Minderheitskabinett zu unterstützen. Sollte das bedeuten, daß die SPD zu einer Allparteienregierung bereit sei oder aber versuchen wollte, eine Regierung mit der FDP zu bilden?

„Vieles ist denkbar", kündigte Erler geheimnisvoll an. Nur Strauß war, ungeachtet seines „Sieges", nicht mehr mit im Spiel. Später behauptete Strauß, daß entweder ein Minderheitskabinett oder eine Koalition mit der SPD ihn hätte retten können. Aber die erste Lösung hätte nur auf Kosten der Regierung selbst Strauß im Amt halten können, während die zweite nur unter Opferung von Strauß denkbar war. Davon abgesehen, war im Grunde gleichwohl jede Kombination möglich.

Die CDU zeigte sich daran interessiert, Adenauer auf seinen versprochenen Rücktritt festzulegen, und spendete Erhard demonstrativ Beifall. Es herrschte allgemeines Einverständnis, daß Brentano, den die FDP heftig bekämpfte, keinen Posten in der neuen Regierung bekommen solle. Als Sprecher des Arbeitnehmerflügels der Partei spekulierte Hans Katzer auf eine Koalition mit der SPD, die sich zu einer Wahlrechtsreform verpflichten sollte, die den Anteil der Direktmandate im Bundestag von 50 auf 70 Prozent erhöhen würde. Dadurch mußte die FDP geschwächt werden, die zuletzt 1953 einen Wahlkreis direkt erobert hatte und deren Abgeordnete seit dieser Zeit nur über die Landeslisten in den Bundestag gekommen waren.

Die „Frankfurter Allgemeine Zeitung" berichtete, daß die SPD wirklich an einer radikalen Reform interessiert sei, zuvor aber hätten der Bundestag aufgelöst und Neuwahlen durchgeführt werden müssen, nachdem durch ein sogenanntes konstruktives Mißtrauensvotum Adenauer gestürzt und durch eine provisorische SPD/FDP-Koalition abgelöst worden wäre. Die Alternative war natürlich die große Koalition. Eine solche Lösung jedoch war problematisch. Es widerstrebte der SPD zwar, auf die große Koalition zu verzichten — mit guten Gründen, wie sich einige Tage später herausstellte —; aber sie sträubte sich auch, ihre Wähler durch eine Rettung Adenauers vor den Kopf zu stoßen, des Mannes, der in den vergangenen 13 Jahren immer wieder erklärt hatte, die SPD an der Macht sei ungefähr gleichbedeutend mit dem Untergang Deutschlands.

Nicht drei, sondern vier Parteien befanden sich auf Kollisionskurs, und es fragte sich ebensosehr, ob Strauß zum Gehen veranlaßt werden könnte, wie, ob Adenauer sich halten werde. Es war eine anstrengende Woche. Selbst seine Beamten meinten vertraulich, Strauß laufe Amok, als er zu drohen begann, die Bindung zwischen CSU und CDU, die seit der Gründung der Parteien bestanden hatte, zu brechen. Am Dienstag hielt er vor der Fraktion eine endlose Selbstverteidigungsrede, während Adenauer, zur Erbitterung der CDU-Abgeordneten, in eisigem Schweigen dabeisaß.

Aber um den Mittwoch herum schien es, als habe sich Strauß selbst zu einem „Abschied in allen Ehren“ durchgerungen. Der Rest war ein Rückzugsgefecht. Strauß boykottierte eine Kabinettssitzung unter Vorsitz von Adenauer, indem er sich krank meldete, ging gleich darauf zu einer Sitzung des CDU/CSU-Fraktionsvorstandes und erging sich zwei Stunden lang in Vorwürfen gegen Adenauer. Am 18. Oktober habe ihm Adenauer eine Blankovollmacht gegeben, und am 25. Oktober sei er auch nicht betrunken gewesen. Während seine Kollegen entsetzt und peinlich berührt zuhörten, erinnerte er daran, wie er persönlich Jahre zuvor Adenauer und dem Exfinanzminister Fritz Schäffer von einer Sitzung mit den hohen Kommissaren der Besatzungsmächte auf dem Petersberg habe nach Hause helfen müssen.

Doch am Mittwoch nachmittag kündigte Adenauer an, er habe Strauß fallengelassen. Um das Gesicht zu wahren, wurde Strauß noch in die Verhandlungskommission gewählt, die am nächsten

Tag einen Kompromiß über die Erklärung seines Ausscheidens erarbeiten sollte.

Am 29. November debattierte die Kommission vier Stunden lang, wie man dem Verteidigungsminister einen „Abschied in allen Ehren" bereiten könne. Am Abend trafen sich die CDU-Spitzen mit der FDP in der Überzeugung, daß die Frage Strauß erledigt sei. Stammbergers offizieller SPIEGEL-Bericht hatte — so hieß es — für Adenauer die entscheidende Waffe abgegeben. Nachdem der Bericht seinen Zweck erfüllt hatte, war anzunehmen, daß er nun nie mehr das Licht des Tages sehen werde. Ferner schien man in der FDP dazu zu neigen, die Schmach des Jahres 1961 zu tilgen und auch gleich Adenauer abzuschießen, ein Versuch, der alle Selbsterhaltungsinstinkte der CDU mobilisieren mußte. Auf einer Pressekonferenz deutete Brentano vorsichtig an, es sei unwahrscheinlich, daß „gewisse Leute" dem nächsten Kabinett angehören würden; freilich wurden eine offizielle Bestätigung oder auch nur nähere Informationen verweigert, bis das Treffen des CSU-Vorstandes in München vorüber sei. Werner Dollinger von der CSU ließ inzwischen wissen, daß der Druck nachgelassen habe.

Krone lud für den Abend des 29. November zu einer geselligen Friedenskonferenz ein. Er versicherte der FDP, Strauß werde nicht im Kanzleramt dabeisein. Jedoch kündigte Schmückle am Nachmittag das Gegenteil an, was Brentano eine halbe Stunde vor dem geplanten Arbeitsessen bestätigte. Strauß hatte sich offenbar selbst eingeladen. Das Friedensessen für die FDP verwandelte sich so in ein vorläufiges Abschiedsessen für Strauß. Aber die FDP-Führung blieb in ihren Büros und aß Butterbrote. Bei ihrer Ankunft im Kanzleramt am späteren Abend war die Stimmung alles andere als versöhnlich. „Haben Sie die Absicht, Kanzler bis 1972 zu bleiben?" soll Döring Adenauer gefragt haben. Die Frage zielte auf den Gegenstand längst populärer Witze, etwa: „Was ist der Unterschied zwischen Adenauer und einem deutschen Handwerker?" — „Adenauer geht nie, der deutsche Handwerker kommt nie!"

Auf der Münchner Konferenz wurde der Rücktritt von Strauß bestätigt. In einer Parteierklärung dankte man den bayerischen Wählern für ihr Vertrauensvotum. Noch einmal wurde festgestellt, daß Strauß — seinem Gewissen folgend —

Amtshilfe habe leisten müssen und daß er eventuelle Formfehler bedaure; noch einmal wurde betont, daß im Zweifel die Sicherheit des Staates den Vorrang habe. Die CSU bedauerte die Ausnutzung der Situation durch SPD und FDP, wodurch Strauß gezwungen worden sei, sein Amt aufzugeben, dankte ihm für seinen selbstlosen Dienst, kündigte an, man sei sich bewußt, daß die von der FDP provozierte Krise gelöst werden müsse und daß die Partei bereit sei, dabei zu helfen. Sie bestätigte ferner den Rücktritt von Strauß und stellte fest, daß der FDP bei den Wahlen am vorangegangenen Sonntag ein wohlverdienter Schlag versetzt worden sei. Schließlich lobte sie Strauß nochmals wegen seiner Verdienste und seines Pflichtgefühls.

Anläßlich einer Abschiedserklärung im Bayerischen Fernsehen sagte Strauß, seine Zukunftspläne umfaßten zunächst einmal eine Menge Schlaf und einen ausgiebigen Urlaub; auch wolle er sich mehr seiner Familie widmen und darauf achten, daß seine Politik, besonders seine Verteidigungspolitik, in Bonn auch in seiner Abwesenheit aus dem Kabinett fortgeführt werde.

Die Bombe platzte am 2. Dezember in den dürren Gefilden der unterentwickelten Sonntagspresse. Der Berliner „Tag", der Verbindungen zur CDU hat, kam als erster mit der Geschichte heraus. In seiner ganzen Kraft wurde der Widerhall am Montag in Bonn gespürt, eine Ouvertüre, wie es ein Kommentator ohne Übertreibung nannte, zu der bis heute innenpolitisch interessantesten Woche in der Geschichte der Bundesrepublik.

Hinter dem Nebel des 26. November hatte Wohnungsbauminister Paul Lücke, CDU, unterstützt von Baron Karl Theodor zu Guttenberg, CSU, Kontakt mit Wehner aufgenommen. Ganz von der Affäre um Strauß in Anspruch genommen, hatten die Journalisten übersehen, daß im Wohnungsbauministerium Wehner und Lücke von 7 Uhr bis 10.45 Uhr beraten hatten. Tatsächlich hatte jemand Wehners Stieftochter erkannt, als sie geduldig am Empfangstisch des Ministeriums wartete. Aber der Hinweis wurde von der Presse beiseite geschoben. Wehner interessiere sich auch für den Wohnungsbau, sagte man sich.

Das Gespräch war auf Grund einander ergänzender Interessen zustande gekommen. Lücke machte sich Sorgen um die Zukunft seiner Partei und darüber hinaus um die Zukunft der

Bundesrepublik. Als Katholik und Mitglied des gewerkschaftsorientierten linken Flügels seiner Partei war er besonders besorgt über die Probleme, die aus einer Fortsetzung der Liaison mit der FDP entstehen mußten.

Wehner, der den großen politischen Kurswechsel des Jahres 1960 gesteuert hatte und so etwas wie ein Moses war, der für die SPD einen Weg aus der Wüste der Opposition suchte, war bereit, einen Preis für den Zugang zum Gelobten Land zu zahlen und sich mit Adenauer und den Risiken eines Mehrheitswahlrechts abzufinden, das, was immer sonst es bringen mochte, mit Sicherheit die FDP aus dem Parlament verbannen würde. Lücke berichtete Adenauer, daß eine provisorische Vereinbarung unter diesen Bedingungen zustande gekommen sei. Da der Kanzler über die Hartnäckigkeit der FDP noch verärgert war, ermächtigte er Lücke, weiter zu verhandeln. Auf diesem Weg war es nicht nur möglich, die Kanzlerschaft für ihn zu retten und die FDP auszubooten, sondern auch Erhards Anspruch auf Nachfolge als Kanzler auszulöschen.

Eine passende Gelegenheit für weitere Verhandlungen ergab sich am nächsten Tag. Wehner und Guttenberg hatten in Berlin zu tun, trafen einander dort und einigten sich über weitere Punkte. Das Verbleiben von Adenauer und die Einführung des Mehrheitswahlrechts waren schon beschlossen. Hinzu kamen: Beibehaltung der gegenwärtigen Außen-, Verteidigungs-, Wirtschafts- und Sozialpolitik, Zustimmung zu einer integrierten europäischen Atomstreitmacht, jedoch Ausklammerung der umstrittenen Bildungs- und Schulfragen.

Zufrieden mit diesen Ergebnissen, weihte Adenauer nach und nach eine immer größere Zahl von Parteifreunden in das Geheimnis ein. Am 1. Dezember, einen Tag nachdem die CSU angesichts der, wie sie annahm, bedingungslosen und einseitigen Forderungen der FDP den Rücktritt von Strauß bestätigt hatte, autorisierten CDU- und CSU-Delegierte bei einer sechsstündigen Sitzung abermals weitere Verhandlungen mit der SPD. Dollinger und Strauß waren unter den Teilnehmern. Die letzte Entscheidung wurde der 251-Mann-Fraktion der Unionsparteien übertragen. Später wurde bezweifelt, daß Adenauer ehrlich diese Verhandlungen gewollt habe. Aber die Beschäftigung des Vorstands seiner Partei und des parlamentarischen

Fußvolkes mit dem Problem scheint, im nachhinein betrachtet, ein überzeugender Beweis für seinen guten Willen zu sein.

In einer Stimmung, in der sich zu einer gewissen Panik Trotz gesellte, nahmen die CDU-Abgeordneten die Idee mit überraschender Begeisterung auf. Hatte die Koalition mit der SPD anfänglich nur eine nicht allzu große, dafür aber beständige Gruppe von Befürwortern, so brach über Nacht eine Art von allgemeiner Euphorie aus. Der Arbeiterflügel der CDU vereinte sich mit den Repräsentanten der Industrie im gemeinsamen Vertrauen darauf, die Antwort auf alle Probleme gefunden zu haben.

Die „Frankfurter Rundschau" berichtete, daß Gustav Stein, CDU-Abgeordneter und Hauptgeschäftsführer des Bundes deutscher Industrie (BdI), die SPD-Vorstandsmitglieder Erler, Carlo Schmidt und Heinrich Deist zu sich nach Hause eingeladen habe, um ihnen das Interesse der Wirtschaftskreise an einer Einigung zu bestätigen. BdI-Chef Fritz Berg und Hans Günther Sohl, Vorsitzender der Wirtschaftsvereinigung Eisen- und Stahlindustrie wie auch Vorstandsvorsitzender der August-Thyssen-Hütte, wirkten in gleicher Richtung. Erhard, erklärten sie, sei kein zuverlässiges Bollwerk gegen die ansteigende Lohn-Preis-Spirale. Wenn die SPD bereit sei, die Gewerkschaften in Schach zu halten, seien sie bereit, die SPD in der Frage der Regierungsbeteiligung zu unterstützen.

Erhard, der Führer der CDU-Fraktionsgruppe Kurt Schmükker, Blank und Strauß waren gegen das Arrangement. Schmükker, ein emsiger Verfechter von Mittelstandsinteressen, wurde später Erhards Nachfolger als Wirtschaftsminister. Blank sah nicht nur den Verlust seines Sozialprogramms, sondern auch seines Kabinettssitzes voraus, sollte die SPD in die Regierung eintreten. Strauß konnte seine Rückkehr in ein Erhard-Kabinett eher erwarten als in irgendein anderes. Am Abend des 3. Dezember waren sie bei einer Fraktionssitzung jedoch eine Minderheit unter den zwei Dutzend Sprechern und fanden sich mehr und mehr isoliert.

Am nächsten Tag wurden Ollenhauer, Wehner und Erler von Adenauer empfangen, der ihnen die Bedingungen für ein Koalitionsabkommen vorlegte. Er war bereit, auf der Stelle eine Vereinbarung zu entwerfen. Das Wehner-Guttenberg-Programm blieb die Grundlage für die Position der CDU. Dafür bot Adenauer Parität im neuen Kabinett an, ja selbst die Ministerien für Verteidigung, Justiz und Inneres. Dies schloß die Möglichkeit ein, die SPIEGEL-Affäre — aus der Sicht der SPD — zu einem angemessenen Abschluß zu bringen, das heißt bis zur völligen Niederlage von Strauß.

Ollenhauer, Erler und Wehner zogen sich zurück, um ihrem Parteivorstand über die Vorschläge zu berichten. Am späten Abend erreichte die SPD-Führung mit einem Stimmenverhältnis von 23 : 13 einen Pyrrhussieg. Die 13 Jahre alten Narben konnten nicht in zwei Stunden durch kosmetische Operation beseitigt werden. „Es war wie im Irrenhaus", sagte später ein Teilnehmer. Eine Partei, die auf das Verhältniswahlrecht eingeschworen war, konnte ein Mehrheitswahlrecht nur schwer akzeptieren. Man hatte auch Skrupel, ohne Warnung und ohne angemessene Übergangszeit an der Ermordung der FDP teilzunehmen. Schließlich war auch für eine Partei, die von Adenauer geschurigelt, gequält und viermal besiegt worden war, der Kanzler selbst eine Herausforderung. Eine Koalition mit Adenauer sei eine moralische Kapitulation, protestierte eine Minderheit.

Wie sich herausstellte, war die Wahlrechtsfrage nur bedingt ein Hindernis. Ein SPD-Abgeordneter, der spät am Abend auf dem Bundestagsflur Rainer Barzel von der CDU begegnete, erkundigte sich, diskret die Vorbehalte seiner Partei andeutend, wie weit wohl die CDU mit der Wahlrechtsreform zu gehen gedenke. Vielleicht von 50 : 50 auf 70 : 30, antwortete Barzel offen. Wahrscheinlich könne man sich über die Angelegenheit später noch einigen. Die CDU-Abgeordneten hatten entdeckt, daß das Mehrheitswahlrecht auch für sie Risiken mit sich brachte, besonders für die 89 protestantischen Abgeordneten. Die errechenbaren Vorteile eines neuen Wahlsystems boten wenig Trost, wenn die Nutznießer nur Katholiken waren.

Dagegen war die Streitfrage Adenauer eine absolute, wie Adenauer selbst schnell begriff — noch ehe die SPD-Fraktion am nächsten Morgen zur Beratung der Angelegenheit zusammengetreten war. Eine siebenstündige Debatte förderte schließlich eine Kompromißentschließung zutage, freilich erst nachdem der Dynamismus der Parteiführung an den Klippen des

Unverständnisses gescheitert war. Für die überwältigende Mehrheit der Fraktionsmitglieder bedeutete Mehrheitswahlrecht nichts anderes als den Verlust ihrer Sitze und sehr wahrscheinlich die Verewigung einer CDU-Mehrheit. Eine Koalition mit Adenauer kam ihnen vor wie eine Art politischer Satansmesse. Wehner, Exbürgermeister von Hamburg Max Brauer und Schuhmachers frühere Sekretärin Annemarie Renger predigten mit leidenschaftlicher Überzeugung, daß in einer Koalition mit der SPD Adenauer sich selbst vernichten werde. Aber ihre Argumente drangen nicht durch.

Am Ende stimmten nur zwölf Abgeordnete gegen den Kompromiß und vier enthielten sich der Stimme: „Die sozialdemokratische Bundestagsfraktion beschließt in Übereinstimmung mit dem Parteivorstand die Fortsetzung der Verhandlung mit der CDU mit der Maßgabe, daß alle sachlichen und personellen Fragen, die für eine Regierungsbildung notwendig sind, zur Verhandlung gestellt werden." Aber der Kompromiß, bekräftigt durch die Interpretation des SPD-Sprechers Franz Barsig, genügte, um die Verhandlungen scheitern zu lassen.

Die Resolution bedeute, erklärte Barsig, daß die Partei Vorbehalte gegenüber Adenauer und dem Mehrheitswahlrecht habe. Er bat inständig um Diskretion, hatte aber — wie schon im Falle Jahn — erneut Pech. Um 19.28 Uhr ging Barsigs Erklärung über den dpa-Fernschreiber und wurde im Palais Schaumburg empfangen. Sie bestätigte Adenauers Zweifel und ließ die Begeisterung der CDU-Parlamentarier völlig erkalten. „Jetzt brauchen wir einen neuen Buhmann als Ersatz für Wehner", bemerkte ein CDU-Abgeordneter im Verlauf einer Sitzung am selben Nachmittag.

Zufällig war Döring beim Kanzler, als die dpa-Meldung eintraf. Er hatte für 18 Uhr eine Sitzung mit der SPD vereinbart. Im Kanzleramt aufgehalten, erschien er erst um 22.30 Uhr, ohne etwas von dem hartnäckigen Widerstand in der SPD gegen das Mehrheitswahlrecht zu wissen. Auf jeden Fall war es zu spät für ein Abkommen. „Diese Idioten", urteilte später ein SPD-Abgeordneter über die FDP, „haben ihre Chance verpaßt!" Aber es hatte niemals eine wirkliche Chance gegeben. Selbst im besten Fall wäre die Mehrheit gefährlich klein gewesen. Die Möglichkeiten der FDP, die nach Macht ausgehungerte SPD unter Druck zu setzen, wären sogar größer gewesen als gegenüber der CDU/CSU. Aber die SPD war entschlossen — freilich vergebens —, mit der CDU zu marschieren, während sich die CDU entschieden hatte, ohne die SPD weiterzumachen.

„Nachdem sie verpaßt hatte, mit den Mördern zum Ziel zu kommen", bemerkte Stammberger, „war die CDU entschlossen, eine Verbindung mit dem Opfer einzugehen." Das Mehrheitswahlrecht war die entscheidende Streitfrage, erklärte Brentano in der Folge. Aber dagegen gab es auch Vorbehalte innerhalb der CDU — und nichts als Vorbehalte in der FDP, die nun der einzig mögliche Koalitionspartner war. Obwohl niemand es aussprach, ging es in erster Linie um Adenauer und gleich danach darum, die FDP einzuschüchtern.

Die Drohung mit der großen Koalition hatte ihren Erfolg. Die FDP, besonders Mende, war nunmehr bereit, Vernunft anzunehmen, jedenfalls aus der Sicht der CDU. Giselher Wirsing bemerkte in „Christ und Welt", Unbeweglichkeit habe über Schwung triumphiert. Alles, was übrigblieb, war, die durch Erschöpfung herbeigeführte Aussöhnung mit ein paar angemessenen Opfern zu feiern. Zufällig kehrte Hopf, dessen Kopf unter denen hervorragte, die nicht abgeschlagen werden sollten, am 6. Dezember ins Amt zurück.

Am 3. Dezember trafen sich die Unterhändler von CDU, CSU und FDP erneut. Um 9.34 Uhr verkündete dpa, Adenauer habe sein Rücktrittsversprechen bestätigt. Adenauers Kopf sollte gleichsam in Raten abgeschlagen werden. Der Rest der Kabinettsliste wurde in der folgenden Woche zusammengestellt. Der Berliner Ernst Lemmer, 1945 Gründungsmitglied der CDU und Kabinettsmitglied seit 1956, hörte bei einer Sitzung der Fraktionsgruppe, daß er nicht mehr Minister werden solle. Siegfried Balke von der CSU, Minister für Atomangelegenheiten, erfuhr seine Entlassung durch seine Sekretärin, die es von einem Portier wußte, der es wiederum im Radio gehört hatte. Balke eilte zu der Sitzung; dort wurde ihm der Bericht bestätigt.

Die Abgeordneten hörten sich schweigend die Verlesung der neuen Kabinettsliste an. „Herr Bundeskanzler", erklärte ein CSU-Abgeordneter, „ich war einmal einer ihrer glühendsten

Verehrer. Das stimmt nicht länger. Heute sind Sie weit entfernt von Ihrer Wählerschaft, weit von Ihrer Fraktion und weit von Ihren Freunden."

Schließlich ging es noch um das Verteidigungsministerium. Am 7. Dezember überredete Adenauer den schleswig-holsteinischen Ministerpräsidenten und Organisator des Wahlkampfes von 1961, Kai-Uwe von Hassel, Nachfolger von Strauß zu werden. Laut „Zeit" leistete Strauß den Hauptwiderstand, da er wollte, daß das Ministerium weiterhin in CSU-Händen bleibe. Als Adenauer unnachgiebig blieb, forderte Strauß das Finanzministerium. Die FDP konterte mit der Forderung, die Ministerien zu behalten, die sie bisher innehatte. Schließlich wurde ein Kompromiß auf Kosten des bisherigen Finanzministers Starke erreicht; auch Justizminister Stammberger wurde abgelöst.

Es schien so, als habe nahezu jeder bei der Umbildung verloren. Die CSU verlor Gewicht im Kabinett; die FDP — fürderhin zu jeder Zeit durch die Drohung einer neuen Absprache zwischen CDU und SPD verwundbar — verlor noch mehr von ihrer Bewegungsfreiheit; Adenauer verlor unwiderruflich sein Monopol auf das Kanzleramt.

Einige Wochen später wurde Erhard von W. R. Hearst jr., Bob Considine, Serge Fliegers und Frank Conniff interviewt. „Ich würde es etwas anders gemacht haben", sagte er. Er lachte und wurde dann wieder ernst. „Ich gestehe", fügte er hinzu, „wenn ich die Sorge und das Bewußtsein gehabt hätte, daß ernste Gründe für die Annahme vorlägen, es wäre Landesverrat begangen worden, daß ich dann am nächsten Tag vor das deutsche Volk getreten wäre und gesagt hätte, daß es passiert sei, und erklärt hätte, warum Schritte unternommen werden mußten. Wenn die Regierung ihre Karten auf den Tisch gelegt hätte, gäbe es keine SPIEGEL-Affäre und keine Strauß-Affäre." Es sei, räumte er ein, möglicherweise nicht das Ende von Strauß. „Aber eine Sache ist sicher", betonte er, „Adenauers Nachfolger wird er nicht."

Am Schluß der politischen Affäre stand ein frivoler Epilog. Am 12. Dezember wurde beschlossen, daß Hans Joachim von Merkatz die Bundesrepublik beim Pariser NATO-Treffen vertreten sollte. Merkatz, bislang Minister für Angelegenheiten des

Bundesrats, war selbst ein Opfer der Affäre. Er wurde durch Alois Niederalt, CSU, abgelöst. Am selben Nachmittag verlautbarte das Verteidigungsministerium, Merkatz sei sein vorläufiger Leiter. Auf Proteste von Strauß hin erklärte Adenauer, er könne mit der Amtsübergabe noch warten, bis Hassel zwei Tage später das Ministerium übernähme. Ein Minister als provisorischer Nicht-Minister, zwei Exminister als Minister und schließlich Niederalt als Nachfolger von Merkatz: eines konnte man sagen, die Bundesrepublik hatte aus ihrer jüngsten Verlegenheit, Lücken füllen zu müssen, einen verwirrenden Ministerreichtum entwickelt. „Ein Beweis dafür, wie tüchtig wir sind", beobachtete die SPD.

Am 17. Dezember unternahm die CSU Schritte, um mit Guttenberg abzurechnen, der sich seit Anfang Dezember einer weit besseren Presse erfreute als ihr Vorsitzender. Strauß, der kurz zuvor nicht gerade beispielhaft loyal in seinem Verhältnis zu Stammberger gewesen war, warf Guttenberg Mangel an Loyalität vor. Hätte die Partei von Guttenbergs Treffen mit Wehner gewußt — so argumentierte der CSU-Vorstand —, würde sie es sich zweimal überlegt haben, Strauß am 30. November den Wölfen vorzuwerfen. Ein Parteigericht verlangte, daß Guttenberg Selbstkritik übe. „Wer ist überhaupt Baron Guttenberg", rief der stellvertretende CSU-Vorsitzende Weiß. „Recht haben Sie", antwortete Guttenberg mit einem breiten ironischen Lächeln.

Am 19. Dezember veranstaltete Hopf für seinen scheidenden Vorgesetzten auf dem Flughafen Wahn bei Köln ein Abschiedsessen mit einem militärischen Zapfenstreich. Die SPD weigerte sich zu erscheinen. „Ich nehme nicht Abschied von Ihnen", verkündete Adenauer. Hopf selbst, der Generalinspekteur der Bundeswehr Foertsch und Richard Jaeger (CSU) standen mit ihren Loyalitätserklärungen nicht viel nach. Foertsch überreichte Strauß einen Degen, der früher dem Bayernkönig Maximilian II. gehört hatte. Jaeger verglich Strauß mit Scharnhorst, dem Reformer der preußischen Armee.

Andere Stimmen waren kritischer. In einem Interview mit der „Süddeutschen Zeitung" deutete Dufhues an, die CSU habe vielleicht ihre Kontakte mit der Presse und den Intellektuellen vernachlässigt. Ein ländlicher CSU-Bürgermeister namens Karl

Dräxlmaier trat von seinem Posten zurück und verließ die Partei; aber kaum einer folgte.

Am 4. Januar veröffentlichte „Christ und Welt" ein Interview mit Paul Bausch, einem Mann, der seit 1949 CDU-Abgeordneter war und von seinen Kollegen als eigenwilliger Einzelgänger angesehen wurde. Am 23. November hatte Bausch an Brentano geschrieben: „Nehmen Sie es bitte zur Kenntnis, daß es mir gänzlich unmöglich ist, das derzeitige Verhalten der Bundesregierung noch länger vor dem Volk und vor meinen Wählern zu vertreten. Das mag in rein katholischen Wahlkreisen möglich sein. In überwiegend evangelischen Wahlkreisen ist dies unmöglich. Die Regierung ist unglaubhaft geworden." Brentano hatte ähnlich geantwortet: „Sie müssen nicht annehmen, daß ich sehr viel anders denke als Sie." Die Antwort erreichte Bausch nicht, aber unerklärlicherweise erschien sie einige Monate später im SPIEGEL.

Enttäuscht angesichts der scheinbaren Gleichgültigkeit gegenüber seiner Besorgnis, suchte Bausch schließlich ein öffentliches Forum. Adenauers Entschlossenheit zum Kampf am 7. November habe ihm gefallen, erzählte er „Christ und Welt". Zwar habe er an einigen Formulierungen des Kanzlers Anstoß genommen, sei aber mit der Generallinie einverstanden gewesen. Gleichwohl sei er mit einigen Freunden zu Adenauer gegangen und habe ihn gedrängt, sich für seine rhetorischen Exzesse zu entschuldigen, bevor es zu spät sei. Aber der Kanzler habe davon nichts hören wollen. Von hier an sei die Schlacht verloren gewesen, schloß Bausch. Im Verlauf der folgenden Woche habe er mit angesehen, wie die Regierung die Initiative verlor, und habe sich über die Solidarität mit Strauß aufrichtig geschämt. Wehner, erklärte er, sei der bessere Demokrat.

Es überraschte nicht, daß Bauschs scheinbare Schmähung der katholischen Wähler die Katholiken in der CDU verletzte. Dafür fühlte sich Bausch dadurch verletzt, daß der Brentano-Brief, der ihn nicht erreicht hatte, im SPIEGEL veröffentlicht worden war. Charakteristischerweise endete die einzige öffentliche Selbstkritik von seiten der CDU mit einer neuen, indirekt gegen den SPIEGEL gerichteten Klage. Der Schuldige wurde nie gefunden.

Der Regierungsbericht über die merkwürdigen Vorgänge vom

vergangenen Oktober war noch immer nicht veröffentlicht worden. Angesichts einer Drohung der SPD, einen eigenen Bericht zu produzieren, trat Will Rasner in Aktion. In einem Telephongespräch mit Karl Mommer (SPD) spielte er auf Jahns unglückliche Verbindung zu Schmelz an und auf die photokopierten Protokolle des Verteidigungsausschusses. Wenn die SPD stillhalte, deutete er elegant an, werde die CDU das gleiche tun. Mommer ließ sich aber nicht einschüchtern.

Die CDU sammelte noch einmal ihre Kräfte zu einer Gegenoffensive. Sie begann mit einer Reihe tendenziöser Fragen durch Rasner, Ernst Benda (Berlin) und Erik Blumenfeld (Hamburg). Alle Spatzen pfiffen Jahns Schwierigkeiten von den Dächern, erklärte Rasner. Die Spatzen, deutete er später in einem Privatgespräch an, seien einige von Jahns Fraktionsfreunden. Angesichts bevorstehender Wahlen in Niedersachsen und Rheinland-Pfalz war die Folge davon eine Reihe umfangreicher, aber schließlich fruchtloser Vernehmungen, die bis zur Sommerpause andauerten, ergänzt durch die Ankündigung, daß die Bundesanwaltschaft Schritte gegen Helmut Schmidt eingeleitet habe. Im Verlauf der Vernehmungen gestand Jahn öffentlich seine Beteiligung; aber zu dieser Zeit spielte das kaum noch eine Rolle.

Der Regierungsbericht erschien am 3. Februar. Die einzige Überraschung war, daß er nach all dem erstaunlichen Vor und Zurück überhaupt herauskam. Stammbergers Nachfolger, Ewald Bucher (FDP), erntete den Löwenanteil der Anerkennung für die Veröffentlichung. Der ursprüngliche Plan eines gemeinsamen Berichts aller vier Ministerien war lange vorher fallengelassen worden. Strauß unterschrieb den Bericht überhaupt nie.

Die Ansicht des Verteidigungsministeriums über die umstrittenen Ereignisse erschien in einem selbständigen Kapitel. Höcherls Innenministerium fügte einen Anhang bei. Schröders Darstellung der Vorgänge in Madrid war außergewöhnlich in ihrer Offenheit.

Einen Monat später setzte die SPD der Ausschlachtung der Affäre ein Ende durch die Veröffentlichung des lang erwarteten eigenen Berichts, der systematisch die Schwächen in den offiziellen Erklärungen der Regierung verzeichnete. Die „Süddeutsche Zeitung“ stellte fest, daß er neue Erkenntnisse nicht habe vermitteln können, es sei weniger wichtig, wie oft die Regierung gelogen habe, als daß sie überhaupt der Lüge überführt sei. Das holzfreie Papier, auf dem der SPD-Bericht gedruckt wurde, fügte sie ironisch hinzu, verdiene gleichwohl ein Wort des Lobes. Das Erscheinen des SPD-Berichts beschloß die Affäre so gut wie irgend etwas anderes. „Was konnten wir sonst tun?" fragte ein SPD-Abgeordneter hilflos.

„Tout commence en mystique et finit en politique" (Alles fängt mit Mystik an und endet in der Politik), beobachtete Charles Péguy mehr als ein halbes Jahrhundert zuvor, auf seine jugendlichen Erfahrungen bei der Dreyfus-Affäre anspielend. Wenn historische Parallelen überhaupt zulässig sind, so war diese treffender als jede andere.

6 DIE ÖFFENTLICHE AFFÄRE

„Es ist eindrucksvoll, wenn man ... eines Freitags nachts um 1 Uhr von einem Unbekannten aus Hamburg angerufen wird", schrieb Nikolas Benckiser am 19. November in der „Frankfurter Allgemeinen Zeitung". Der Fremde, der kaum zu verstehen war, war zufällig Zeuge der Vorgänge im Pressehaus geworden. Er hatte sich entschlossen, Alarm zu schlagen, und wollte wissen, ob es wie 1933 wieder Zeit sei, auszuwandern.

Für die Presse und ebenso für die Öffentlichkeit war der Bericht über den Anruf der symbolische Auftakt zu zwei der anstrengendsten Monate in der Geschichte der Bundesrepublik Deutschland. Die Aufregung — und die Verwirrung — hatte innerhalb von Stunden selbst im Ausland ihr Echo. „Es war", meinte ein „Newsweek"-Korrespondent später wehmütig, „die beste Geschichte seit dem Kriege."

„Gigantesque Scandale de Presse en Allemagne-Ouest", kündigte „France-Soir" mit einer Überschrift in Balkenlettern am Sonntag an. „Grave Atteinte à la Liberté de la Presse", wiederholte der weit seriösere „Figaro" am Tage darauf in in einem Vierspalter. Stéphane Roussel vom „France-Soir" berichtete, daß 14 Journalisten verhaftet worden seien. Anthony Terry von der Londoner „Sunday Times" gab die Zahl mit 18 an, Henry Trewhitt von der „Baltimore Sun" mit 17, der Londoner „Daily Worker" mit 16, Roland Delcour in „Le Monde" mit 3, wobei er behauptete, weitere 16 seien verhört worden.

In Ost-Berlin debattierten Karl-Eduard von Schnitzler, der Chefkommentator des Deutschlandsenders, und Friedrich Karl Kaul, Ostdeutschlands bekanntester Anwalt, über die Bedeutung der Affäre vor einem Kongreß des Verbandes (Ost-) Deutscher Journalisten. Schnitzler vertrat die Meinung, die Krise habe ihren Ursprung in Differenzen innerhalb der NATO, und sah Zusammenhänge mit den Ursprüngen des SPIEGELS, der — seiner Meinung nach — eine Gründung des britischen Geheimdienstes sei, mit der späteren Unterstützung des Nachrichtenmagazins durch die FDP und die mit der Partei verbundenen „Monopolisten".

Kaul unterschied geistreich zwischen den Monopolisten. Es gebe solche wie Krupp, die für den konventionellen Krieg einträten, und andere, wie die chemische Industrie, die für den Atomkrieg einträten, bemerkte er. Offenbar sei es das Eintreten des SPIEGELS für Monopole von der Art Krupps, das die Affäre heraufbeschworen habe. Sowohl Kaul wie auch Schnitzler stimmten darin überein, daß, was immer sich abspiele, die Affäre — in Schnitzlers Worten — „nicht eine Panne, sondern eine echte Krise der westdeutschen Großbourgeoisie" sei.

Bei seinem nächsten regelmäßigen Fernsehauftritt baute Schnitzler diese These weiter aus. Der SPIEGEL sei nicht länger das Feigenblatt der Bonner Politik, bemerkte er und fügte hinzu, daß Augstein — anders als Carl von Ossietzky, der Nobelpreisträger von 1935, der erklärt hatte, der Feind sei nur rechts zu finden — darauf bestehe, an zwei Fronten zu kämpfen.

Die ostdeutsche Unterstützung für den SPIEGEL im besonderen und die Pressefreiheit in der Bundesrepublik im allgemeinen gaben Regierungssprecher von Hase einen seiner wenig glücklichen Auftritte ein; bei einer Bundespressekonferenz am 5. November beklagte er sich, daß die Regierung von der Presse schlecht behandelt werde. Es sei symptomatisch, daß die erste Kritik an der Aktion gegen den SPIEGEL aus Moskau und Ost-Berlin gekommen sei. Die hörbare Unruhe unter den anwesenden Journalisten ließ es ratsam erscheinen, das Thema zu wechseln.

In einem privaten Bericht nach Hamburg beschrieb der SPIEGEL-Korrespondent in Rom die Freude innerhalb der dortigen deutschen Kolonie und die Bestürzung unter seinen italienischen Bekannten einschließlich selbst jener Katholiken, die eine „Öffnung nach links" ablehnten.

Die ersten Demonstranten traten am 28. Oktober in Erscheinung. Zwanzig junge Leute, den Mund mit Heftpflaster zugeklebt, postierten sich mit SPIEGEL-Ausgaben in der Hand auf der Königstraße in Stuttgart. In Berlin trug der Kabarettist Wolfgang Neuss seiner Zuhörerschaft ein Manifest der Solidarität mit Augstein vor, das während einer dort gerade stattfindenden Tagung der Gruppe 47 zustande gekommen war. Neuss hatte 49 Unterschriften für die Erklärung gesammelt.

Der Satz dieses Manifestes: „In einer Zeit, die den Krieg als Mittel der Politik unbrauchbar gemacht hat, halten (wir) die Unterrichtung der Öffentlichkeit über sogenannte militärische Geheimnisse für eine sittliche Pflicht", stellte sich für mindestens zwei der Unterzeichner bald als zu starker Tabak heraus. Die Schauspieler O. E. Hasse und Curd Jürgens hatten die Erklärung unterschrieben, ohne sie richtig gelesen zu haben; in der Folge zogen sie ihre Unterschriften wieder zurück. Am übernächsten Tag gab ein Teil der Unterzeichner eine neue Erklärung ab, in der darauf hingewiesen wurde, daß die Betonung auf „sogenannt" zu liegen habe. Diese nähere Definierung konnte jedoch sieben mißtrauische Bürger nicht davon abhalten, Anzeigen wegen Anstiftung zum Landesverrat zu erstatten. Die Ermittlungen wurden im Laufe der Zeit aber eingestellt.

Typisch für die Atmosphäre war ein oft zitierter Aufsatz von Karl Hermann Flach in der „Frankfurter Rundschau" vom 29. Oktober. Flach war Nachfolger von Ahlers in dieser Redaktion und der frühere Bundesgeschäftsführer der FDP. „Wenn es also morgens in aller Frühe bei uns klingelt", schrieb er, „können wir uns nicht weiterhin in dem beruhigenden Gefühl strecken, daß es nur der Milchmann oder der Junge mit den Brötchen sein kann; wenn um Mitternacht jemand an unsere Tür schlägt, wissen wir nicht mehr genau, daß es sich schlimmstenfalls um einen Telegrammboten oder einen betrunkenen Weggenossen handeln kann, der sich in der Tür geirrt hat. Wir müssen damit rechnen, daß es die politische Polizei ist, die bei Nacht und Nebel nach Landesverrätern sucht. Wenn wir hören, daß Kinder weinen, weil zu später Stunde ihre Zimmer nach Belastungsmaterial gegen ihre Eltern durchstöbert wurden, daß man Redakteuren die Abzugsfahnen ihrer Artikel beschlagnahmte und der Zensur zuführte, wenn es heißt, daß die SPIEGEL-Redaktionen in Hamburg und Bonn schlagartig von bewaffneten Kommandos besetzt worden sind und der Kollege den Kollegen in der Nachbarredaktion telephonisch nicht mehr erreichen konnte, dann dürfen wir nicht mehr sicher sein, daß es sich um eine Geschichte aus Moskau, Prag oder Leipzig oder aber aus dem Berlin des Jahres 1944 handelt. Doch wir sollen beruhigt sein. Das alles geschieht im Namen und zur Sicherung der Freiheit."

Karl Gerold, Herausgeber und Chefredakteur der „Frankfurter Rundschau", fügte dem Artikel von Flach eine Erklärung hinzu, in der er seinem früheren Angestellten Ahlers Loyalität und Patriotismus bescheinigte.

Am selben Tage verlangte die „Internationale der Kriegsdienstgegner" in Bremen die Entlassung von Strauß und eine Untersuchung über die politische Vergangenheit der für die Aktion verantwortlichen Richter, Staatsanwälte und Polizeibeamten. (Dies und ähnliche Fragen führten zu der Entdeckung, daß einige Staatsanwälte während des Dritten Reiches Parteimitglieder gewesen waren. Aber es gab keine Beweise, daß sie als solche sich besonders hervorgetan hätten. Es handelte sich eher um Mitläufer als um Nationalsozialisten im streng ideologischen Sinn. Gleichwohl hatte die Untersuchung Konsequenzen für Theo Saevecke von der Sicherungsgruppe in Bad Godesberg. Denn es stellte sich heraus, daß er SS-Sturmführer gewesen war. Im April 1963 wurde er suspendiert und eine Untersuchung von Berichten, wonach er in Kriegsverbrechen in Italien und Tunis verwickelt gewesen sei, eingeleitet. Im November 1964 wurde er jedoch rehabilitiert und wieder in Dienst gestellt.)

In der Düsseldorfer Königsallee marschierte ein Demonstrant mit einem Plakat auf und ab, das einen mit einem Schlachterkittel bekleideten und mit einer blutigen Axt bewaffneten Strauß zeigte. Als er festgenommen werden sollte, leisteten er und zwei weitere Demonstranten Widerstand, während Zuschauer die Polizeibeamten beschimpften und die Luft aus den Reifen der Streifenwagen ließen. Die Anklage verlangte später drei Wochen Haft für zwei der Demonstranten und vier Wochen für den dritten. Im Sommer 1964 wurden die beiden ersteren lediglich zu einer Geldstrafe von je 300 Mark wegen Widerstandes gegen die Staatsgewalt verurteilt, der dritte erhielt eine Geldstrafe von 400 Mark wegen Beleidigung des ihn festnehmenden Beamten.

Die „Frankfurter Allgemeine Zeitung", deren vermeintlicher Liberalismus sich bezeichnenderweise in diskretem Konservatismus ausdrückte, hielt sich an die Hauptlinie schicklicher Vorsicht. Mit warnend erhobenem Zeigefinger erinnerte sie ihre Leser daran, daß der Aufsatz von Ahlers sicherlich doch einige Dinge bestätigt habe, die die Russen über die westliche Verteidigung zu wissen wünschten. (Ähnlich erklärte am 2. November George Vine, „Daily-Mail"-Korrespondent in Bonn: „Die Artikel des SPIEGELS gipfelten in einer Serie von Enthüllungen über Bundeswehrgeheimnisse, die in Moskau zweifellos dankbar aufgenommen wurden und die Augstein überall auf der Welt in Schwierigkeiten gebracht hätten.")

Alfred Rapp, Bürochef der „Frankfurter Allgemeinen Zeitung" in Bonn, folgerte, mit der Pressefreiheit allein sei es nicht getan. Die Presse müsse auch ihre eigene Verantwortung anerkennen, und zwar sei diese Verantwortung gegenwärtig weit größer als in normalen Zeiten des Friedens. Dies sei die eine Seite. Auf der anderen Seite räumte er ein, daß in Bonn die Tendenz bestehe, vom „Geheim"-Stempel übertrieben Gebrauch zu machen. Es gebe keine andere Möglichkeit, schloß er, als abzuwarten, was die Ermittlungen ergeben würden.

Das Ergebnis dieses Artikels war eine kleine Revolution in der Redaktion, die angesichts einer so unrevolutionären Umgebung um so bemerkenswerter war. Jüngere Redaktionsmitglieder der FAZ, bestärkt durch Berichte der Vertriebsabteilung über 700 gekündigte Abonnements, schalteten die redaktionelle Linie gewaltsam um. Bruno Dechamps ließ mit seinem Artikel am zweiten Tage kein „Einerseits — Anderseits" mehr zu. Die von Dufhues angestellte Unterscheidung zwischen einer „Affäre der Deutschen" und einer Affäre des SPIEGELS sei keine Beschwichtigung, sondern eine Provokation gewesen, erklärte er. Diesmal wurde nicht der Leser ermahnt, sondern die Anklage richtete sich gegen die Bundesanwaltschaft und die Regierung. Warum die lange Verzögerung, fragte Dechamps. Warum die außergewöhnliche Geheimnistuerei rund um die Festnahme von Ahlers und die nächtliche Durchsuchung der SPIEGEL-Büros?

Am selben Tag, dem 30. Oktober, kam eine kritische Verlautbarung des Internationalen Presseinstituts in Zürich, welches mit Recht argwöhnte, das demokratische Prinzip der Pressefreiheit sei mißachtet worden. Ein Demonstrationszug von 150 Studenten marschierte mit Protestplakaten durch die Stadtmitte von Frankfurt. Es folgten ein Telegramm des bundesdeutschen Journalistenverbandes an Adenauer und kritische Erklärungen der Polizeigewerkschaft: Die Aktion gegen den SPIEGEL sei keine Polizeiaktion, protestierte die GdP, sie sei eine Justizaktion.

Am 31. Oktober erschienen 2000 Leute — manche Schätzungen gingen bis zu 4000 — zu einer geplanten Podiumsdiskussion über Pressefreiheit in der Universität Hamburg. Da der Saal nur 500 Menschen faßte, wurde die Versammlung auf den nächsten Tag verschoben. Die Menge zog zum Untersuchungsgefängnis, wo Augstein und Jacobi gefangengehalten wurden, und rief im Chor: „SPIEGEL tot — die Freiheit tot" und „Jeder Bürger muß es schrein, Augstein 'raus und Strauß hinein!" Helmut Schmidt erschien auf einem Polizeiwagen. Von dieser fahrenden Bühne aus erklärte er, Hamburg sei nicht an dieser Aktion beteiligt, und appellierte erfolgreich an den hanseatischen Bürgersinn der Menge, die Demonstration zu beenden und nach Hause zu gehen.

Im Untersuchungsgefängnis wurde Augstein durch einen mitfühlenden Brief von Kay Sely getröstet, dem früher im Hauptquartier der britischen Militärregierung für Presselizenzen zuständigen Offizier. „So wörtlich hätten Sie mich nun auch wieder nicht nehmen sollen", schrieb Sely, „als ich Ihnen 1948 in meinem Büro der Berliner Militärregierung (britisch — nicht russisch — Anmerkung für den Zensor) riet, Sie sollten weniger die Alliierten kritisieren und sich mehr um innerdeutsche Angelegenheiten kümmern. Hätten Sie meinen Hinweis nicht befolgt, dann säßen Sie jetzt nicht dort, wo Sie diese Zeilen erreichen."

Berichten zufolge soll Axel Springer trotz seiner starken Rivalität gegenüber Augstein seine „Welt am Sonntag" angewiesen haben, ein redaktionelles Urteil über die Affäre bis über das erste Wochenende aufzuschieben. Seiner „Bild"-Zeitung wurde gleichwohl erlaubt, das Thema der Spezialbehandlung für Augstein zur Sprache zu bringen, der angeblich eine neue Waschschüssel, ein neues Eßbesteck, einen Stuhl statt eines Hokkers, ein Bett statt einer Liege, einen frischen Zellenanstrich, um die jüngsten Bleistiftkritzeleien zu verdecken, und gegen die Zugluft eine Decke für das Fenster bekommen hatte. Die Gefängnisbehörde reagierte scharf. Alle Gefangenen hätten Anspruch auf eine zweite Decke, und die Zelle sei sowieso für einen neuen Anstrich vorgesehen gewesen, verkündete sie.

Am Ende der zweiten Woche schrieb Hans Zehrer, ein Veteran der „konservativen Revolution" der zwanziger Jahre, über die gegenwärtige Affäre in Springers „Welt". Kennedy habe Erfolg gehabt, betonte er, weil sowohl die amerikanische Führung als auch die öffentliche Meinung den Aufgaben gewachsen waren, denen sie während der Kubakrise gegenüberstanden. Die SPIEGEL-Affäre habe bewiesen, daß Bonn seiner Aufgabe nicht gewachsen sei. „Die ganze Behandlung der SPIEGEL-Affäre", bemerkte er, „zeigt von ihrem Beginn an bis heute einen Mangel an Führung und eine innere Unsicherheit, die eine gefährliche Schwäche des Staates offenbar werden lassen." Aber der Fehler liege auch bei der Öffentlichkeit. Die öffentliche Meinung befinde sich, laut Zehrer, in einem Stadium der Verwirrung, für welche die Gruppe 47 typisch sei. Er führte dies alles auf den „nihilistischen SPIEGEL" zurück.

Der Generalvikar des Erzbistums Freiburg machte seinen Standpunkt klar: er teilte dem SPIEGEL mit, daß nun nach Bekanntwerden der Anklagepunkte die Anfrage der Redaktion über Kirchensteuern nicht beantwortet werde, weil „unser Ordinariat jeglichen Kontakt mit dem SPIEGEL ablehnt".

In einem Gespräch mit der Nachrichtenagentur UPI bemerkte der frühere NATO-Befehlshaber in Schleswig-Holstein, Vizeadmiral Rogge, die Aktion habe auf Westdeutschlands Alliierte einen sehr schlechten Eindruck gemacht. Dasselbe berichtete Willy Brandt nach seiner Rückkehr von einem Besuch in London. Spontan erklärten zwei Professoren der Universität Wisconsin, Ralph Nafziger und Bryan Kearl, in einem Telegramm an den Presserat ihre Solidarität mit der deutschen Presse. Es gäbe, schrieben sie, einen Unterschied zwischen Landesverrat und Kritik, die zu den Aufgaben und Verantwortlichkeiten des Journalismus gehöre.

Unter den kritischen Augen der amerikanischen und deutschen Fernsehzuschauer wurde am 3. November der SPIEGEL in einer Auflage von fast 700.000 Exemplaren gedruckt — etwa 200.000 mehr als gewöhnlich. Mit 140 Seiten Gesamtumfang, davon 61½ Anzeigenseiten, war es die bis dahin stärkste Ausgabe. Die „VZ — Kieler Morgenzeitung" berichtete, daß der SPIEGEL zu Schwarzmarktpreisen gehandelt würde. Die „Hannoversche Presse" meldete, der SPIEGEL habe im Verlauf der vorhergehenden Woche 30.000 Solidaritätstelegramme erhalten. Die „Neue Zürcher Zeitung" bemerkte in der Tendenz unfair, aber im Grunde richtig, die Unterstützung des SPIEGELS oder, besser, die Opposition gegen die Regierung habe sich von der in Ostdeutschland herrschenden SED bis zur rechtsgerichteten „Deutschen Soldatenzeitung" in der Bundesrepublik erstreckt.

Am 5. November erstattete Kurt Ziesel, ein rechtsstehender Schriftsteller mit einer Schwäche für Beleidigungsprozesse, Anzeige gegen den Hamburger Bürgermeister Paul Nevermann, Bayerns früheren Ministerpräsidenten Wilhelm Hoegner, die Gruppe 47 und Bertrand Russell. Ihre öffentliche Kritik der Aktion, behauptete er, bedrohe die Unabhängigkeit der deutschen Justiz.

Entrüstet über die geheimnisvollen Umstände bei der Festnahme von Ahlers, erstattete ein Oldenburger Rechtsanwalt Anzeige wegen „Freiheitsberaubung im Amt gegen Unbekannt". Der stellvertretende Vorsitzende der wenig bedeutenden Journalisten-Union zeigte die Hamburger Polizeibeamten an, die in der Nacht des 26. Oktober Beweismaterial sichergestellt hatten. Auf Grund eines Fernsehberichts über die leichtfertige Art, wie Strauß selbst offizielle Staatsgeheimnisse behandelte, reichte ein Student der Technischen Hochschule Stuttgart Anzeige wegen Landesverrats gegen Strauß ein. Ein Düsseldorfer erstattete Anzeige gegen Strauß und Stammberger, weil sie es nach Lektüre des „Fallex"-Artikels ihrerseits versäumt hätten, den SPIEGEL wegen Landesverrats anzuzeigen. Die Oldenburger Anzeige führte zu ernsthaften Ermittlungen und zu einem zwiespältigen Ergebnis. Die übrigen Anzeigen erregten kurze Zeit die Aufmerksamkeit der Öffentlichkeit, erlitten aber einen stillen Tod in den amtlichen Aktenschränken.

Bei einer Vorstellung von Rossinis „Liebesprobe“ in der Hamburger Staatsoper applaudierten die Zuhörer donnernd, als der Darsteller eines Journalisten auf der Bühne sang: „Es ging um die Pressefreiheit.“ Den ersten einer langen Reihe von Briefen, in denen Sorge um den Zustand der öffentlichen Moral ausgesprochen wurde, richtete der Bund Deutscher Pfadfinder an Bundespräsident Lübke.

Während all dies den ungewöhnlichen Grad der Erregung der Öffentlichkeit bezeugte, war es bis zu einer revolutionären Stimmung noch ein weiter Weg. Baron Curt Ferdinand von Stackelberg, Rechtsanwalt beim BGH in Karlsruhe, der gerade einen Beleidigungsprozeß gegen den SPIEGEL — wenn auch noch nicht rechtskräftig — gewonnen hatte, übernahm spontan die Vertretung des Nachrichtenmagazins. Aber dies war eine persönliche, nur indirekt politische Geste. Trotz symptomatischer Zuckungen, wie das zeitweilige Vor und Zurück der „Frankfurter Allgemeinen“ oder Springers unerwartetes Hilfsangebot, blieben doch die bestehenden politischen Bindungen im großen und ganzen unangetastet.

Am 4. November, drei Tage vor der Bundestagsdebatte, wurde die Regierung in der Fernsehsendung „Panorama“ des Norddeutschen Rundfunks mit großer Heftigkeit angegriffen. Aber der Angriff unterschied sich von früheren „Panorama“-Sendungen nur graduell, nicht wesentlich. Das Programm befaßte sich nicht so sehr mit der Frage des Landesverrats als mit Deutschlands komplizierter Geheimschutzgesetzgebung, mit der illegalen Festnahme von Ahlers sowie mit Form und Dauer der Ermittlungen. Seine Autoren, Gert von Paczensky und Rüdiger Proske, wiesen auf einen „Figaro“-Bericht hin, dem zufolge sich General Norstad über Weinsteins Bericht über das „Fallex“-Manöver in der „Frankfurter Allgemeinen“ beklagt habe. Sie stellten Überlegungen an, ob Weinsteins herzliches Verhältnis zu Strauß dazu beigetragen habe, daß die FAZ offensichtlich nicht verfolgt wurde.

Dufhues war eingeladen worden, seine Unterscheidung zwischen Presse-Affäre und SPIEGEL-Affäre zu erklären. Aber er weigerte sich, in der Sendung aufzutreten; an seine Stelle trat Sebastian Haffner. Früher Rechtsanwalt in Berlin und dann Deutschlandkorrespondent des „Observer“, einst politischer

Gegner von Augstein und gelegentlich Verteidiger von Strauß, war Haffner jetzt freier Journalist.

Haffner war ehrlich entsetzt. Die Polizeiaktion sei offenbar „generalstabsmäßig" vorbereitet gewesen, sagte er. In der Tat war das Gegenteil wahr. Aber unter den gegebenen Umständen konnte die Glaubhaftigkeit seiner Erklärung zunächst kaum bestritten werden. Haffner betonte die Ausschaltung Stammbergers, das Unvermögen, den Bestechungsvorwurf im Durchsuchungsbefehl durch Verdachtsmomente zu rechtfertigen, und die offenbare Absicht, weitere Veröffentlichungen zu verhindern. Sollte die Regierung so weitermachen, erklärte er, „dann adieu Pressefreiheit, adieu Rechtsstaat, adieu Demokratie". Das Programm zog von Hases ersten und einzigen offiziellen Protest nach sich und brachte indirekt Paczensky und Proske im folgenden Jahr um ihre Posten.

Es überraschte niemanden, daß die liberale „Frankfurter Rundschau", die „Süddeutsche Zeitung" und die „Stuttgarter Zeitung" hinter dem SPIEGEL standen. Die „Süddeutsche Zeitung" witterte eine Kombination von Anarchie und Autoritarismus hinter der demokratischen Fassade, die „Stuttgarter Zeitung" machte sich Gedanken über Neuwahlen. Aber wie bei „Panorama", stimmte dies auch hier mit der allgemeinen Redaktionspolitik der Blätter überein.

Auf ihre Weise gleichermaßen konsequent waren Springers „Bild" mit seiner im Namen des kleinen Mannes ausgesprochenen Entrüstung über Augsteins zweite Decke und Springers „Welt", deren Grundorientierung der Regierung ein Vaterimage und der Öffentlichkeit die Rolle eines jugendlichen Kriminellen zumaß. Die FAZ war zwar bereit, ihre Vorbehalte auszusprechen, wollte jedoch derenthalben in der Ausgabe vom 5. November nicht das Risiko eines Koalitionsbruches und einer daraus folgenden Regierungskrise eingehen. Die Alternative war ein Gesinnungswechsel, nicht ein Regierungswechsel. Die standfeste katholische „Kölner Rundschau" und die wirtschaftsorientierte „Deutsche Zeitung" nahmen ohne Kritik hin, was die Regierung ihnen erzählte.

Gleichwohl kam keine einheimische deutsche Zeitung in unverhohlener Parteinahme für die Regierung an die „Neue Zürcher Zeitung" heran. Typisch war ein Bericht aus Bonn vom

31. Oktober: „Die SPIEGEL-Leute, die eine raffinierte Technik entwickelt hatten, sich an den äußersten Grenzen des durch die Pressefreiheit eben noch gedeckten Bereichs zu bewegen, werden als Märtyrer der Pressefreiheit dargestellt, was wie ein Witz anmutet. Die Betroffenen scheinen diese unerwartete und neue Rolle im übrigen zu genießen und setzen sich entsprechend in Szene."

Aber die Bundestagsdebatten bedeuteten einen Wendepunkt. Ab dem 7. November gerieten die Fronten in Bewegung, bis mindestens Strauß, wenn nicht die Regierungskoalition, jeden ernsthaften journalistischen Anhänger verloren hatte.

Am selben Tage protestierte die Firma Braun in Frankfurt, regelmäßiger SPIEGEL-Inserent und Hersteller von Elektrogeräten, gegen die Verunglimpfung der Anzeigenkunden des SPIEGELS durch Adenauer. Am nächsten Tag schrieb der Pfarrer von Frauweiler, einer kleinen Eifelstadt, der Firma: „Mit Befremden habe ich heute aus der Presse erfahren, daß Sie an den Herrn Bundeskanzler ein m. E. unangebrachtes Telegramm in der SPIEGEL-Affäre gesandt haben. Ich habe bisher wiederholt Geräte Ihres Werkes erworben. Nun muß ich Ihnen aber mitteilen, daß ich in Zukunft kein Erzeugnis Ihrer Firma mehr kaufen werde, wenn Sie so warm für den SPIEGEL eintreten."

„Kanzler: Verrat, um Geld zu verdienen?" lautete die „Bild"-Schlagzeile vom 8. November. Aber in derselben Ausgabe drückte sich „Bild" auch schon vorsichtiger aus. „ ‚Bild' hat sich dem vernichtenden Urteil der amerikanischen Zeitschrift ‚Time' über den SPIEGEL angeschlossen. Nicht weniger vernichtend ist die Meinung von ‚Time' über die Art der Verhaftungen." Die Verhaftung von Ahlers sei ein Skandal, erklärte „Bild". Die Regierung müsse Rücksicht auf die Meinung des Auslandes nehmen. Problem Nummer eins sei und bleibe der Verrat, faßte der Artikel zusammen, aber Problem Nummer zwei seien die Methoden derer, „die uns vor Verrat schützen".

In „Christ und Welt" verfiel Giselher Wirsing, wie Zehrer ein Jünger der Weimarer „konservativen Revolution", in tiefste Verzweiflung. Da er auch nicht ein einziges sympathisches Gesicht um sich herum sah, berichtete er, es gäbe nichts als Schurken: Die unfähigen Machiavellisten der Regierung einerseits und die Nihilisten des SPIEGELS anderseits.

In der „Zeit“ beschrieb der Satirenkolumnist Wolfgang Ebert ein fiktives Gespräch mit einem Beamten des Verteidigungsministeriums: „ ‚Aber sagen Sie‘ “, fragte Ebert, „ ‚gesetzt den unwahrscheinlichen Fall, der Gegner sammelt sich, setzt sich zur Wehr, gewinnt an Boden. Oder anders ausgedrückt: Es geht etwas schief, es kommt zu einer Panne. Der Minister gerät in eine heikle Lage . . ., würde er dann zurücktreten?‘ Mein Freund aus dem Verteidigungsministerium sah mich groß an: ‚Zurücktreten? Der Verteidigungsminister? Sie meinen wie dieser Krischna Menon? Mann, wir leben doch nicht in Indien!‘ “

Die „Frankfurter Allgemeine“ stellte sich abermals um: Friedrich Sieburg, einer ihrer Gründer und ein einflußreicher konservativer Kritiker, warnte vor der bevorstehenden Katastrophe. Die Affäre, so befürchtete er, werde wahrscheinlich nur die Unpolitischen noch unpolitischer machen, während die Obrigkeit noch obrigkeitlicher würde. Doch gebe es Anzeichen für Hoffnung: „Eine Freiheitsregung hat sich in unserem öffentlichen Leben bemerkbar gemacht. Sie ist bisher fast immer ausgeblieben, wenn man glaubte, auf sie hoffen zu dürfen. Aber nun ist sie zu spüren. Wird sie dauern? Das wäre das glückliche Ergebnis einer unglücklichen Sache.“

Am selben Tag, dem 10. November, veröffentlichte die FAZ einen Leserbrief des großen alten Mannes der deutschen Geschichtsschreibung, Professor Gerhard Ritter, Universität Freiburg, der an dem Versuch vom 20. Juli 1944, Hitler zu stürzen, teilgenommen hatte. Ritter war wie Sieburg ehrlich erschrocken — aber aus entgegengesetzten Gründen. Ohne eine Spur des Zweifels habe der SPIEGEL Landesverrat begangen, erklärte er. Eine triviale Frage ministeriellen Prestiges habe die FDP zu einer Regierungskrise aufgeputscht. „Gibt es denn gar nicht mehr so etwas wie ein öffentliches Gewissen“, fragte er rhetorisch, „dem unser aller Mitverantwortung für unseren Staat und eine äußere Sicherheit bewußt und so selbstverständlich ist, daß ihm das Staatswohl sogar über die Störung spanischer Ferienreisen geht?“

„Bild“ war inzwischen wieder entrüstet. Warum die Regierung nicht von Anfang an die Wahrheit über die Festnahme von Ahlers erzählt habe, wollte „Bild“ wissen. Über das Wochenende ebbte die Auseinandersetzung vorübergehend ab, als sich die Bonner Gesellschaft auf den jährlichen Presseball begab. Ein Großteil des vom Wahlkampf in Anspruch genommenen bayerischen Kontingents glänzte durch Abwesenheit. Für den verhinderten Augstein reservierten Kollegen symbolisch einen Platz. Zum Schlager des Abends wurde der frisch komponierte „Bundespresseball-Twist“:

„Spieglein, Spieglein an der Wand,
ja, ja, ja,
Wo ist der schönste Spiegel im Land?
la la.
Zerbrochen wie durch Zauberei
ist die ganze Spiegelei.
Spieglein, Spieglein, Spiegelein,
wer warf da den Stein hinein?
Der Stein kann auch ins Auge gehn.
Wer kann dann noch in den Spiegel sehn?“

Trude Herr sang mit gleichbleibendem Erfolg in der folgenden Woche vor großem Publikum in Köln und Dortmund einen anderen SPIEGEL-Twist:

„Tanz mit mir den SPIEGEL-Twist,
auch wenn du von der Kripo bist.
Glücklich ist,
wer dann beim Twist
vergißt,
was nicht zu ändern ist.“

Unter den Presseballgästen beobachtete Walter Henkels von der FAZ Stammbergers Sprecher Heinrich Thiesmeyer, Strauß' Sprecher Schmückle und Regierungssprecher von Hase. Alle drei hätten ausgesehen, „als ob sie statt Schampus Essig trinken müßten“, berichtete er.

Am folgenden Montag, dem Tag nach den Wahlen in Hessen, bebte „Bild“ noch immer vor Wut. In einem seiner wenigen Namensartikel nannte Chefredakteur und Strauß-Freund Peter Boenisch den Justizminister einen Versager, und den Verteidigungsminister bezichtigte er, „die volle Wahrheit verschwiegen zu haben. Unter dem Druck der FDP, fuhr er fort, habe der Kanzler zwei verdiente Staatssekretäre „notgeschlachtet“. Ohne Zweifel sei das Kabinett das schlechteste und schwächste seit 1949. Aber man sei nicht in Weimar. Die Gerichte seien unabhängig, die Verfassung vorbildlich, das Parlament aktiv und die Presse frei. „Landsleute“, ermahnte er seine Leser, „seht die kleinen Feinde, bekämpft sie, aber vergeßt darüber nicht die große, rote Gefahr! Denkt an unsere Nationalhymne. Lebt sie — und singt sie nicht nur ...: Einigkeit und Recht und Freiheit für das deutsche Vaterland.“

Am selben Tag demonstrierten ungefähr tausend Studenten in München gegen Strauß und die Regierung. Die britische „National Union of Journalists“ gab eine Solidaritätserklärung für den SPIEGEL ab. Karl Dietrich Bracher, Professor für Zeitgeschichte und politische Wissenschaft an der Universität Bonn, beantwortete am Tage darauf Ritters Leserbrief in der FAZ:

„Die Zuschrift von Professor Gerhard Ritter zur SPIEGEL-Affäre ist ein bestürzendes Dokument. Sprache und Argumentation tragen alle Kennzeichen einer Staatsideologie, die Politik nur von oben nach unten gelten läßt und einer außenpolitisch verstandenen Staatsräson den fast bedingungslosen Vorrang vor innerer Freiheit und Rechtsstaatlichkeit zuerkennt.

Vielleicht hat die Parlamentsdiskussion der letzten Woche inzwischen auch ihm gezeigt, daß die Taktik des Verschweigens, Vertuschens, der vollzogenen Tatsachen gerade den Skandal bedeutet, der zur Staatskrise führt. Ein Bundeskanzler, der eine regelwidrige Verhaftungsaktion als Lappalie abtut und Verhaftete noch vor der Beweisaufnahme diffamiert, ein Verteidigungsminister, der seine Beteiligung zwei Wochen lang bestreitet und seinen Staatssekretär büßen läßt, ohne aus der Aufdeckung seiner eigenen Beteiligung die Konsequenz der politischen Verantwortung zu ziehen: das ist der Kern der Vertrauenskrise, die sehr wohl eine Krise der Demokratie werden könnte.

Der Schaden für alle Bemühungen um politische Bildung, auch an Schule und Universität, ist schon heute unabsehbar. Es ist ein Anschauungsunterricht, der Zynismus oder Resignation erzeugt statt Verständnis für das Wesen und die Probleme der Demokratie.

Die Affäre hat bei alledem doch auch einen positiven Aspekt: daß sie diese Gefahren und Tendenzen aufgedeckt und eine umfassende Diskussion in Gang gesetzt hat, die hoffentlich weitergeht."

Dies brachte dem Leserbriefschreiber Glückwünsche ein, so von zwei Bundestagsabgeordneten der FDP, einem der SPD, verschiedenen Studienräten, einem Studenten der Universität Bonn und von Generalmajor Graf Baudissin von der Bundeswehr. „Le Monde" bat um die Nachdruckrechte an Brachers Brief als einem interessanten Beispiel für „unsere französischen Leser, die selten Gelegenheit haben, zu erfahren, wieviel Zivilcourage die jüngere deutsche Akademikergeneration belebt".

Eine Hausfrau aus einer Kleinstadt in Niedersachsen, die wenigstens mit ihrem Namen zeichnete, warf Bracher vor, die Hauptsache übersehen zu haben. „Dies ist ein sehr ernster Landesverratsvorwurf", schrieb sie, „können Sie nicht das Wichtigere vom weniger Wichtigen unterscheiden? Und Sie sind ein Professor, der für die akademische Jugend unserer Nation verantwortlich ist?"

Ein Leserbriefschreiber aus Darmstadt, der mit einem unleserlichen Schnörkel unterschrieben hatte und sich in dem anonymen Spaß gefiel, einen echten deutschen Professor mit Du anzureden, wurde noch deutlicher: „Daß Professoren meinen, sie müßten an dieser langfristigen, vom SPIEGEL und von den Kommunisten inspirierten Hexenjagd gegen die Regierung und besonders gegen Strauß teilnehmen, beweist nur, welch grenzenlosen Tiefpunkt ihr Berufsstand erreicht hat."

Am selben Tage, dem 13. November, warnten FAZ und „Deutsche Zeitung" mit einem Blick auf die hessischen Wahlergebnisse die CDU/CSU, sie würde wahrscheinlich noch mehr Wahlen verlieren, wenn sie auf dem gegenwärtig eingeschlagenen Weg weitermarschierte. In einem Brief an die Londoner „Times" warnte Lord Robert Boothby seine Landsleute vor weiteren Verhandlungen mit der EWG, die unter Leitung von Edward Heath in Brüssel liefen. Die Behandlung der SPIEGEL-Affäre durch die Adenauer-Regierung, erklärte Boothby, beweise schließlich, daß die Bundesrepublik nicht länger eine Demokratie sei „in dem Sinne, wie wir dieses Wort verstehen".

„Unter diesen Umständen", fuhr er fort, „wage ich es nun, den Abbruch der Verhandlungen über den Beitritt zur EWG anzuregen; und ich warte auf den Tag, an dem wir das Bindeglied einer echten demokratischen atlantischen Union werden können, die stark genug ist, ein Abkommen mit Osteuropa unter Einbeziehung der Sowjetunion auszuhandeln; ein Abkommen, das in letzter Instanz die Vernichtung der Menschheit verhindern könnte."

Ein paar Tage später wurde berichtet, daß Boothby am Sonntag den Chefredakteur der „Times", Sir William Haley, angerufen habe, um seinen Brief anzukündigen. Um 4 Uhr nachmittags habe er ihn dann persönlich hingebracht. Haley habe die Briefspalten umsetzen lassen, um Platz zu schaffen, wie Boothby in einem zweiten Brief erläuterte, der zwei Tage nach dem ersten erschien. Er habe nur versucht, Heath' Hand zu stärken, indem er darauf hinwies, daß sich England jetzt noch von den Brüsseler Gesprächen zurückziehen könne.

Am 14. November zeigten Kölner Journalisten die Kabinettsmitglieder Höcherl, Strauß und Adenauer wegen Landesverrats an, weil diese das Ansehen der Bundesrepublik geschädigt und den Rechtsstaat gefährdet hätten. Der westdeutsche Zweig des PEN-Zentrums telegraphierte an Adenauer und wünschte Aufklärung über die Verhaftung von Ahlers und deren politische Konsequenzen.

Einen Tag später schüttete Rudolf Krämer-Badoni, Mitunterzeichner des PEN-Zentrum-Telegramms, in einer Spalte in der „Welt" sein Herz aus, das bis dahin für Adenauer geschlagen hatte: „Die Regierung bot nicht den Anblick einer Verschwörergruppe gegen den SPIEGEL. Wäre es so! Dann säßen in Bonn wenigstens Dämonen. Nein, es war so banal und armselig wie nur möglich. Es trat eine Gruppe planlos wurstelnder, des Ernstes der Sache völlig unbewußter Dilettanten auf, die nicht einmal ahnten, daß sie in einem Porzellanladen umhertaumelten."

Während sich die Teilnehmer einer Sitzung von „Amnesty International" in London besorgt zeigten, suchte Hans Zehrer in der „Welt" nach einer historischen Analogie. Die Bundesrepublik, so argumentierte er, befinde sich gleichsam am Ende ihrer Wilhelminischen Ära. Adenauer sei Bismarck, Globke die graue Eminenz Holstein und Augstein der politische Publizist Maximilian Harden, der zu Beginn des Jahrhunderts das kaiserliche Regime ohne Hosen erwischt hatte. Damals sei es eine Tragödie gewesen, bemerkte Zehrer, diesmal sei es eine Farce. Die nächste Phase, prophezeite er, werde eine Wiederholung von Weimar bringen, beginnend mit einer Koalition von CDU/CSU und SPD. Er hoffe, daß man diesmal erfolgreicher sein werde als das letztemal.

Am 19. November, als die FDP in Nürnberg tagte, verlangten 54 von 180 Lehrstuhlinhabern der Universität Tübingen einen Kabinettswechsel, um das öffentliche Vertrauen in die Regierung wiederherzustellen. Die Professoren der Technischen Hochschule Stuttgart schlossen sich dieser Erklärung drei Tage später an. An der Universität Kiel forderten christlich-demokratische Studenten die Entlassung von Strauß. In Bonn veranstalteten 2000 liberale und sozialdemokratische Studenten einen Demonstrationszug, dessen Marschroute am Verteidigungsministerium vorbeiführte.

Auf Initiative von Brachers Kollegen Flume und Ballerstedt von der juristischen Fakultät wendeten sich 63 Professoren der Universität Bonn an den Bundestag. „Die Behandlung der SPIEGEL-Sache durch die Bundesregierung war schlimmer als eine Summe von Mißgriffen, sie war unwürdig", erklärten sie. „In Deutschland denken viele in erster Linie an den Schaden, der dem Ansehen der Bundesrepublik im Ausland erwächst. Uns erscheinen noch ernster die politischen Verheerungen im Inland. Schlechter innenpolitischer Stil ist wie eine schleichende Krankheit. Er legt die guten Kräfte lahm, an denen es unseren Parlamenten, unseren Parteien, unserer Beamtenschaft sicherlich nicht fehlt. Er verhindert die Ausbildung eines sicheren Staatsbewußtseins.

Zu unseren Pflichten als Hochschullehrer gehört es, die akademische Jugend an den Staat heranzuführen. Vorgänge wie die der letzten Wochen wirken diesen Bemühungen entgegen. Dazu können wir nicht schweigen.

Wir hoffen darauf, daß der Bundestag in gemeinsamer Anstrengung aller Fraktionen die Kraft haben wird, der Wahrhaftigkeit und Rechtlichkeit bei der politischen Willensbildung wieder Geltung zu verschaffen."

Die Unterzeichner reichten vom liberalen Bracher bis zum Historiker Walter Hubatsch, der, wie man sich erzählte, an Kaisers Geburtstag gerne eine schwarzweißrote Fahne auf seinem Hause hißte.

Nichtunterzeichner bedauerten, daß in der Erklärung nicht der Mißbrauch der Pressefreiheit verurteilt würde, der zu der Affäre geführt habe, oder protestierten sogar dagegen, daß Professoren ihre politische Meinung überhaupt ausdrückten. „Fragwürdig, um nicht zu sagen gefährlich", schrieb jemand an die Autoren der Erklärung. Professor F. W. Bosch wies in einem Leserbrief ungehalten darauf hin, daß zwar 63 Professoren unterschrieben, 140 dies aber nicht getan hätten, so die katholisch-theologische Fakultät geschlossen. Gegner der Erklärung waren im besonderen darüber erregt, daß einer der Autoren die unparteiische Adressiermaschine der Universität benutzt hatte, um Kopien an die Fakultät zu verteilen.

Auf die Erklärung der Bonner Professoren folgte eine Eingabe der politischen Wissenschaftler Westdeutschlands an den damaligen Bundesratspräsidenten Kiesinger: „Der aus diesem Verstoß gegen den Geist der Verfassung entstandene und noch zu erwartende Schaden", schrieben sie, „ist schwer und muß das Vertrauen des Bürgers zu Parlament und Regierung erschüttern. Dessen Wiederherstellung scheint uns nur möglich, wenn dafür verantwortliche Minister die Konsequenz aus ihrem wie immer erklärbaren Versagen ziehen."

Auf einer Matinee am Sonntag vor der Wahl in Bayern trugen Schauspieler in den Münchner Kammerspielen Zitate aus der bayerischen Verfassung vor, aus der „Virginia Bill of Rights", aus der Erklärung der Menschenrechte der Französischen Revolution, von Aristoteles, von dem früheren Reichskanzler Heinrich Brüning, von Machiavelli, Hitler, Goebbels, dem Soziologen Max Weber, dem Wiener Schriftsteller Karl Kraus, von Erich Kästner und dem heiligen Augustinus. Einer las den Bericht des Rotkreuzrepräsentanten Carl J. Burckhardt über dessen Begegnung mit Carl von Ossietzky im Konzentrationslager Esterwegen vor.

Ein anderer zitierte aus Shakespeares „Maß für Maß", 2. Aufzug, 2. Szene, die Rede des Angelo:

„Nicht tot war das Gesetz, obwohl es schlief.
Die vielen hätten nicht gewagt den Frevel,
Wenn nur der erste, der die Vorschrift brach,
Für seine Tat gebüßt. Nun ist's erwacht,
Forscht, was verübt ward, und Propheten gleich
Sieht es im Spiegel, was für künftge Sünden
(Ob jetzt schon, ob durch Nachsicht neu erzeugt
Und ferner ausgebrütet und geboren)
Hinfort sich stufenweis nicht mehr entwickeln,
Nein, sterben im Entstehn."

In Amerika veröffentlichte Ekkehard Krippendorf, einer der zornigen jungen Politologen in Berlin, einen Brief in der „New York Times": „Die Affäre sollte all denen als verspäteter Augenöffner dienen, die die tröstliche Illusion hegen, daß — mit gewissen Ausnahmen — die Bonner Republik grundsätzlich politisch gesund sei.

In den vergangenen Jahren war der SPIEGEL der auffälligste Sammelpunkt für die intellektuelle und moralische Opposition gegen das Adenauer-Establishment, die einzige weithin gelesene Zeitschrift mit einer ausgesprochen kritischen Haltung gegenüber gewissen fatalen Trends in Westdeutschland."

Es sei Zeit für die Vereinigten Staaten, einer belagerten demokratischen Minderheit zu Hilfe zu kommen, schlug Krippendorf vor.

Sein Brief wurde durch einen amerikanischen Leser, Charles R. Foster von der Universität De Pauw, angemessen beantwortet: „Was das ermutigendste für diejenigen von uns ist, die die Polizeistaataspekte an der SPIEGEL-Affäre bedauern", führte er aus, „ist, daß die deutsche Presse nahezu einmütig die Aktion des Justiz- und des Verteidigungsministeriums verurteilt hat. Überdies haben sowohl die Sozialdemokratische wie die Freie Demokratische Partei, die zusammen fast eine Mehrheit der Deutschen repräsentieren, innerhalb und außerhalb des Parlaments lebhaft protestiert."

Unmittelbar aus Bonn wendete sich Hans Meyer, ein junger Jurist, an einen amerikanischen Freund, ein paar Tage vor der Wahl in Bayern und „nach dem Rücktritt von Franz Josef

Strauß in der Form des Rücktritts der ganzen Regierung", wie er schrieb.

„Strauß wird in der nächsten Regierung sicher Justizminister", bemerkte er. „Er kann dann von Amts wegen all die Dinge tun, die er bisher als ‚Minister für Amtshilfe' tun mußte. Außerdem ist er für dieses Amt besonders qualifiziert durch den vollkommenen Mangel an Voreingenommenheit in juristischen Dingen, von einer Bindung an die Gesetze ganz zu schweigen. Es kann vermutet werden, daß er die nötige Erfahrung — die übrigens, wie wohl jeder einsehen wird, auch nicht größer zu sein braucht als die des Durchschnittswählers — im Verlauf der eigenen Prozesse erworben hat.

Zur Affäre selbst: Die Regierung erwies sich als beides, überheblich und dumm; und für diesmal hatte sie damit keinen Erfolg — das ist immerhin etwas! So viel zum Äußeren. Die entstandene Aufregung entsprach kaum dem, was dem SPIEGEL, Ahlers einbegriffen, widerfahren war; eher entsprach sie schon, wenn man überhaupt von einer Entsprechung reden will, den Ereignissen im Bundestag, wo der Kanzler einmal mehr die erste Geige recht schrill spielte (Angriff ist die beste Verteidigung — was freilich keine Maxime für einen Konzertmeister ist!). Ganz und gar entsprach sie aber der Art und Weise, wie die Presse — genüßlich beschäftigt mit der eigenen Affäre, die in einzigartiger Weise mit der der deutschen Demokratie identisch war — den politisch aktiven Teil der Bevölkerung aufgerüttelt hatte. Drei Viertel von ihnen ahnten schon seit Jahren, daß es Zeit für das Ende der Regierung des Alten war. Leider sieht es jetzt so aus, als sei die Stellung des alten Herrn stärker als 1961, da er einer ungeteilteren Unterstützung durch die CDU/CSU sicher ist, und als brauche Mende keine Skrupel mehr zu haben, wenn er bedenkt, daß selbst die FDP gemerkt hat, ihre große Stunde werde noch kommen . . .

Soll man wieder SPD wählen? Eine Partei, die bei der leisesten schadenfroh-hämischen Andeutung, auch sie könne für Landesverrat empfänglich sein, nervös wird? Wie kann man sich diese Partei in der Regierung vorstellen, wenn sie so wenig Selbstvertrauen hat, daß sie nicht einmal in der Lage ist, einen Angriff des greisen Adenauer in gehöriger Form abzuwehren?

Für den SPIEGEL vergieße ich keine Träne. Seine Auflage steigt nicht unbedeutend, und er wird wohl bald Bankrott anmelden — ich meine, wenn Adenauer abtritt und Brandt zu regieren versucht. Ich bin mehr und mehr davon überzeugt, daß Adenauer zwar ohne den SPIEGEL, nicht aber der SPIEGEL ohne Adenauer auskommen kann. Wobei hier für ‚Adenauer' eine zwölfjährige Regierung steht, die bisher den Eindruck erweckte, als sei Adenauer selbst und der ganze politische Apparat — wie die Nazis zu sagen pflegten — hart wie Kruppstahl, zäh wie Leder und so weiter."

In Frankreich wurde die Phantasie politisch Interessierter durch Dörings geheimnisvolle Andeutungen über den kalten Krieg der Geheimdienste angeregt. „Da gab es Leute, die so weit gingen, zu argwöhnen, daß die Vereinigten Staaten via Gehlen dem Verteidigungsminister eins versetzen wollten", berichtete Henri de Kergolay vom „Figaro". Während in den englischen Zeitungen nur wenige Spekulationen dieser Art auftauchten und in der amerikanischen Presse die Geheimdienstaspekte weitgehend unerwähnt blieben, erschien die Geschichte mit kleineren Variationen im „Express" und selbst im satirischen „Canard Enchaîné". Soweit es nicht ohnehin schon klar war, wurde es immer deutlicher, mit wem die Franzosen in Bonn sprachen oder besser, wer mit ihnen sprach.

In der englischsprachigen Ausgabe des „Bulletins", die hauptsächlich in Amerika verbreitet wird, unterschlug das Bundespresse- und Informationsamt die Affäre gänzlich. Jedoch wurde über sie in der von der deutschen Botschaft in London herausgegebenen Zeitschrift „The German View" berichtet. Das deutsche Justizsystem sei anders, aber deswegen keineswegs schlechter als das anderer Länder, wurde dort zur Verteidigung der Bundesrepublik erklärt. Sollte es Unregelmäßigkeiten gegeben haben, so würde das entsprechende Folgen haben. Die Kritik an der Regierung im Inland wie auch im Ausland wurde sehr betont. Ebenso wie schon Adenauer wies die Botschaft auf die Auflagensteigerung des SPIEGELS und auf Augsteins ununterbrochene journalistische Angriffe gegen Strauß aus seiner Zelle hin.

Am 1. Dezember forderten 285 Dozenten der Universität Heidelberg in einer Botschaft an Bundestagspräsident Gerstenmaier eine weitgehende Reform des Landesverratsrechts. Im ganzen gab es Protestdemonstrationen an achtzehn Universitäten und Hochschulen. Die Fakultäten von neun Universitäten und zwölf anderen Hochschulen übermittelten Erklärungen ihrer Dozenten.

Anfang Dezember ergänzte ein einsamer Demonstrant das Schild „Ossietzkystraße“ in Stuttgart durch ein zweites Schild: „und Augsteinstraße“.

Der Stand der öffentlichen Meinung am Ende des Jahres 1962 spiegelte sich in den Ergebnissen von Umfragen wider: Von den drei großen Ereignissen des Herbstes 1962 erregte die Kubakrise rund 55 Prozent der Bevölkerung am meisten, die SPIEGEL-Affäre 44 Prozent und nur ein Prozent die Offensive Chinas gegen Indien. Im Verhältnis zur Größe der Ortschaften, in denen die Befragten lebten, verringerte sich das Interesse an Kuba und vergrößerte sich jenes an der SPIEGEL-Affäre. In Gemeinden unter 10.000 Einwohnern führte Kuba mit 60 Prozent, in Städten mit über 100.000 Einwohnern die Affäre mit 51 Prozent. In der Bundesrepublik ohne Bayern lag Kuba mit 54 Prozent gegenüber der Affäre mit 45 Prozent vorn; in Bayern lautete das Ergebnis 62 Prozent zu 36 Prozent zugunsten der Kubakrise.

Auf die Frage „(Wie) hat die Bundesrepublik Ihrer Meinung nach in der SPIEGEL-Affäre (gehandelt)?“ antworteten 22 Prozent mit „ganz richtig“, 48 Prozent mit „nicht ganz richtig“ und 29 Prozent mit „unrecht“. Ein bedeutendes Übergewicht von Männern gegenüber Frauen — 34 Prozent zu 25 Prozent — neigte dazu, die Regierung zu kritisieren. Einverständnis mit der Regierung wuchs mit dem Alter der Befragten. 17 Prozent von solchen zwischen 15 und 30 Jahren fanden die Maßnahmen der Regierung „ganz richtig“, 20 Prozent von denen zwischen 30 und 50 Jahren und 27 Prozent der über Fünfzigjährigen. Es überraschte nicht, daß das Einverständnis mit der Regierung am größten in den Gemeinden unter 10.000 Einwohnern war, am geringsten in denen über 100.000. Im Norden der Bundesrepublik schnitt die Regierung bei 32 Prozent der Befragten am schlechtesten ab, in Bayern bei 26 Prozent.

Gefragt, was sie an der Affäre am schlimmsten fanden,

nannten 10 Prozent die nächtliche Aktion, 15 Prozent die Festnahme von Ahlers, 25 Prozent die ausweichende Taktik der Regierung, 12 Prozent die Intervention von Strauß, 6 Prozent die Aufregung in der Presse. Von denen, die sich als Anhänger der CDU/CSU bekannten, hielten 46 Prozent die Verhaftung der SPIEGEL-Redakteure für gerechtfertigt, gegenüber 26 Prozent der SPD-Anhänger und 37 Prozent jener, die mit der FDP sympathisierten.

Auf die Frage, ob die Bundesanwaltschaft unparteiisch vorgegangen sei, bekundeten 67 Prozent der CDU/CSU-Anhänger, 42 Prozent der SPD-Anhänger und 54 Prozent der FDP-Anhänger ihr Vertrauen in die Objektivität dieser Behörde. Im frühen Dezember 1962 glaubten 14 Prozent CDU/CSU-Anhänger, 37 Prozent SPD-Anhänger und 24 Prozent FDP-Anhänger den Rechtsstaat in Gefahr.

Auf Fragen allgemeiner Art meinten 57 Prozent der insgesamt Interviewten, Verteidigungsfragen dürften in der Presse behandelt werden, und lehnten ein Regierungsmonopol für diese Information ab. Von den SPIEGEL-Lesern hieltn 70 Prozent eine Berichterstattung über militärische Angelegenheiten für gut, 70 Prozent SPD-Anhänger, aber nur 51 Prozent CDU/CSU-Anhänger teilten diese Meinung.

Auf die Frage, was sie für das schwerste aller Verbrechen hielten, nannten 79 Prozent Mord, 15 Prozent Landesverrat und 5 Prozent Gotteslästerung.

Aufgefordert, den Begriff Landesverrat zu definieren, meinten 5 Prozent, dies sei Kritik an bestehenden Gesetzen, 23 Prozent Widerstand gegen das Dritte Reich, 43 Prozent Veröffentlichung militärischer Informationen und 83 Prozent Weitergabe militärischer Geheimnisse für Geld.

Während 50 Prozent aller Befragten Widerstand gegen das Dritte Reich nicht als Verrat einstuften, waren 61 Prozent bei erklärten SPIEGEL-Lesern, 55 Prozent der SPD-Anhänger und 49 Prozent der CDU/CSU-Anhänger dieser Meinung.

Befragt, wem sie mehr oder weniger Schuld im Falle der Veröffentlichung militärischer Geheimnisse zumessen würden, bedachten 62 Prozent die Informanten mit mehr Schuld und 6 Prozent die Journalisten, während 25 Prozent beide für gleich schuldig hielten. Bei SPIEGEL-Lesern war das diesbezügliche Verhältnis 73 zu 4 zu 19; bei SPD-Anhängern 71 zu 6 zu 18; bei CDU/CSU-Anhängern 58 zu 7 zu 30.

Der Streit über die Veröffentlichung des „Fallex"-Artikels erregte zu Beginn des Jahres 1963 noch einiges Interesse, und der vorösterliche Karneval brachte auch noch ein paar satirische Reminiszenzen, doch trugen die Lösung der Regierungskrise, das Abtreten von Strauß und vor allem die Weihnachtsfeiertage dazu bei, die Spannung abzubauen.

Kardinal Julius Döpfner in München erwähnte die Affäre in seiner Silvesterpredigt; er warnte vor der Verwechslung von Freiheit mit Zügellosigkeit und vor der Zersetzung der öffentlichen Meinung. Der „Mittag" in Düsseldorf erinnerte daran, als er Döring zum „mutigsten Abgeordneten" des vergangenen Jahres proklamierte. Kurz danach wurde das Blatt von Springer aufgekauft und eine solche Auszeichnung nicht mehr verliehen. Man erfuhr auch im Frühjahr 1963, daß ein Gefreiter der Bundeswehr, der ein Photo von Augstein in seinem Spind angebracht hatte, von seinem Leutnant gerügt worden war. Der Gefreite protestierte beim Wehrbeauftragten des Bundestages, und durch dessen Vermittlung wurde der Fall beigelegt.

Im Januar wurde berichtet, daß ein gewisser Karl Friedrich Basedow einen Filmtitel „Die SPIEGEL-Affäre" — Untertitel: „Durch einen Spiegel in einem dunklen Wort — erster Korinther 13/12" angemeldet habe. Der Film sollte eine Studie über die öffentliche Reaktion auf die Affäre werden und eine psychologische Untersuchung der Beteiligten bringen. Aber man hörte nie wieder etwas davon.

7 DIE INSTITUTIONELLE AFFÄRE

Demokratische Staaten garantieren ihren Bürgern eine freie Presse. Aber sie sprechen sich auch das Recht der Selbstverteidigung zu, sowohl gegen Angriffe von außen als auch gegen Zersetzung von innen. 1962 war die bundesdeutsche Presse nicht nur durch den Artikel 5 des Grundgesetzes geschützt, der das Recht des Bürgers feststellt, sich durch „allgemein zugängliche Quellen“ zu informieren; ihre Freiheit wurde auch weitgehend durch Gesetze verwirklicht, die ausführlicher sind als etwa gesetzliche Bestimmungen in England oder manchen Staaten der USA.

So schützt das Gesetz ausdrücklich Redaktionen vor Durchsuchung und Beschlagnahme.* Es gibt Journalisten ferner das Recht, die Aussage als Zeuge zu verweigern. Auf diese Weise werden die Informationsquellen gesetzlich geschützt. Freilich werden diese Vorrechte eingeschränkt. Paragraph 53 der Strafprozeßordnung berechtigt „Redakteure, Verleger, Herausgeber, Drucker und andere, die bei der Herstellung oder Veröffentlichung einer periodischen Druckschrift mitgewirkt haben“, zur Verweigerung des Zeugnisses „über die Person des Verfassers, Einsenders oder Gewährsmannes“ mit dem Vorbehalt, daß „ein Redakteur der Druckschrift wegen dieser Veröffentlichung bestraft ist oder seiner Bestrafung keine Hindernisse entgegenstehen“. Aber mindestens in einem Bundesland, nämlich in Bayern, ist das Recht zur Verweigerung der Zeugenaussage nahezu absolut.

In England wurden Anfang 1963 Desmond Clough vom

* Vergleiche Seite 86.

„Daily Sketch" sowie Reginald Foster und Brendan Mulholland von der „Daily Mail" wegen Mißachtung des Gerichts verurteilt, weil sie sich geweigert hatten, vor einem Sondertribunal ihre Informanten zu nennen. Der Fall hatte seinen Ursprung in der Vassall-Affäre. Das zur Untersuchung von Geheimhaltungsverfahren einberufene Gericht verlangte, daß die Reporter ihre im Staatsdienst stehenden Informanten preisgäben, von denen sie behauptet hatten, sie hätten von Vassalls homosexueller Veranlagung schon gewußt, bevor dieser wegen Spionage festgenommen wurde. Alle drei verweigerten die Aussage, wurden verurteilt und in Strafhaft genommen.

1957 wurde Marie Torre, Autorin einer Fernsehspalte in der „New York Herald Tribune", zu zehn Tagen Haft verurteilt, weil sie sich geweigert hatte, einen Informanten preiszugeben. Ihre Berufung wurde 1958 durch den Obersten Gerichtshof der USA abgewiesen. 1966 wurde Annette Buchanan, geschäftsführende Redakteurin einer Studentenzeitung, wegen Mißachtung des Gerichts verurteilt, weil sie den Namen eines Informanten an der Universität von Oregon verweigert hatte.

In Deutschland wären Urteile dieser Art kaum möglich, selbst wenn die Staatsanwälte bereit wären, das Risiko auf sich zu nehmen, diesbezügliche Strafanträge zu stellen. 1962 berichtete Leo Bermel, Wirtschaftsredakteur des „Solinger Tageblattes", die Fallhammerindustrie solle aus der Stadt Solingen an den Stadtrand verbannt werden. Bei den folgenden Ermittlungen wegen angeblichen Bruchs des Amtsgeheimnisses wurde Bermel aufgefordert, seinen Informanten preiszugeben. Er wurde besonders darauf hingewiesen, daß der Paragraph 53 der Strafprozeßordnung, die Bestimmung über den Informantenschutz, für ihn nicht zutreffe, da er selbst nicht in Gefahr sei, bestraft zu werden. Auf Bermels Weigerung, seine Quelle bekanntzugeben, was die Grundlage zu einem Testfall hätte werden können, entschied sich die Stadtverwaltung von Solingen in der zweiten Instanz, die Klage fallenzulassen.

1964 jedoch gab es einen Testfall. Arnold Geibl, Hauptbuchhalter des „Sterns", lehnte es ab, die Informanten für den Inhalt eines Artikels zu nennen, von dem man annahm, daß das Material durch Bestechung von Strafvollzugsbeamten beschafft worden sei. Er wurde angeklagt und zu einer Ordnungsstrafe von 500 Mark, ersatzweise 20 Tage Haft, verurteilt. Das Bundesverfassungsgericht hob das Urteil unter ausdrücklichem Hinweis auf den Artikel 5 des Grundgesetzes auf.

Im Gefolge der SPIEGEL-Affäre wiesen Juristen auf das Bestehen einer rechtlichen Konfliktsituation hin. Einerseits, argumentierte man, genüge Paragraph 55 — Auskunftsverweigerung bei Gefahr eigener strafgerichtlicher Verfolgung — in Verbindung mit dem Artikel 5, um alles zu decken. Dem Journalisten sei durch das Grundgesetz das Recht gegeben, auf der Basis von „allgemein zugänglichen Quellen" über alles zu schreiben — wobei freilich unklar sei, was „allgemein zugängliche Quellen" sind. Der Journalist habe nicht nur das Recht, sondern auch zu seiner eigenen Verteidigung die Pflicht, sich auf Paragraph 55 zu berufen. Damit wäre aber das spezifische Zeugnisverweigerungsrecht des Journalisten praktisch überflüssig geworden. Aber auch dadurch gab es keinen Schutz gegenüber Paragraph 108 StPO: „Werden bei Gelegenheit einer Durchsuchung Gegenstände gefunden, die zwar in keiner Beziehung zu der Untersuchung stehen, aber auf die Verübung einer anderen strafbaren Handlung hindeuten, so sind sie einstweilen in Beschlag zu nehmen." Solange Durchsuchungen von Pressebetrieben überhaupt zulässig sind, kann also auch „bei Gelegenheit" anderes Material beschlagnahmt werden, wie dies im SPIEGEL-Fall tatsächlich geschehen ist.

Doch dies war nur die Theorie. In der Praxis gab es im deutschen Presserecht aus Mangel an Testfällen kaum geeignete Präzedenzfälle. Was es an solchen jedoch gab, war eher geeignet, die Rechte der Presse zu festigen oder sogar zu erweitern. Im Prinzip war die deutsche Presse so frei, wie sie nur wollte. Auf verschiedene Weise waren die Erfolge des SPIEGELS und die der „Bild"-Zeitung positive Beweise für die Pressefreiheit in der Bundesrepublik.

Die Zwielichtzone der Berichterstattung über militärische Fragen war dagegen ein negativer Beweis. Dinge, die in den USA und in England als Gemeinplätze galten, waren in der Bundesrepublik der Öffentlichkeit weitgehend unbekannt. Abgesehen von den heftig umstrittenen Artikeln über die „Schwarze Reichswehr" in den zwanziger Jahren hatten weder Vorkriegsdeutschland noch die Bundesrepublik — sei es auch aus verschiedenen Gründen — je so etwas erlebt wie das Durchsickern des von Eisenhower in Auftrag gegebenen streng geheimen Gaither-Berichtes oder wie Anthony Verriers umfassende und vernichtende Kritik an der britischen Rheinarmee, die im Mai 1962 im „Journal of the Royal United Service Institution" erschienen war.

Angesehene und nicht leicht einzuschüchternde deutsche Journalisten antworteten auf die im Januar 1963 gestellte Frage über ihre hypothetische Bereitschaft, einen Artikel wie Verriers zu veröffentlichen, ausweichend. Nur zwei, Jens Feddersen von der SPD-eigenen „Neuen Rhein-Zeitung" und Adelbert Weinstein, erwiderten mit einem uneingeschränkten Ja. Zwei weitere — Emil Frotscher von der „Frankfurter Abendpost" und Hermann Proebst von der „Süddeutschen Zeitung" — antworteten mit einem bedingten Ja. Frotscher deutete an, daß er Details über Zahlen und Technik weglassen würde. Proebst erklärte, er würde seine Entscheidung davon abhängig machen, ob er legalen Zutritt zu den Quellen erhalte, und von seiner eigenen Beurteilung, ob ein echtes öffentliches Interesse an der Veröffentlichung bestehe. Es sei nicht seine Aufgabe, Spionen ihre Tätigkeit zu erleichtern. Marion Gräfin Dönhoff von der „Zeit" zögerte, überhaupt eine Antwort zu geben. Englische Journalisten, bemerkte sie, bekämen von offizieller Seite Sicherheitswarnungen (sogenannte „D-notices"), die ihnen die Entscheidung erleichtern. Robert Haerdter („Stuttgarter Zeitung") antwortete mit einem uneingeschränkten Nein.

Zum Teil war diese Zurückhaltung ein Nebenprodukt der SPIEGEL-Affäre, aber nur zum Teil. Die Affäre selbst war in Deutschland einmalig. Aber das Problem — oder zumindest das potentielle Problem, das sie verkörperte — ist allgemein verbreitet. Selbst in Friedenszeiten sind nicht alle Nachrichten zur Veröffentlichung geeignet, wie gerade amerikanische Journalisten zuletzt während der Kubakrisen der Jahre 1961 und 1962 sehr wohl bemerkt haben. Carl Rowan, selbst ein hervorragender Reporter während seiner Zeit bei der „Minneapolis Tribune" und später stellvertretender Staatssekretär für öffentliche Angelegenheiten im State Department, umriß die möglichen Schwierigkeiten bei einer Podiumsdiskussion an der New York University im Jahre 1961: „Ich weiß, daß die meisten

Zeitungen des Landes buchstäblich nach meinem Skalp schreien würden, wenn ich einen kommunistischen Agenten träfe und ihm Informationen gäbe, die auch nur die niedrigste Sicherheitsstufe trügen", bemerkte er. „Jedoch, es geht kein Tag vorbei, ohne daß nicht irgendein Zeitungsmann bei dem Versuch, Informationen der höchsten Geheimhaltungsstufe zu erlangen, das Recht der Öffentlichkeit auf Information beschwört."

Es wirkte ironisch, daß gegen Ende 1962 amerikanische Zeitungsleute über Sicherheit debattierten, während deutsche Politiker über Pressefreiheit diskutierten. „Ich wünschte, die Presse führe fort, die Regierung zu kritisieren und unnötige Geheimhaltung zu brandmarken, wo immer sie existiert", erklärte Rowan ferner auf der Podiumsdiskussion. „Ich glaube nicht, daß es uns furchtbar viel schaden wird. Und wenn Sie verantwortungsbewußt kritisieren — und einige Kritik für die Presse selbst übrig haben —, dann kann das eine ganze Menge Gutes nicht nur für die Presse, sondern für unsere ganze Nation bedeuten."

Eine ähnliche Erklärung von Rowans deutschen Kollegen — Schmückle, einem Berufsoffizier, und von Hase, einem Berufsdiplomaten — war schwer vorstellbar. Sich einen Journalisten wie Rowan auf deren Posten zu denken war gleichermaßen schwierig. Felix von Eckhardt, Bonns dritter offizieller Regierungssprecher, war eine Ausnahme. Von Eckhardt, jetzt CDU-Bundestagsabgeordneter, war nicht nur selbst Zeitungsmann, auch sein Vater und sein Großvater waren Zeitungsleute. Im allgemeinen jedoch entsprachen die Vorbehalte der Regierung gegenüber den Journalisten jenen der Journalisten gegenüber der Regierung. Für die 17 Jahre — 1949 bis 1966 —, in denen die CDU eine absolute Vormachtstellung innegehabt hatte, war die Einladung von Strauß an Ahlers, Pressechef des Verteidigungsministeriums zu werden, außergewöhnlich, die Absage von Ahlers typisch. Daß er später, als die Koalitionsregierung aus CDU und SPD gebildet worden war, das Angebot akzeptierte, Regierungssprecher zu werden, war eine Sache für sich und etwas anderes als etwa die Ernennung Pierre Salingers zum Sprecher des Weißen Hauses, Arthur Sylvesters zum Sprecher des US-Verdeidigungsministeriums oder Rowans selbst durch die Kennedy-Regierung. Für einen früheren Lokalredakteur wie

James V. Forrestal oder einen „Times“-Korrespondenten wie Lord Chalfont (Alan Gwynne-Jones), die in Washington beziehungsweise in London Kabinettsmitglieder wurden, gab es kein wirkliches deutsches Gegenstück. In Deutschland wie in den meisten europäischen Ländern bleiben Soldaten, Diplomaten, Beamte und Journalisten eben, was sie sind.

Der traditionelle deutsche Respekt vor dem Fachmann, besonders vor dem militärischen Fachmann, verstärkte sich paradoxerweise durch die Konsequenzen des Zweiten Weltkrieges. Amerikas Aufstieg zur Weltmacht und damit zu weltweiter Verantwortlichkeit nach 1945 brachte selbst seine Intellektuellen dazu, sich zu engagieren. Amerikas öffentliche Meinung, dem Militär gegenüber seit je skeptisch, entwickelte ein ganz untraditionelles Interesse an militärischen Dingen: Der Krieg war nun erst recht eine zu ernste Sache, um den Generalen überlassen zu werden. Die Deutschen gingen den entgegengesetzten Weg. Mit Deutschlands Abstieg vom Großmachtstatus und dem Zusammenbruch der bis dahin am wenigsten angetasteten militärischen Tradition in Europa neigten die meisten Deutschen dazu, ihren Intellektuellen in Richtung antimilitärischer Apathie zu folgen. Eine kleine Minderheitsgruppe wurde fast buchstäblich zu Generalen ohne Armee. Das waren die Offiziere des Zweiten Weltkrieges, deren Erfahrungen und Perspektiven in jeder Hinsicht mit dem Jahre 1945 endeten. Im Verlauf einer halben Generation, zwischen 1945 und 1962, wurde die Nation eines Clausewitz zu einer Nation geistiger Zivilisten.

1962 hielt sich nur eine der großen Tageszeitungen, die „Frankfurter Allgemeine Zeitung“, einen hauptamtlichen Militärkorrespondenten. Und erst 1964 stellte der SPIEGEL einen eigenen Militärsachverständigen an. Ahlers und Schmelz waren strenggenommen politische Redakteure, die über Verteidigungsfragen schrieben. Für Leser mit Spezialinteressen gab es in Deutschland nichts von der Art eines „Bulletin of the Atomic Scientists“ oder wie „Survival“, die Zeitschrift des Londoner „Institute for Strategic Studies“. Es gab nur die „Wehrwissenschaftliche Rundschau“ und die „Wehrkunde“. Die eine wurde meist von verabschiedeten Generalen geschrieben und redigiert, die andere, obwohl das Produkt interessierter Zivilisten, wandte sich hauptsächlich an aktive Offiziere und Reserveoffiziere mittlerer Ränge. Zwischen 1961 und 1962 machten historische Artikel die Hälfte des Umfanges der „Wehrwissenschaftlichen Rundschau" und ein Viertel der „Wehrkunde" aus. Die wenigen strategischen Analysen, die erschienen — 10 von 135 Artikeln in der „Wehrwissenschaftlichen Rundschau", 24 von 372 in der „Wehrkunde" —, stammten fast nur von ausländischen Autoren oder waren Nachdrucke ausländischer Veröffentlichungen.

Obwohl Deutschland unausweichlich der Schauplatz jedes zukünftigen europäischen Krieges sein mußte, obwohl die Wehrdebatte der frühen fünfziger Jahre das politische Klima wie kaum ein anderes Thema in der deutschen Geschichte angeheizt hatte und obwohl Deutschland nach Kopfstärke und militärischem Potential — mit Ausnahme der Vereinigten Staaten — mehr Gewicht aufbrachte als jedes einzelne andere Mitglied der NATO, bestand der einzige bedeutende Beitrag zur politisch-strategischen Auseinandersetzung der späten fünfziger und frühen sechziger Jahre aus dem Buch Helmut Schmidts „Verteidigung oder Vergeltung". Schmidt selbst gestand einem Interviewer, er kenne nur einen deutschen Journalisten — Theo Sommer von der „Zeit" —, der Leuten wie Henry A. Kissinger von der Universität Harvard oder Alastair Buchan vom Londoner „Institute for Strategic Studies" das Wasser reichen könne.

Taten schon Presse, Öffentlichkeit, Oppositions- und Regierungsparteien kaum etwas dazu, die Aufmerksamkeit in höherem Maß auf Verteidigungsfragen zu lenken, so hatten der Verteidigungsminister wie auch die Ministerialbürokratie Gründe, an dem bestehenden Zustand nichts zu ändern. Im Prinzip war der Minister gegenüber der Presse alles andere als feindlich eingestellt; er bediente sich ihrer vielmehr mit Vergnügen und einer gewissen Geschicklichkeit. Adelbert Weinsteins Wert lag weniger in dem, was er schrieb, als in der Autorität, mit der er es sagte. Aber Strauß war hinsichtlich Kritik ebenso empfindlich wie jedermann, und es entsprach der natürlichen Tendenz der deutschen Bürokratie, ihn vor Kritik zu schützen.

„Die Bürokratie schließt ihre Türen hermetisch zu bei uns", bemerkte der frühere Generalbundesanwalt Max Güde 1963 in einem Fernsehinterview, „und die Journalisten schauen durch die Schlüssellöcher.“ Die Informationsquellen unter Kontrolle zu halten ist auch in anderen Ländern als Deutschland die erste Frontlinie bürokratischer Selbstverteidigung. 1962 gingen die amerikanischen Staatssekretäre Robert Manning und Arthur Sylvester, selbst ein früherer Zeitungsmann, noch weiter, als Bonns Verteidigungsminister je gegangen war, als sie ihre Beamten aufforderten, Interviews nur in Anwesenheit eines offiziellen Beobachters zu geben oder formelle Berichte über gewährte Interviews abzufassen. In der Bundesrepublik wurde die Selbstverteidigung der Bürokratie jedoch durch das Strafgesetzbuch unterstützt, das die Kontrolle über die Quellen zu einer potentiellen Kontrolle über die Journalisten ausweitet.

Dennoch war die SPIEGEL-Affäre keineswegs unvermeidlich. In ihrem Verlauf wurden mehr oder weniger offenkundige Züge des Nationalcharakters — wie etwa: „Die Deutschen lernen nie“ — sowohl von ausländischen Deutschenhassern als auch von einheimischen Masochisten genüßlich für alle möglichen Zwecke ins Feld geführt. Doch waren derlei Argumente diesmal nicht gültiger denn je. Sich ihrer zu bedienen war naiv, unaufrichtig oder einfach falsch. Das Schauspiel offizieller ostdeutscher Solidaritätstränen für eine freie Presse hätte den Geist von Goebbels noch höhnisch lächeln lassen.

Desgleichen war die Affäre weder ein Zufall noch das Ergebnis einer Verschwörung noch ein Zeichen diktatorischer Gelüste. Daß der zuständige Minister Stammberger von den Vorgängen nicht informiert worden war und Strauß in Spanien intervenierte, lag zwar deutlich „etwas außerhalb der Legalität“ und führte, wenn auch etwas schleppend, zu entsprechenden Konsequenzen. Beide Tatsachen hatten aber mit dem formellen Verfahren gegen den SPIEGEL nur mittelbar etwas zu tun.

Was mit Augstein, Ahlers und dem SPIEGEL geschehen wäre, wenn einerseits der Justizminister der CDU angehört hätte und anderseits Ahlers — wie Schmelz — freiwillig nach Hause gekommen wäre, ist schwer vorzustellen. „Wenn sich Strauß nicht eingemischt hätte, würden wir sie erwischt haben“, meinte Adenauers Staatssekretär Hans Globke bei einem Interview mit dem Autor.* Legalität, nicht Illegalität

* Am 1. Februar 1966 in Globkes Bonner Haus.

war der Kern des Problems. Die Affäre mag Zweifel darüber geweckt haben, ob die Bundesrepublik ein freier Staat war. Aber sie hinterließ keine Zweifel daran, daß sie ein Rechtsstaat war.

Es war das Recht in seiner konkreten Form, es waren seine Institutionen und die Menschen, die es verwalteten, durch die das traditionelle Ziel des deutschen Liberalismus, der Rechtsstaat, so problematisch wurde. Das Rechtsprinzip zusammen mit dem Katalog von Verfahrensvorschriften und dem Grundsatz, wonach Handlungen, die nicht durch das Gesetz mit Strafe bedroht sind, auch nicht verfolgt werden dürfen, bildet die erste Voraussetzung für die bürgerliche Freiheit. Schlechte Gesetze können besser sein als gar keine Gesetze. Auf diese Weise konnte Globke selbst, der 1953 einen Kommentar zu den nationalsozialistischen Rassegesetzen veröffentlicht hatte, 1965 bei einer Zeugenaussage vor Gericht behaupten, daß trotz all ihrer Ungerechtigkeit die Gesetze die Opfer vor uneingeschränkter Willkür bewahrt hätten. Aber wie die Mode verlieren Gesetze ihre Rechtfertigung, wenn sich die Zeiten oder die Umstände ändern. Eine große Anzahl von Deutschen bemerkte 1962 mit Entsetzen, daß die gesetzgeberische Haute Couture des 19. Jahrhunderts die Blößen nicht mehr richtig bedeckte.

Das allgemeine Problem war das Verhältnis des Bürgers zum Staat, der mit größerem Erfolg als alle seine Vorgänger den Anspruch erhob, eine liberale Demokratie zu sein. Das besondere Problem lag in den Landesverratsbestimmungen der Bundesrepublik. Im Prinzip gingen sie zurück bis 1871. Die spezielle Vorschrift, auf die sich die Vorwürfe gegen Augstein und Ahlers stützten, war im wesentlichen unverändert. Paragraph 92 des Strafgesetzbuches von 1871 bestimmte: „Wer vorsätzlich Staatsgeheimnisse oder Festungspläne oder solche Urkunden, Aktenstücke oder Nachrichten, von denen er weiß, daß ihre Geheimhaltung einer anderen Regierung gegenüber für das Wohl des Deutschen Reichs oder eines Bundesstaats erforderlich ist, dieser Regierung mitteilt oder öffentlich bekanntmacht ... wird mit Zuchthaus nicht unter zwei Jahren bestraft."

In Paragraph 99 der seit 1951 gültigen Fassung heißt es: „Staatsgeheimnisse im Sinne dieses Abschnittes sind Tatsachen, Gegenstände oder Erkenntnisse, insbesondere Schriften, Zeichnungen, Modelle oder Formeln oder Nachrichten darüber, deren

Geheimhaltung vor einer fremden Regierung für das Wohl der Bundesrepublik Deutschland oder eines ihrer Länder erforderlich ist.

Verrat im Sinne dieses Abschnitts begeht, wer vorsätzlich ein Staatsgeheimnis an einen Unbefugten gelangen läßt oder es öffentlich bekanntmacht und dadurch das Wohl der Bundesrepublik Deutschland oder eines ihrer Länder gefährdet."

Und Absatz 1 des Paragraphen 100 StGB lautet: „Wer ein Staatsgeheimnis verrät, wird wegen Landesverrats mit Zuchthaus bestraft." — Eine Verurteilung im Jahre 1962 hätte also Zuchthaus bis zu zehn Jahren bedeuten können.

Ergaben sich aus dem Gesetzestext die Gleichsetzung der Veröffentlichung von Staatsgeheimnissen mit ihrem Verkauf, die grundsätzliche Nichtbeachtung der Motive sowie nicht zuletzt die Doppeldeutigkeit des Begriffs „Sicherheit" als latente Gefahren von Anfang an, so offenbarte die Geschichte der Landesverratsverfahren in Deutschland mit bemerkenswerter Klarheit, bis zu welchem Maß die auf höchsten moralischen Prinzipien beruhende „Herrschaft der Gesetze" auch eine „Herrschaft der Menschen" war.

1900 gab es im Deutschen Reich sechs Verurteilungen wegen Landesverrats; im ganzen waren es 19 zwischen 1896 und 1914. Immer betrafen sie Spione im klassischen Sinn. In keinen der Fälle war ein Journalist verwickelt. Wenn auch das Zweite Reich seine Pressemärtyrer hatte, so basierten im allgemeinen die Verfahren auf relativ harmlosen Vorwürfen wie Majestätsbeleidigung.

All dies änderte sich mit dem Entstehen der Weimarer Republik. Nach ihrer Verfassung die erste liberale Demokratie in der deutschen Geschichte, war die Weimarer Republik in der Justiz jedoch von einem bedrückenden Autoritarismus gezeichnet, der aus Paragraphen Waffen machte. 1921 gab es 111 Verurteilungen wegen Landesverrats, 1923 1200 Verfahren und 137 Verurteilungen, und 1924 waren es schon 1081 beziehungsweise 516. Allein in den ersten zwei Monaten des Jahres 1925 liefen 755 Verfahren, davon 20 gegen Journalisten; im Verlauf jenes Jahres gab es 516 Verurteilungen. Selbst wo eine endgültige Verurteilung unwahrscheinlich war, leitete man Verfahren wegen ihrer abschreckenden Wirkung ein, und zwar mit Vorliebe gegen die pazifische Linke. 1923 wurden 30 Ermittlungsverfahren gegen Journalisten anhängig gemacht; 1925 waren es durchschnittlich 10 im Monat.

Der berühmteste Fall von „publizistischem Landesverrat" in der Weimarer Republik war der Fall Ossietzky im Jahre 1931. Carl von Ossietzky, Herausgeber der radikal-pazifistischen „Weltbühne", hatte 1929 Kritik an der illegalen Wiederaufrüstung der deutschen Luftwaffe geübt und auf die Zusammenarbeit mit Spanien sowie mit der Sowjetunion und ferner auf Haushaltsmanipulationen, in die die „Deutsche Lufthansa" verwickelt war, verwiesen.

Ossietzky wurde von Reichswehrminister Groener des Landesverrats beschuldigt. Was die Verurteilung besonders zweifelhaft machte, war nicht, daß Ossietzky Staatsgeheimnisse veröffentlicht hatte — was er nicht bestritt —, sondern die Frage, ob die veröffentlichten Geheimnisse überhaupt als solche hätten eingestuft werden dürfen, da es sich ohne Ausnahme um die Verletzung von Verträgen handelte, die Deutschland unterzeichnet hatte. Indem das Gericht Ossietzky für schuldig erklärte, die Sicherheit des Deutschen Reiches aufs Spiel gesetzt zu haben, machte es sich eine Definition der Sicherheit zu eigen, die ausdrücklich vertraglichen Verpflichtungen sowie Artikel 4 der Weimarer Verfassung zuwiderlief, der vorsah, daß das internationale Recht bindender Bestandteil des deutschen Rechts sei.

Die Präzedenzfälle aus der Weimarer Zeit, insbesondere der Fall Ossietzky, spielten verständlicherweise eine emotionelle Rolle bei der SPIEGEL-Affäre. Von Anfang bis Ende rief die Affäre passende und unpassende historische Assoziationen hervor. Im November 1962 veröffentlichte der SPIEGEL eine Geschichte der Landesverratsrechtsprechung in Deutschland, die zwar von dem Redakteur Hermann Renner gezeichnet, jedoch in Wirklichkeit vom hessischen Generalstaatsanwalt Fritz Bauer geschrieben war, einem Mann mit besonders lebhafter Erinnerung an die Weimarer Republik. Während des Dritten Reiches war Bauer emigriert.

Natürlich spielten die Landesverratsvorschriften auch während des Dritten Reiches eine wichtige Rolle. Die Reform des Strafrechtsverfahrens 1934 fügte fahrlässigen Landesverrat der Liste judizierbarer Tatbestände an, womit den Gerichten die Schwierigkeiten erspart wurden, die sie bislang hatten, Beweise für Vorsatz und Absicht zu finden. Zwar kennen das amerikanische und das französische Recht ähnliche Bestimmungen, doch sind dort solche Verfahren ausdrücklich auf Beamte und Offiziere beschränkt, etwa auf einen Offizier, der seine Aktentasche verliert. Das deutsche Recht kennt dagegen solche Begrenzungen nicht, und die Vorschriften der NS-Ära wurden von der Bundesrepublik übernommen, wenn auch die Strafandrohung von lebenslänglichem Gefängnis auf zwei Jahre reduziert wurde. Neu war auch die Möglichkeit, nebenbei Geldstrafen zu verhängen.

1946 waren die überkommenen Verratsbestimmungen zwar durch den alliierten Kontrollrat suspendiert worden, jedoch nur, um später unter den denkbar unglücklichsten Umständen zu neuem Leben erweckt zu werden. 1945 sahen sich die Deutschen einer Tabula rasa gegenüber. Die traditionellen Kräfte des Konservatismus waren diskreditiert, und die Kräfte des nichttraditionellen, das heißt nationalsozialistischen Konservatismus, vorläufig erledigt. Unter diesen Umständen erfreute sich eine Minderheit politisch interessierter Deutscher einmaliger Einmütigkeit. Wenn überhaupt, so war jetzt Zeit für eine Änderung. Aber der Augenblick wurde verpaßt. Die Landesverratsvorschriften wurden nicht im Sommer 1945, sondern im Sommer 1951 zur Debatte gestellt, auf dem Höhepunkt des „kalten Krieges“ in Europa, eines kalten Bürgerkrieges, und vor allem des Koreakrieges, der die Westdeutschen mehr als alles andere die eigene Verwundbarkeit gewahr werden ließ. Am 11. Juli 1951 wurden die überkommenen Verratsparagraphen in vollem Umfange wiedereingeführt, einschließlich der Vorschriften der NS-Ära. Nur eine bedeutsame Reform kam unter dem Druck der SPD zustande: Eingedenk des Beispiels Ossietzky beschloß der Bundestag, daß ein Abgeordneter, wenn es sein Gewissen verlangt, Staatsgeheimnisse bekanntgeben dürfe, vorausgesetzt, er halte sie für mit der Verfassung nicht vereinbar. Das bedeutete, daß Bürger, die im Besitz von Staatsgeheimnissen waren, sich an einen Bundestagsabgeordneten wenden konnten, um eine Diskussion über die von ihnen bezweifelte Verfassungsmäßigkeit zu erreichen. Doch hat es bis heute dennoch keinen Testfall gegeben, und die SPIEGEL-Affäre lieferte auch keinen.

Eine weitere Chance für einen Testfall ergab sich 1963, als der Angestellte beim Bundesamt für Verfassungsschutz Werner Pätsch öffentlich erklärte, das Amt habe verfassungswidrig Telephone abgehört, außerdem seien dort frühere Gestapo-Angehörige beschäftigt. Pätsch wandte sich aber nicht an einen Bundestagsabgeordneten, sondern ging zu Dr. Josef Augstein. Pätsch wurde 1965 vor Gericht gestellt; verurteilt wurde er jedoch nicht wegen Landesverrats, sondern wegen vorsätzlicher Verletzung des Amtsgeheimnisses.

Der Bundesgerichtshof entschied, es wäre die Pflicht des Angeklagten gewesen, seine Bedenken seinem Vorgesetzten oder einem Bundestagsmitglied mitzuteilen. Direkt an die Öffentlichkeit habe er sich jedenfalls nicht wenden dürfen. Er sei verpflichtet gewesen, nur das „geringste Risiko" einzugehen. Pätsch erhielt vier Monate Gefängnis mit Bewährung.

Die Probleme blieben dieselben wie zuvor. Und spezifische Folgerungen beziehungsweise praktische Konsequenzen waren im wesentlichen akademische Spekulationen. In dieser Hinsicht — wie in manch anderer — war Bonn nicht Weimar. Nachkriegsdeutschland befand sich wieder im Zustand eines latenten Bürgerkrieges; aber dieser kalte Bürgerkrieg spielte sich hauptsächlich zwischen dem westdeutschen Staat und dem ostdeutschen „Staat" ab und nicht — wie während der zwanziger Jahre — zwischen sozialen Gruppen und Parteien. Deutsche Journalisten — einschließlich der SPIEGEL-Redakteure — schienen zeitweilig in eine Hol's-der-Teufel-Skepsis über ihre berufliche Situation zu verfallen. „Was wir auch machen, wir stehen immer mit einem Bein im Gefängnis", soll Schmelz nach Erscheinen des „Fallex"-Artikels zu Gerstenmaiers Sekretär gesagt haben. Aber bis zur Affäre war dies eine romantische Übertreibung. Risiken mag es gegeben haben. Aber was die Presse betraf, gab es wiederum keine Testfälle, die sie veranschaulicht hätten.

In der Zeit nach dem Zweiten Weltkrieg waren allerdings in Fällen, bei denen es nicht um die Presse ging, recht warnende Beispiele sichtbar geworden. „Die Sicherheit der Bundesrepublik Deutschland" stellte sich als ebenso nebelhafter Begriff heraus wie „die Sicherheit des Deutschen Reiches“. Die Definition des Staatsgeheimnisses war mindestens genauso schwierig. Mit beträchtlicher psychologischer Einsicht beharrten die Nachkriegsgesetzgeber auf dem herkömmlichen „materiellen“ Geheimnisbegriff gegenüber dem „formellen“, der zum Beispiel im amerikanischen Recht angewendet wird. Was ein Staatsgeheimnis ist, wird nicht vom Stempel eines ministeriellen Sicherheitsbeamten bestimmt, sondern vom wohlüberlegten und theoretisch objektiven Spruch eines Gerichtes. Paradoxerweise — oder scheinbar paradoxerweise — konnte ein ausdrücklich „geheim“ gestempeltes Dokument sich vor einem Gericht als keineswegs geheim herausstellen. Ein nicht als „geheim“ bezeichnetes Schriftstück konnte anderseits — wenigstens theoretisch — als wichtig für die Sicherheit der Bundesrepublik befunden werden.

Die Unzulänglichkeiten solcher Begriffseinordnung innerhalb eines Systems, das sonst durch die Genauigkeit seiner Definitionen gekennzeichnet ist, waren beabsichtigt. Das geschah auch nicht ohne Berechtigung in einem Land, dessen Beamte noch überwiegend der Ansicht zuneigten, die Russell Baker dem früheren Abrüstungsberater der amerikanischen Regierung Philip J. Farley zugeschrieben hat: „Ich sehe natürlich ein, daß eine freie Presse ein Bollwerk der Demokratie ist, aber es ist sehr schwierig, die Aufgaben der Regierung durchzuführen, wenn die Dinge in den Zeitungen erscheinen.“

Die Nachteile waren gleichwohl offensichtlich, zumindest für Journalisten, sollten sie auf der Anklagebank landen. Die Frage nach dem Geheimnis, an sich eine Frage, die durch das Urteil des einzelnen Bürgers entschieden wird, kann letztlich nur vom Richter wirklich beantwortet werden, da nur er berechtigt ist, die notwendige Beziehung des Falles zur Sicherheit der Bundesrepublik festzustellen, von der es abhängt, ob es sich um ein Staatsgeheimnis handelt, und damit, ob der Angeklagte verurteilt oder freigesprochen wird. Die Präzedenzfälle aus der Nachkriegszeit boten Grund genug, skeptisch zu sein. Deutsche Richter zeigten wenig Hemmungen, das Vorliegen eines Staatsgeheimnisses festzustellen. Eine weitere Gefahr, die das Verratsstrafrecht in der Bundesrepublik in sich birgt, liegt darin, daß der Dritte Senat des Bundesgerichtshofs in Karlsruhe für diese Dinge, jedenfalls soweit es sich um schwere Fälle handelt, allein zuständig ist. Gegen seine Entscheidung gibt es keine Berufung. 1954 entschied der Bundesgerichtshof, daß bei Personen mit Sicherheitseinstufung schon die Bereitschaft zu reden die Verletzung eines Staatsgeheimnisses darstelle, und zwar ohne Rücksicht darauf, ob sie etwas gesagt haben oder was sie sagen könnten. 1956 stellte der Bundesgerichtshof fest, daß Namen und Tätigkeit von zivilen Informanten der verschiedenen Geheimdienste — Verfassungsschutz und so weiter — ebenso wie die Namen von deren Angestellten geheim seien. Das Pätsch-Urteil vom Jahre 1965 ließ die Deutung zu, die vormalige Gestapo-Mitgliedschaft von Mitgliedern des Verfassungsschutzamtes sei ebenfalls ein Staatsgeheimnis. In einem Urteil aus dem Jahre 1957 war festgestellt worden, daß die Außenpolitik einer politischen Partei unter gewissen Umständen als Geheiminformation angesehen werden könne. 1958 entschied der Bundesgerichtshof, daß es für die Sicherheit der Bundesrepublik wichtig sei, die Bewaffnung des Bundesgrenzschutzes und seine Personalstärke geheimzuhalten.

Zwei berühmt gewordene Entscheidungen aus dem Jahre 1955 weiteten den Geheimnisbegriff noch mehr aus. In der einen, auf der die sogenannte Bestätigungstheorie basiert, wurde festgestellt, daß Informationen, die dem potentiellen Feind beweisbar bekannt waren, gleichwohl noch dem Bereich des Staatsgeheimnisses zugeordnet werden können, da ihre Mitteilung oder Veröffentlichung möglicherweise bekräftigen und so bestätigen könne, was bis dahin dem möglichen Gegner zwar bekannt gewesen sein mochte, aber noch nicht von ihm notwendigerweise geglaubt wurde. Die andere, die zur sogenannten Mosaiktheorie führte, betraf einen ostdeutschen Agenten, der allgemein zugängliche technische Details katalogisiert hatte. Der Bundesgerichtshof entschied, daß die einzelnen Tatsachen der Liste, die selbst nicht geheim waren, sich insgesamt deswegen in ein Staatsgeheimnis verwandelten, weil sie systematisch geordnet wurden. Beide Fälle bekamen potentielle Bedeutung für den SPIEGEL.

Die praktischen Probleme der Entscheidung wurden von Hermann Teske, einem früheren Redakteur der „Wehrkunde“, in einem Brief an den SPIEGEL im August 1966 beleuchtet: „1958 wurde mir als damaligem Schriftleiter der militärischen Fachzeitschrift ‚Wehrkunde' von einem jungen Journalisten eine größere Arbeit über das Strategische Bomberkommando der USA mit sehr genauen Zahlen- und Ortsangaben angeboten. Die Prüfung der ungemein interessanten Arbeit durch den von mir darum gebetenen, zu dieser Zeit amtierenden Inspekteur der Bundesluftwaffe, General Kammhuber, persönlich ergab, daß die Publikation nach dessen Worten schwersten Verrat militärischer Geheimnisse bedeutete. Der Verfasser, nach seinen Quellen befragt, äußerte, er habe seit Jahren aus der in- und ausländischen Presse sämtliche Mitteilungen über das Strategische Bomberkommando karteimäßig erfaßt und daraus seine Studie zusammengestellt. Ich unterließ ihre Publikation. Wenige Monate später erschien die Arbeit in einer anderen militärischen Fachzeitschrift. Kein Hahn hat danach gekräht."

Über die theoretischen Probleme der Urteile zeigten sich Rechtsprofessoren wie Werner Maihofer (Saarbrücken) und Ulrich Klug (Köln) beunruhigt. Beide wiesen auf die offensichtliche Unvereinbarkeit der Landesverratsvorschriften mit der Verfassungsgarantie der Pressefreiheit hin. Dieses Grundrecht, behauptete Klug, begrenze notwendigerweise die Anwendbarkeit der Landesverratsbestimmungen als solcher und schränke selbst im Bereich ihrer Anwendbarkeit die Bedeutung von Beweisen ein. Jedenfalls, so stellte er fest, wenn er formell schuldig sei, handle ein Journalist nicht so verwerflich wie ein Spion. Maihofers Kritik war noch radikaler. Die entsprechenden Bestimmungen kämen nicht nur mit dem Grundrecht in Konflikt, argumentierte er in einem Brief an die „Frankfurter Allgemeine Zeitung", es sei auch denkbar, daß sie mit dem Grundsatz der Gleichheit aller vor dem Gesetz kollidierten, wenn der Regierung de facto ein Monopol über militärische Informationen zugestanden würde, ohne der Presse und der Allgemeinheit einen entsprechenden Zutritt zu solchen Informationen zu geben. Schließlich, behauptete er, widersprächen sie dem Grundsatz „nulla poena sine lege". Da die „materielle" Definition des Staatsgeheimnisses dem Bundesgerichtshof die Entscheidung überlasse, ob ein solches verletzt sei, bestehe jederzeit die Möglichkeit, ja Wahrscheinlichkeit, daß einem Journalisten der Geheimnischarakter seiner Veröffentlichung unbewußt bleibe.

Unfreiwillig tat die Bundesanwaltschaft das Ihre dazu, die Zweifel der Öffentlichkeit zu rechtfertigen. Es sei auch für den unschuldigsten SPIEGEL-Leser selbstverständlich gewesen, daß der „Fallex“-Artikel Verdacht hervorrufe, erklärte ein Sprecher in den ersten Tagen der Affäre. Aber wenn dem so war, warum dann ein Zögern von fast drei Wochen, bis Schritte eingeleitet wurden? Weil die Komplexität der Verratsvorschriften die sorgsamsten Ermittlungen erfordere, bevor ein Verfahren eingeleitet werden könne, war die Antwort. Die Probleme, die durch die Landesverratsparagraphen aufgeworfen wurden, komplizierten sich weiter durch die Art der Anwendung. 1871 war es verhältnismäßig einfach, ein Geheimnis zu erkennen. 1962 war es schwierig, wenn nicht unmöglich. Die Schwierigkeiten lagen nicht nur in technischen Verwicklungen, obwohl dies von Anfang an Problem genug war: 1871 wie 1962 waren die Richter Richter und nicht Ingenieure, Generale oder Politiker. Das Grundproblem war die technische Beschleunigung der modernen Verteidigungsplanung selbst. Da eine moderne Verteidigung vom technischen Fortschritt abhängt und der technische Fortschritt von Veröffentlichungen, geht die Tendenz paradoxerweise nicht zur Geheimhaltung, sondern zum Gegenteil. Schon aus technischen Gründen kann es nur immer weniger Geheimnisse geben. Politische Erwägungen verstärken diese Tendenz. Die Strategie der Abschreckung, von der die NATO und die Bundesrepublik abhängig sind, setzt nicht ein Minimum, sondern ein Maximum von Publizität voraus; deswegen wurden die Ergebnisse der NATO-Übungen veröffentlicht — zum Beispiel von „Holdfast“, zwei Jahre vor „Fallex 62“ —, ebenso die Standorte von Interkontinentalraketen und die Wirkung von Raketen und von sonstigen Waffen. Eingedenk der formellen und praktischen Probleme, denen sie gegenüberstand, holte die Bundesanwaltschaft die Meinung von Experten ein. Sie wandte sich jedoch an eine Stelle, die in mancher Hinsicht am wenigsten geeignet war. Das westdeutsche Verfahrensrecht schließt ausdrücklich solche Richter von Verhandlungen aus, bei denen irgendeine Partei Voreingenommenheit vermutet. Eine vergleichbare Bestimmung gibt es bei Ermittlungsbehörden nicht. Ein Gutachten des Verteidigungsministeriums über einen den eigenen Minister betreffenden Fall — dazu bei seinem Erscheinen ausdrücklich als „vorläufig“ bezeichnet und entstanden ohne eine ausreichende Untersuchung der vergleichbaren Quellen — genügte, um eine Anzeige und damit die radikalste Aktion gegen ein Zeitungsunternehmen in der jüngeren deutschen Geschichte zu rechtfertigen. Selbst wenn kein Anlaß bestanden hätte, die Objektivität des Verteidigungsministeriums anzuzweifeln, wäre es doch sehr fraglich gewesen, ob die Meinung des Ministeriums eine ausreichende Begründung eines solchen Vorgehens darstellte. Was in den Zeiten nationaler Armeen gerechtfertigt gewesen sein mochte, ließ sich nicht ohne weiteres auf die integrierten Streitkräfte einer 15-Nationen-Allianz anwenden; und die NATO als Ganzes war weit eher als die Bundeswehr allein Gegenstand des Artikels von Ahlers. Von allen NATO-Streitkräften war die Bundeswehr die einzige vollständig integrierte Armee. Da es einen NATO-Protest nicht gegeben hatte, konnte sehr wohl gefragt werden, wo überhaupt die Grundlage für ein Verbrechen lag. Jedenfalls war es ein ernster Fehler, die Presse des Auslandes zu vernachlässigen. Die „Süddeutsche Zeitung“ meinte später, die Bundesanwaltschaft habe sich verhalten, als ob sie glaube, der präsumtive Feind dürfe nicht von der deutschen Presse erfahren, was er etwa schon aus amerikanischen Zeitungen wisse.

Die Staatsanwälte zeigten sich bereit — oder wurden zur Bereitschaft angehalten —, die Berechtigung der Zweifel anzuerkennen. Aber das geschah erst später, nachdem schon fünf Journalisten verhaftet worden waren und nach der vorläufigen Festnahme von zwei weiteren, vor allem aber nach dem Sturz der Regierung.

Die Antwort der Staatsanwaltschaft war sowohl formell als auch materiell. Formell, so argumentierte sie, stellten NATO-Geheimnisse nur einen Teil, wiewohl den größeren Teil, des nicht allgemein zugänglichen Materials in Westdeutschland dar. Die westdeutsche Gerichtsbarkeit erstrecke sich auch auf die Sicherheit der Bundeswehr selbst und auf die Sicherheit der alliierten Streitkräfte in Deutschland.

Gleichwohl wurde nur das Verteidigungsministerium um ein Gutachten ersucht, nicht etwa das NATO-Hauptquartier oder die Oberkommandos der amerikanischen, englischen, französischen oder belgischen Truppen, die auf deutschem Territorium stationiert waren. Konnte man voraussetzen, daß Wunders Gutachten für diese alle sprach? Es gab auch keinen Versuch, etwa dem BND die bedeutsame Frage vorzulegen, was ein präsumtiver Feind voraussichtlich wisse, oder das Presse- und Informationsamt zu befragen, dessen Archiv doch immerhin mehr anzubieten gehabt hätte als die acht ausländischen Zeitungen, die das Verteidigungsministerium sammelte und auswertete. Auf direkte Befragung erwiderte die Bundesanwaltschaft, Staatsgeheimnisse seien ihrer Natur nach aktiv, nicht passiv; das heißt, es käme mehr auf ihren Inhalt an, als darauf, wer in sie eingeweiht sei. Wie die Frage der früheren Veröffentlichungen sei dies ausschließlich ein Problem Wunders und des Verteidigungsministeriums gewesen, behauptete Kuhn.

Dennoch wurde die NATO im Laufe des Verfahrens von der Bundesanwaltschaft direkt ins Spiel gebracht. Aber trotz der Gerüchte über eine Beschwerde General Norstads bei Adenauer — noch vor dem Erscheinen des „Fallex"-Artikels, jedoch nach den entsprechenden Kritiken in der „Frankfurter Allgemeinen Zeitung" und der „Deutschen Zeitung" — war der einzig greifbare Beweis für eine Beunruhigung der NATO ein Brief des SHAPE-Stabschefs General J. E. Moore an Strauß. Anfang Dezember 1962 behauptete „Newsweek", eine Beschwerde der NATO habe die Affäre ausgelöst. Aber diese Beschwerde tauchte unter dem Beweismaterial des Generalbundesanwalts erst sehr spät auf. Im November 1964 meldete der „Sunday Telegraph", General Lyman Lemnitzer, Norstads Nachfolger als NATO-Oberbefehlshaber, habe erklärt, der „Fallex"-Artikel habe überhaupt keine Geheimnisse enthüllt.

Moore hatte in seinem Brief betont, es sei ihm bekanntgeworden, daß geheime NATO-Dokumente in der westdeutschen Presse diskutiert würden. Er wünsche „entsprechende Maßnahmen". Aber das Datum des Briefes, der 26. Oktober, war auch der Tag der Aktionen in Bonn und Hamburg; so konnte mit einiger Berechtigung die Frage gestellt werden, wer Moore auf den Artikel hingewiesen hatte und warum. Das Datum zeigte zudem, daß offizielle NATO-Beschwerden bei der Einleitung der Verfahren keine Rolle gespielt haben konnten.

Ein späterer Brief aus dem Büro des amerikanischen Rechtsoffiziers in Heidelberg stellte gänzlich in Abrede, daß der

„Fallex“-Artikel in irgendeiner Weise die Sicherheit der amerikanischen Truppen in Deutschland gefährdet habe. Das Datum des Briefes von Moore und der Inhalt jenes des Rechtsoffiziers warfen ein seltsames Licht auf die deutschen Strafverfolgungsbehörden, die behaupteten, der Sicherheit der NATO und den auf deutschem Boden stationierten ausländischen Truppen verpflichtet zu sein, und die gleichzeitig versäumten, die logischen Konsequenzen zu ziehen. Wenn Paragraph 99 des Strafgesetzbuches, wie behauptet wurde, über Bundeswehrgeheimnisse hinaus auch solche der NATO und unter anderem solche der Vereinigten Staaten schütze, wäre es folgerichtig gewesen, drei Gutachten — nämlich auch der NATO- und US-Stellen — anzufordern oder mindestens entsprechende Unterlagen in dem des Bonner Verteidigungsministeriums anzuführen. Aber nichts dergleichen war geschehen.

Statt dessen gab es zur Ergänzung des ersten Gutachtens ein zweites, noch umfassenderes Gutachten. Es kam nur unter politischem Druck und erst über ein Jahr nach Beginn der Aktion zustande. Wie damals lag die Wahl des Gutachters beim Verteidigungsministerium. Dieses zweite Gutachten unterschied sich nur unwesentlich vom ersten. Diesmal war ein Brigadegeneral, Kurt Gerber, der Autor (Hopffgarten war erst nach Fertigstellung des ersten Gutachtens zum General befördert worden). Anders als Hopffgarten, konnte Gerber Erfahrungen als Stabsoffizier bei SHAPE vorweisen, obwohl seine Dienstzeit dort schon einige Jahre zurücklag und er zur Zeit des Gutachtenauftrags Kommandant einer Kampftruppenschule in Bayern war und nicht wie sein Vorgänger im Ministerium Dienst machte.

Er stand nicht im Ruf, ein unkritischer Bewunderer von Strauß zu sein. Anderseits gab er zu, hinsichtlich des Umfanges der in Frage kommenden, allgemein zugänglichen Militärliteratur in seinem Urteil unsicher zu sein. Auch war seine Arbeitskraft durch eine gerade überstandene Augenoperation geschwächt: Das Material, auf Grund dessen er sein Gutachten erstellte, mußte ihm vorgelesen werden.

Das zweite Gutachten wurde im März 1964 vorgelegt. Es stellte fest, daß der Artikel von Ahlers nicht 41, sondern 10 angebliche Staatsgeheimnisse enthalten habe. Fünf davon waren schon im ersten Gutachten zitiert worden; Gerber entdeckte weitere fünf, allerdings wiederum, ohne zuvor geprüft zu haben, ob in anderen Publikationsorganen frühere Veröffentlichungen erfolgt waren. Die Bundesanwaltschaft behauptete, die Differenz sei in der Hauptsache rechnerisch. Gerber habe angebliche Geheimnisse zusammengefaßt, die Wunder und Hopffgarten einzeln aufgezählt hätten. Gleichwohl bestritt man die aufschlußreiche Tatsache nicht, daß Gerbers „Geheimnisse" nicht mit jenen Wunders und Hopffgartens übereinstimmten.

Im weiteren wurde Gerbers Gutachten noch durch zwei andere ergänzt. Eines, das das Bundespresseamt im Auftrag des Bundesgerichtshofes vom März bis Juli 1963 anfertigte, war relativ unumstritten. Die Regierungsarchivare behandelten im Grunde den gleichen Bereich wie der SPIEGEL und kamen, grob gesprochen, auch zum selben Ergebnis: Es sei nachweisbar, daß der SPIEGEL als Quellen in- und ausländische Zeitungen und Zeitschriften benutzt habe, und zwar bis zur Grenze des Plagiats. Sie räumten ein, daß der Artikel von Ahlers an gewissen Stellen über die anderen als Quellen in Frage kommenden Publikationen hinausgegangen sei, und zwar in den Details wie auch in den Formulierungen. Ob dies an sich bedeutsam sei, müsse von den Militärbehörden geprüft werden. Aber diese Einschränkung entsprach berufsbedingter Zurückhaltung. Von Hase selbst, der für das Gutachten letztlich geradestehen mußte, ließ keinen Zweifel daran, was beabsichtigt war. „Sprechen die Schlußfolgerungen für die Ermittlungsbehörden oder für den SPIEGEL?" wurde er gefragt. „Für den SPIEGEL", antwortete er mit Nachdruck.

Das zweite, ergänzende Dokument war ein militärisches Gutachten, das der SPIEGEL gefordert hatte. Verständlicherweise hatte die Bundesanwaltschaft seine Notwendigkeit bestritten. Sodann weigerte sich das Verteidigungsministerium unter Hassel, den ersten Gutachterkandidaten des SPIEGELS, Oberst Hellmuth Roth, für diese Aufgabe abzustellen, obwohl er durch seinen Dienst in einem NATO-Stab während des Sommers 1962 und seine Beherrschung der englischen und französischen Sprache mindestens ebenso qualifiziert schien wie seine Vorgänger. Ein zweiter vorgesehener Kandidat, Alan Gwynne-

Jones, Militärkorrespondent der Londoner „Times" und seit 1964 als Lord Chalfont britischer Abrüstungsminister, wurde vom Generalbundesanwalt mit der Begründung abgelehnt, er unterstehe nicht der deutschen Sicherheitskontrolle. Den dritten Kandidaten, Generalleutnant Burkhart Müller-Hillebrand, akzeptierte die Bundesanwaltschaft im Dezember 1964 und der Bundesgerichtshof im März 1965. Müller-Hillebrand war von März 1961 bis März 1965 stellvertretender Generalstabschef von SHAPE und damit Moores direkter Untergebener. Er lieferte sein Gutachten im Dezember 1965 ab und kam zu dem Schluß, daß der Artikel von Ahlers überhaupt kein Staatsgeheimnis enthalten habe.

Die Zwiespältigkeit der bestehenden Rechtslage und die damit zusammenhängenden Unzulänglichkeiten des Verfahrens wurden schließlich — vielleicht in solchem Maße, daß eine vollkommene Lösung unmöglich gewesen wäre — durch den politischen und bürokratischen Apparat kompliziert, dessen Aufgabe die Erledigung des Problems war. Teils waren diese institutionellen Schwierigkeiten formeller Art, teils bildeten sie ein fundamentales Problem der deutschen Nachkriegsgesellschaft.

Die formellen Probleme wurzelten in der Natur der obersten Anklagebehörde. Indirekt ein Organ der Exekutive, theoretisch eine unabhängige und autonome Bundesbehörde, befand sich die Bundesanwaltschaft in einem andauernden Dilemma und erkannte dies auch. Sie trug keine politische Verantwortung und konnte nur in begrenztem Maße auf politische Unterstützung und Kontrolle rechnen; gleichwohl war sie für die politische Justiz zuständig. Das Ergebnis war — seit der Neufassung der Staatsschutzvorschriften des Jahres 1951 —, daß die Regierung potentiell und manchmal tatsächlich in Verlegenheit gebracht wurde und die Bundesanwaltschaft sich wegen ihrer ureigenen Aufgaben angegriffen fühlte.

Der Schlüssel zu dem Dilemma lag wahrscheinlich in Paragraph 152 der Strafprozeßordnung: „Zur Erhebung der öffentlichen Klage ist die Staatsanwaltschaft berufen. Sie ist, soweit nicht gesetzlich ein anderes bestimmt ist, verpflichtet, wegen aller gerichtlich strafbaren und verfolgbaren Handlungen einzuschreiten, soweit zureichende tatsächliche Anhaltspunkte vorliegen."

Dieses sogenannte „Legalitätsprinzip“ war als Garantie für die Gleichheit aller vor dem Gesetz gedacht. Sein Zweck war gerade in Deutschland leicht einzusehen, ebenso wie die Abneigung gegen die Alternative, das „Opportunitätsprinzip“. Angesichts der schrecklichen Beispiele aus der Weimarer Republik, ganz zu schweigen vom Dritten Reich, meinten die Deutschen, daß es nicht Sache des Staatsanwalts sei, politische Entscheidungen zu fällen. Doch ergab sich, daß die Staatsanwälte nichtsdestoweniger solche Entscheidungen trafen.

In der Praxis wurde das Legalitätsprinzip zu einem automatischen Mechanismus, so unerbittlich und unaufhaltbar wie der Besen des Zauberlehrlings. Rechtsverletzungen mußten zur Anzeige gebracht werden, sei es durch Privatpersonen, Polizei oder Bundesanwälte. Den Anzeigen mußten formelle und genaue Ermittlungen folgen, und diese rechtfertigten Durchsuchungs- und Haftbefehle. Haftbefehle wiederum führten zur Untersuchungshaft und berechtigten — wie im Falle der SPIEGEL-Aktion der Durchsuchungsbefehl — zu einer monatelangen Durchforschung der Redaktionsakten. Es war nur ein geringer Trost, daß die letzte Entscheidung einem Gericht vorbehalten blieb. Die Dreyfus-Affäre hatte immerhin erst mit einem Urteil angefangen. Die SPIEGEL-Affäre begann jedoch mit der Entscheidung — oder, wie die Bundesanwaltschaft formulieren würde, mit der Verpflichtung —, ein Ermittlungsverfahren einzuleiten. Eine Regierung und viel des moralischen Kapitals, das sich die Bundesrepublik mühsam erarbeitet hatte, gingen bei dem nun folgenden Schiffbruch unter. „Immer wenn ich morgens in den Spiegel sehe, denke ich: Das ist der Mann, der eine Regierung gestürzt hat“, meinte Buback Anfang 1966 zu einem Besucher.

Die Bundesanwaltschaft zweifelte nicht daran, daß ihre Entscheidungen Konsequenzen haben würden; aber sie wurde sich kaum bewußt, welcher Art diese sein würden. Man konnte immerhin anführen, daß die Befugnis der Bundesanwaltschaft zu einer solchen Entscheidung zeigte, wenn auch unfreiwillig, bis zu welchem Umfang die Bundesrepublik das Prinzip der Gleichheit vor dem Gesetz verwirklicht hatte. Das Argument hätte jedoch sicherlich mehr Kraft besessen, wenn es Präzedenzfälle für ähnliche Verfahren in mehr oder weniger gleichen

Situationen gegeben hätte. Die Argumente, die später benutzt wurden, um die SPIEGEL-Aktion zu rechtfertigen — nicht auffindbare Stellen in der deutschen Verwaltung, von denen Informationen durchsickerten, Beunruhigung in Washington, das Ansehen Deutschlands innerhalb der westlichen Allianz —, konnten gewiß ebensogut auf Julius Epsteins Artikel über den damaligen Stand der westlichen Berlinpolitik im „Rheinischen Merkur" bezogen werden. Die Bundesanwälte hätten erwidern können, daß von außerhalb keine Anzeige — wie etwa diejenige von Professor von der Heydte — erstattet worden sei, um sie auf den Epstein-Artikel aufmerksam zu machen. Doch war es ja auch ein Hinweis aus ihrem eigenen Amt und nicht die Anzeige von der Heydtes gewesen, der ihre Aufmerksamkeit auf den Ahlers-Artikel im SPIEGEL gelenkt hatte. Jedenfalls durfte man bezweifeln, ob eine Institution mit der eigentümlichen Kombination von Stärke und Schwäche, wie es die Bundesanwaltschaft ist, überhaupt der rechte Ort für solche Entscheidungen war.

Zwar stellte das Bundesverfassungsgericht später fest, daß die letzte Entscheidung nicht bei den Bundesanwälten lag, sondern beim Ermittlungsrichter des Bundesgerichtshofs, der die Anträge auf Durchsuchungs- und Haftbefehle zu prüfen hatte, doch blieb das grundsätzliche Problem unverändert; es wurde nur auf eine andere Ebene verlegt. Wenn die notwendige Kombination von politischer Urteilskraft und konkretem Fachwissen, die solche Entscheidungen erforderten, bei den Bundesanwälten — die auch entsprechende Experten heranziehen konnten — nicht vorausgesetzt werden durfte, ließ sie sich von einem einzelnen Richter noch weniger erwarten. Die richterliche Unabhängigkeit besteht zwar in der Theorie absolut, in der Praxis ist sie jedoch nur relativ vorhanden. Nicht einmal die Bundesanwaltschaft behauptete ernsthaft, ihre Anträge hätten ja zurückgewiesen werden können.

Aber dies war nur ein Teil des Problems. Die Intellektuellen in Westdeutschland brandmarken gern die Restauration der überkommenen konservativen Formen und Werte, die sich nach dem Krieg anbahnte. Die Affäre bewies über jeden Zweifel hinaus, wie fragwürdig und begrenzt diese Restauration war. Preußendeutschland besaß ebenso wie Frankreich und England eine Tradition des Staatsdienstes. Aber vielleicht nur in Preußendeutschland hatte der Staatsdienst das Talent nicht nur für sich beansprucht, sondern geradezu ein Monopol darauf gehabt. Der Untergang Preußens war gleichzeitig der Untergang seiner Beamtentradition. Das Talent in der Bundesrepublik fühlte sich nicht mehr zum Staat hingezogen, sondern wandte sich von ihm ab.

Man braucht nur die eleganten, mit Teakholzmöbeln und Teppichen ausgestatteten Räume des SPIEGELS mit der schäbigen Strenge der Karlsruher Büros des Bundesverfassungsgerichtshofes zu vergleichen, um die Distanz zwischen Staat und Gesellschaft zu ermessen. Die Verhandlung gegen den SPIEGEL im Januar 1966 vor dem Verfassungsgericht war eine unbeabsichtigte Lektion in angewandter Soziologie. Der Gerichtssaal selbst mit seinen hölzernen Bänken und seinen kläglich modernistischen Messinglampen hätte die Aula einer Provinzschule sein können; aber hier wohnte das höchste Gericht der Bundesrepublik. Der SPIEGEL war durch drei Rechtsprofessoren und einen Baron vertreten — hoch bezahltes Talent in teuren Anzügen —, die für ihn wirkungsvoll gegen den Staat auftraten. In einem Land, in dem der Staat zumindest in den letzten zwei Jahrhunderten eher eine zu große als eine zu kleine Rolle gespielt hatte und wo der Absolutismus zum Unglück des späteren Deutschland nur allzu gut funktioniert hatte, hatte dies seine Vorteile. Paradoxerweise gereichen die mangelnde Anziehungskraft des öffentlichen Dienstes und die Mittelmäßigkeit der Bürokratie dem Deutschland der Nachkriegszeit zum Ruhme.

Im Oktober 1962 waren die inneren Probleme jedoch sichtbar geworden. Für Richter und Bundesanwälte war Karlsruhe weniger der Gipfel ihrer Karriere als vielmehr eine zufällige Berufung, eine Tätigkeit wie jede andere. Daß der Stuhl des Generalbundesanwalts, des höchsten Anklägers der Bundesrepublik, damals unbesetzt war, war symptomatisch. Dieses Amt war in weit höherem Maß, als es sich eine verfassungsmäßig an den Rechtsstaat gebundene Gesellschaft leisten dürfte, ein Posten, den niemand haben wollte. Die unteren Ränge waren mit ehrenhaften Durchschnittsleuten zwischen vierzig und fünfundsechzig bevölkert, die mit Essenmarken in die Kantine gingen und allenfalls Durchschnittsschüler gewesen waren. Verfassungsrecht hatten sie bei Professoren gehört, die die Weimarer Verfassung verachteten. Während des Dritten Reichs hatten sie gelernt, de facto überhaupt ohne Verfassung zu leben. Sie fühlten sich dem Dienst an einem Staatswesen verpflichtet, das seine entscheidende Niederlage schon 1918 erlitten hatte. Sie mußten eingestehen, daß ihnen gar nicht bewußt geworden war, daß der Ahlers-Artikel hauptsächlich als Teil einer Debatte gedacht war, von der sie ebenfalls nichts wußten; sie waren sich, wie sicherlich die meisten Deutschen, über den Staat, dem sie dienten, im ungewissen und auch über sich selbst. Als Hopf, der weithin als Personifizierung der traditionellen preußischen Beamtentugend galt, am 20. Oktober in Karlsruhe erschien, hörten sie ihn mit viel Respekt und wenig Vorbehalt an. An dieser Stelle verbanden sich die rechtlichen Probleme mit solchen des Verfahrens, der institutionellen Autorität und schließlich mit jenen menschlicher Einsicht. Das ergab eine kritische Masse. Unter diesen Umständen war eine Explosion zwar nicht unvermeidlich, aber auch nicht überraschend.

8 DAS ENDE DER AFFÄRE

Die erste Verhandlung der SPIEGEL-Affäre fand statt, als der Bundestag noch über sie debattierte. Am 8. November 1962 verlangten Anwälte des SPIEGELS in Karlsruhe vom Bundesverfassungsgericht eine einstweilige Verfügung. Sie trugen vor, daß der SPIEGEL in der ersten Nacht der Aktion einer Zensur unterworfen worden sei, protestierten gegen die Methoden der Polizei und verlangten Rückgabe des beschlagnahmten Materials sowie Freigabe der Räume. Das Verfassungsgericht brauchte nur einen Tag bis zur Verkündung seiner Entscheidung. Akten und Büros würden zum Gebrauch nach und nach freigegeben, hieß es darin. Wenn auch die Beschlagnahme der Druckfahnen als Zensur interpretiert werden könne, so scheine doch keine Wiederholungsgefahr vorzuliegen. Jedenfalls, so argumentierte das Gericht, seien die Anträge des SPIEGELS zuwenig präzisiert, als daß ihnen stattgegeben werden könne. Was für Akten überhaupt und welche Büroräume? Wie waren auf Grund dieses Antrags Akten und Räume, die für das Verfahren von Beweisbedeutung sein könnten, von den übrigen zu unterscheiden? Vor allem aber, führte das Gericht aus, träten in dem Fall Prinzipienfragen zum Vorschein, die kaum ad hoc beantwortet werden könnten. Der Gerichtshof wollte offensichtlich seine eigene künftige Entscheidung über die Verfassungsbeschwerde nicht durch eine einstweilige Anordnung präjudizieren, für die er kein Rechtsschutzinteresse sah.

Ein zweiter Versuch, diesmal bei dem für das politische Strafrecht zuständigen Bundesgerichtshof, hatte ein paar Wochen später ein ähnliches Geschick. Der Bundesgerichtshof hielt die Beschlagnahme- und Durchsuchungsbeschlüsse im Hinblick auf das bereits vorliegende Beweismaterial für gerechtfertigt und wies darauf hin, daß der „Fallex“-Artikel das Wohl der Bundesrepublik gefährdet und in besonders hohem Maße beeinträchtigt habe. Es bestehe der dringende Verdacht, daß Staatsgeheimnisse verraten worden seien, die „gegenwärtigen Verhältnisse“ — offenbar war die Kubakrise gemeint — rechtfertigten den Verdacht. Der Gerichtshof verneinte eine Gefahr für die Pressefreiheit und bestätigte im Gegenteil das Recht der Ermittlungsorgane, auf Grund der bestehenden Vorschriften Büroräume unter Verschluß zu halten sowie Akten zu sichten und zu beschlagnahmen. Anfang Dezember unterlag der SPIEGEL beim Bundesgerichtshof mit einem weiteren Antrag.

„Vielleicht hatten wir niemals eine Chance“, erinnerte sich einer der Anwälte des SPIEGELS in bezug auf die ersten Anträge beim Verfassungsgericht, „aber wir wollten zeigen, was hier vor sich ging.“ Die späteren Versuche beim Bundesgerichtshof konnten immerhin damit erklärt werden, daß gewisse Formalitäten eingehalten werden mußten. Die ordentliche Gerichtsbarkeit in der Bundesrepublik ist eine Pyramide gleichsam mit doppelter Spitze, dem Bundesgerichtshof und dem Verfassungsgericht, dessen Zuständigkeit auf Fälle beschränkt ist, die das Grundgesetz berühren. Eine Verfassungsbeschwerde des SPIEGELS wurde demgemäß erst dann zulässig, wenn der Rechtsweg erschöpft war, also wenn der im vorliegenden Fall für Staatsschutzsachen allein zuständige Bundesgerichtshof die Anträge des SPIEGELS zurückgewiesen hatte.

Es wurde Mai 1965, bis der Bundesgerichtshof mit dem Abbruch der Strafverfolgung von Augstein und Ahlers seine nächste große Entscheidung im SPIEGEL-Fall traf. Und erst im August 1966 wurde das abschließende Urteil des Verfassungsgerichts verkündet.

Im Dezember 1962 begann der Dritte Strafsenat des Bundesgerichtshofs mit der Prüfung der Zeugenaussagen und Beweisstücke und eröffnete die Voruntersuchungsverfahren, die bei den in Frage kommenden Delikten zwingend vorgeschrieben sind, bevor eine Anklage erhoben werden kann. Und im Dezember verlor der Dritte Strafsenat auch seinen Präsidenten Heinrich Jagusch. Diese Episode war selbst unter den bizarren Maßstäben der ganzen Affäre etwas Besonderes. Am 7. Dezember, als der

Bundesgerichtshof zum zweitenmal eine Beschwerde des SPIEGELS zurückgewiesen hatte, war bekanntgeworden, daß Jagusch zum Jahresende den Vorsitz des Dritten Strafsenats, der für das politische Strafrecht zuständig war, abgeben und den mit Verkehrsstrafrecht befaßten Vierten Senat übernehmen sollte. Diese Ankündigung traf scheinbar mit Untersuchungen des Münchner SPIEGEL-Büros über Jaguschs politische Vergangenheit zusammen, die wiederum durch Ostberliner Anschuldigungen angeregt worden zu sein schienen.

Freilich muß gesagt werden, daß Jagusch bei denen, die ihn gut kannten, als „linksliberal" galt. Als junger Mann war er in der Gewerkschaftsbewegung aktiv. 1937 hatte er einen Aufnahmeantrag an die NSDAP gestellt; nach Feststellung des Bundesjustizministeriums ist ihm jedoch nicht nachzuweisen, daß er jemals Mitglied der Partei war. Später arbeitete er in der Rechtsberatungsstelle der Deutschen Arbeitsfront (DAF) — sogar, wenn auch halbtags, noch während seines Jurastudiums. Über die Rechtsberatungsstellen der DAF schrieb er auch seine Doktorarbeit. Während des Krieges war er Soldat und verlor ein Auge. Ein Entnazifizierungsgericht in der britischen Zone stufte ihn nach dem Kriege als „entlastet" ein. Gemessen an seiner späteren Position, genügte seine Vergangenheit gleichwohl, um Neugier darüber zu wecken, warum die Ostdeutschen erst Ende 1962 darauf anspielten.

Damals war Jagusch der führende Kopf des politischen Strafrechts der Bundesrepublik. Fälschlicher-, jedoch auch bezeichnenderweise wurde angenommen, daß die älteren „Mosaik- und Bestätigungstheorien" sein Werk gewesen seien. Er gehörte dem Dritten Strafsenat an, als das Verfahren gegen den früheren Chef des Verfassungsschutzamtes Otto John lief, der 1954 geheimnisvollerweise in Ost-Berlin auftauchte und ein Jahr später unter ebenso seltsamen Umständen in die Bundesrepublik zurückkehrte. Im Verfahren gegen den ehemaligen Bundestagsabgeordneten Frenzel (SPD) präsidierte er dem Senat. Es gab Gründe, an seiner Sympathie für den SPIEGEL zu zweifeln.

Im Herbst 1964 veröffentlichte der SPIEGEL zwei Artikel, die sich überaus kritisch mit der westdeutschen Staatsschutzgesetzgebung befaßten. Der eine rief den Fall Ossietzky in Erinnerung. Mit gezielter Anspielung auf das noch anhängige

SPIEGEL-Verfahren wurde dem innigen Wunsch Ausdruck gegeben, die Richter des Bundesgerichtshofs möchten nicht die verheerenden Fehler ihrer Weimarer Kollegen wiederholen. Der erste Artikel war mit drei Sternchen, der zweite mit „Judex“ gezeichnet. Beide Male handelte es sich, wie Ernst Müller-Meiningen in der „Süddeutschen Zeitung“ berichtete, in Wirklichkeit um Jagusch. Zunächst bestritt Jagusch die Autorschaft, dann gab er sie zu; und einen Tag später beantragte er seine Versetzung in den Ruhestand. Im November erklärte Justizminister Bucher, daß ein Disziplinarverfahren gegen Jagusch eingeleitet worden sei, weil er seine Autorschaft an den SPIEGEL-Artikeln gegenüber seinem Chefpräsidenten geleugnet und über seine politische Vergangenheit angeblich falsche Angaben in den Personalpapieren gemacht hatte. Dies letzte konnte ihm jedoch nach Auffassung des Bundesjustizministeriums nicht nachgewiesen werden, so daß das Verfahren im Juli 1967 eingestellt wurde.

Im Januar 1963 hatte die Staatsanwaltschaft Bonn ein Ermittlungsverfahren eingeleitet, um die Umstände der Festnahme von Ahlers zu ergründen. Der Bundestag verschob eine Entscheidung über die Aufhebung der Immunität von Strauß, bis Ergebnisse vorlägen. Im April wurde Ludwig Martin Generalbundesanwalt — reichlich spät, um die Lücke zu füllen, die Güde neun unerwartet turbulente Monate zuvor hinterlassen hatte. Gegen die Beschwerde der Bundesanwaltschaft entschied der Bundesgerichtshof im Juni, daß Abschriften der Vernehmungsprotokolle, unabhängig von ihrem Geheimnischarakter, den Verteidigern der Beschuldigten zugänglich zu machen seien. Bis dahin hatte die Bundesanwaltschaft lediglich Einblick in diese Akten gewährt, sie aber nicht ausgehändigt.

Unabhängig davon liefen auch diese Ermittlungen weiter. Im August 1963 beantragte die Staatsanwaltschaft Bonn beim Bundestag die Aufhebung der Immunität von Strauß. Nur so war es möglich, die Ermittlungen wegen des Verdachts der Amtsanmaßung, die Strauß in der Nacht, als er bei den spanischen Behörden intervenierte, begangen haben sollte, weiterzuführen. Das Verfahren richtete sich auch gegen Hopf. Ende November, über ein Jahr nach Beginn der Aktion, gab Bucher in einem Interview seiner Überraschung Ausdruck, daß die Voruntersuchung beim Bundesgerichtshof noch immer lief. Aber die Sache stehe gut, fügte er hinzu. Mitte Dezember hob der Bundestag die Immunität von Strauß auf — und ebenso die von Jahn und Merten, dem stellvertretenden Vorsitzenden des Verteidigungsausschusses.

Gerbers Gutachten war Anlaß zu weiteren Verzögerungen. Im Juni 1964 deutete Generalbundesanwalt Martin an, die Hauptverdächtigen — Augstein, Ahlers und Oberst Martin — könnten möglicherweise noch vor Jahresende angeklagt werden. Im Oktober, kurz vor dem zweiten Jahrestag der Affäre, kündigte Bundesanwalt Loesdau an, in Kürze werde über die Anklageerhebung entschieden. Die Anklageschrift gegen Augstein, Ahlers und Oberst Martin wurde schließlich am 16. Oktober eingereicht.

Das Verfahren gegen Strauß in Bonn verlief weniger glatt. Die Weigerung von Strauß, sich vernehmen zu lassen, machte die Dinge nicht einfacher. Er könne die gegen ihn erhobenen Vorwürfe nicht verstehen, erklärte er. Ein umfangreicher Schriftsatz, der in seinem Auftrag von CSU-Juristen vorbereitet und von ihm unterschrieben worden war, unterstellte implizite, daß die Staatsanwaltschaft in Bonn ihrer Aufgabe nicht gewachsen sei. Statt die Zeit unschuldiger Leute in Anspruch zu nehmen, solle sie sich lieber darum kümmern, wie es zu diesen Vorwürfen gekommen sei, empfahl Strauß. Er betonte, das deutsche Strafrecht biete auch Schutz vor falscher Anschuldigung. All die bekannten Argumente wurden wieder bemüht: Amtshilfe, Auslieferungsversuche via Auswärtiges Amt, der schwere Verratsverdacht, Hopfs Kontakt mit der Bundesanwaltschaft und so weiter. „Nichts wäre mir unangenehmer, als wenn ich gezwungen wäre, für meine Rehabilitierung gerichtliche Schritte einleiten zu müssen", erklärte Strauß auf Seite 60 seiner Einlassung. „Rechtswidrig ist hier nur eines, nämlich die Einleitung und Durchführung des Verfahrens gegen Staatssekretär Hopf, Oberst Oster — und de facto auch gegen mich", hieß es weiter auf Seite 67. Für einen Nichtjuristen, so erklärte Strauß, sei das Vorgehen der Staatsanwaltschaft kaum zu verstehen. Diesem 69 Seiten umfassenden Schriftsatz vom März 1964 folgte ein zweiter von 47 Seiten Mitte September.

Der nordrhein-westfälische Justizminister Arthur Straeter

(CDU), Vorgesetzter des Bonner Oberstaatsanwalts, kritisierte öffentlich, daß Strauß viermal trotz Ladung nicht zur Vernehmung erschienen sei. Er gebe ihm noch eine Chance, erklärte Straeter gereizt; andernfalls würde das Ermittlungsverfahren ohne Strauß fortgeführt. Am 22. Oktober erschien Strauß schließlich. „Franz Josef Strauß", sagte Bucher zwei Tage später auf dem FDP-Landesparteitag in Heidelberg, „erfand hier eine ganz neue Rechtsfigur, die Figur des objektiv rechtswidrigen Verfahrens. Ich muß sagen, das habe ich als Student nie gelernt, daß es so etwas gibt, es sei denn, ich könnte mir vorstellen, wenn das Straßen- und Wasserbauamt ein Todesurteil verkündet, dann könnte man davon sprechen. Ich habe mich nur gewundert, daß es keinem aufgefallen ist. Er sagt ja, er hätte zwei Schriftsätze mit 120 Seiten geschrieben, gleichzeitig wußte er aber gar nicht, was ihm vorgeworfen wird. Ich frage mich, was in den 120 Seiten wohl drin stand."

Im Januar 1965 teilte die Bundesanwaltschaft mit, die Verfahren gegen Becker und Engel seien eingestellt worden. Im Februar wurden Conrad und Dr. Josef Augstein, im März Jacobi und Wicht außer Verfolgung gesetzt. Am 13. Mai lehnte der Bundesgerichtshof ab, die Hauptverfahren gegen Rudolf Augstein und Conrad Ahlers zu eröffnen. Güde hatte im März 1964 vorausgesagt, daß Ahlers und Augstein vor Gericht gestellt würden. Im Oktober war er noch einen Schritt weiter gegangen, indem er empfahl, das Verfahren aufzuschieben, weil es sonst die Bundestagswahlen 1965 beeinflussen könnte. Auf den Bundesgerichtshof machte dieser Vorschlag einen sehr schlechten Eindruck. Anläßlich einer Fahrt auf dem Rhein im Sommer 1964 lieferte Innenminister Hermann Höcherl als Gast der Auslandspresse in Bonn das Seine zu den Vorhersagen: „Es gibt keine Augstein-Ahlers-Affäre mehr", erklärte er, „die einzige Affäre betrifft den Oberst Martin."

In seinem Ablehnungsbeschluß argumentierte der Bundesgerichtshof, es sei möglich, daß der „Fallex"-Artikel ein paar Staatsgeheimnisse enthalten habe — obwohl das Gerber-Gutachten nicht überzeugend sei. Jedoch lehnte er ab, bei Ahlers und Augstein Vorsatz festzustellen. „Dabei ist zu beachten, daß beim sogenannten publizistischen Landesverrat an den Nachweis der inneren Tatseite in der Regel höhere Anforderungen zu stellen sind als bei Spionen und Agenten", fügte der Bundesgerichtshof hinzu.

Ahlers, so betonte das Gericht, habe von Anfang an erklärt, daß sein Artikel dem damaligen Stand der öffentlich zugänglichen Informationen entsprochen habe. Dieser Ansicht stimmten die Richter im Prinzip zu: Bei der Mehrzahl der im ersten Gutachten des Verteidigungsministeriums festgestellten angeblichen Staatsgeheimnisse sei dies sicherlich der Fall; und es treffe auch auf die von Gerber angeführten Geheimnisse zu. Bei Abfassung des Artikels habe Ahlers sichtlich in anderen Fällen abgeschwächt. Ahlers habe nicht voraussehen müssen, daß sein Artikel im ganzen geheimhaltungsbedürftig gewesen sein könne. Die Einschätzung, welche Punkte der „Fallex"-Kritik für einen Gegner von besonderem Vorteil gewesen wären, erklärte der Bundesgerichtshof, hätte nachrichtendienstliche Kenntnisse erfordert, die auch von einem Spezialisten wie Ahlers nicht ohne weiteres vorausgesetzt werden konnten.

Was Augstein betraf, so meinte der Bundesgerichtshof, dessen Behauptung, er habe keinen Grund zu der Annahme gehabt, daß der Artikel Staatsgeheimnisse enthalte, sei nicht zu widerlegen. Von militärischen Angelegenheiten verstehe er nichts, hatte Augstein ausgesagt. Das Gericht konnte ihm das Gegenteil nicht nachweisen. Unter diesen Umständen hätten Augstein und Jacobi die Frage der Geheimnisprüfung Ahlers überlassen. Wenn man bedenke, daß Ahlers bei seinen Kollegen als besonders vorsichtig bekannt war und Augstein kein einleuchtendes Motiv hatte, sich selbst, Martin und den SPIEGEL zu gefährden, könne man annehmen, daß er tatsächlich Ahlers vertraut habe.

In bezug auf den Artikel selbst hatte der Bundesgerichtshof Zweifel, daß die „Mosaiktheorie" anwendbar sei. Das Ziel des Artikels sei journalistische Wirkung gewesen, nicht aber militärische Nachrichtenübermittlung. Für intelligente Leser seien die Quellen deutlich genug gewesen. Es könne angenommen werden, daß jeder Geheimdienst in der Lage sei, den „Fallex"-Artikel abzufassen, auch ohne Hilfe des SPIEGELS. Der polemische Inhalt des Artikels vermindere auch seinen Wert als Quelle für Geheiminformationen. Daß Ahlers technisch richtige Ausdrücke verwendet habe, beweise nichts in Anbetracht seiner beruflichen Vergangenheit. Selbst bei jenen Stellen des Artikels, die hochgestellte militärische Informanten vermuten lassen, liege kein Grund zu dem Schluß vor, daß diese Informanten den Ahlers-Artikel auf seine Stichhaltigkeit geprüft hätten.

Zugunsten der Beschuldigten sprach auch, daß das Manuskript offen die Redaktion und das Archiv durchlaufen hatte. Der Artikel war zudem zweimal mit eingehenden Hinweisen auf seinen Inhalt angekündigt worden. Auch solche Informationen, die die Beschuldigten zwar erhalten, aber in der Geschichte nicht verwendet hatten, waren anderen Redakteuren mitgeteilt worden und sogar einem Bundestagsabgeordneten. Es gab aber weder Anzeichen dafür, noch war es wahrscheinlich, daß über diesen Kreis hinaus die nicht veröffentlichten Informationen weitergegeben worden waren. Es deutete auch nichts darauf hin, daß die Sekretärin von Ahlers oder sonstige Angestellte — etwa beim Photokopieren — den Inhalt des Originalexposés kennengelernt hätten.

Zusammenfassend stellte der Bundesgerichtshof fest, daß weder Ahlers noch Augstein behaupteten, daß das von ihnen veröffentlichte Material Tatsachen enthüllte, die im Widerspruch zu der damaligen NATO-Politik standen oder gar mit der Verfassung nicht vereinbar seien. Sie hätten auch nicht behauptet, daß ihre Absicht, eine Änderung der NATO-Strategie zu provozieren, die Veröffentlichung von Staatsgeheimnissen gerechtfertigt hätte. Die Kosten des Verfahrens wurden der Staatskasse auferlegt; jedoch gab es keine Haftentschädigung für Augstein und Ahlers. Sie waren aus Mangel an Beweisen außer Verfolgung gesetzt worden und nicht wegen erwiesener Unschuld. Zum erstenmal hatte der Bundesgerichtshof in einer wichtigen Sache nach Anklageerhebung die Eröffnung eines Hauptverfahrens abgelehnt. Nichtsdestoweniger feierte der „Bayern-Kurier" einen Sieg. Da das Gericht bei seiner Entscheidung die erwähnten Vorbehalte gemacht habe, erklärte er, könnten die Vorwürfe gegen Strauß nicht länger aufrechterhalten werden.

Tatsächlich wurde drei Wochen später, in der zweiten wichtigen Entscheidung über die Affäre, dieses Verfahren eingestellt. Aber nur die unkritischen Bewunderer von Strauß konnten die Gründe dieser Entscheidung als Trost empfinden. Während der

Bundesgerichtshof dahingestellt sein ließ, ob im SPIEGEL Staatsgeheimnisse veröffentlicht worden waren, stellte Drügh ohne Einschränkung fest, daß Strauß den objektiven Tatbestand der gegen ihn erhobenen Vorwürfe (Amtsanmaßung und Freiheitsberaubung) erfüllt habe. Nur Oberst Oster, gegen den neben Strauß und Hopf Beschuldigungen erhoben worden waren, wurde durch das Verfahren völlig entlastet.

Die Bonner Staatsanwaltschaft stellte fest, daß sich Stauß eindeutig die Funktionen der Ermittlungsbehörden wie auch die des Außenministeriums angemaßt habe. Nur die Polizei hätte sich an Pozo Gonzáles, nur das Außenministerium — oder theoretisch die Bundesregierung — sich an die spanische Regierung wenden dürfen, um die Auslieferung von Ahlers zu verlangen: „Die Zuständigkeitsbereiche des Bundesministers der Verteidigung und der Bundesanwaltschaft ... sind so heterogen, daß Zuständigkeitsüberschneidungen ausscheiden.“ Eine Befugnis habe sich auch nicht aus den Vereinbarungen zwischen Hopf und der Bundesanwaltschaft ergeben, weil diese sich nur auf Informanten des SPIEGELS im Bereich des Verteidigungsministeriums bezogen habe.

Daß Strauß die Festnahme von Ahlers veranlaßt habe, sei gesetzlich nicht fundiert gewesen, hieß es weiter in dem Einstellungsbeschluß. Allein die Strafverfolgungsbehörden seien für die Vollstreckung des Haftbefehls gegen Ahlers zuständig gewesen. Und die Vollstreckung in Spanien wäre in jedem Fall unzulässig gewesen. Ahlers sei auf Grund spanischen, nicht deutschen Rechts festgenommen worden; und dies auch nur, weil die spanischen Behörden falsch informiert worden seien. Drügh stellte fest: „Wer die Festnahme eines Verfolgten durch Täuschung eines ausländischen Beamten über für seinen Entschluß wesentliche Umstände erwirkt, handelt ... auch dann rechtswidrig, wenn gegen den Verfolgten ein von einem deutschen Richter erlassener Haftbefehl vorliegt. An der Rechtswidrigkeit seines Vorgehens ändert sich auch dann nichts, wenn der ausländische Beamte ... auf Grund der in ihm erregten irrigen Vorstellungen zum Einschreiten befugt war.“ Drügh anerkannte auch nicht die Berechtigung der Behauptung von Strauß, in einem übergesetzlichen Notstand gehandelt zu haben. Die Festnahme mit der Begründung, es liege ein Notstand vor, sei selbst aus Sicherheitsgründen kaum gerechtfertigt gewesen. In diesem Fall, wo es einzig darum ging, Ahlers über die mutmaßlichen Informanten im Verteidigungsministerium zu vernehmen, habe das Sicherheitsbedürfnis des Staates keinen Vorrang vor den Grundrechten. „Im übrigen", fügte Drügh hinzu, „war auch die Festnahme des Redakteurs Ahlers im Hinblick auf das ihm wie jedem zustehende Aussageverweigerungsrecht kaum ein geeignetes Mittel, die undichten Stellen im Bundesverteidigungsministerium oder in der Bundeswehr aufzudecken."

Strauß habe behauptet, hieß es weiter in dem Beschluß, er habe lediglich interveniert, um der spanischen Polizei vorzuschlagen, die Möglichkeit einer Festnahme von Ahlers auf der Basis spanischen Rechts zu prüfen — als ein Mittel, ihn zur freiwilligen Rückkehr zu überreden, oder wenigstens als Vorbereitung seiner Abschiebung. Die Aussagen Oberst Osters, Legationsrat Feits und des spanischen Hauptkommissars Pozo Gonzáles stünden jedoch dieser Darstellung entgegen.

Strauß hatte auch behauptet, daß Hopf ihm erzählt habe, er habe schon die Sicherungsgruppe in Bad Godesberg gebeten, die spanische Polizei von dem Haftbefehl gegen Ahlers in Kenntnis zu setzen. Hopf, so sagte Strauß aus, habe ihm später auch telephonisch bestätigt, daß dies geschehen sei. Hopf habe keine Zweifel über die Rechtmäßigkeit dieser Maßnahmen geäußert. Hierzu argumentierte Drügh, wenn dies richtig sei, so könnte fraglich sein, ob Strauß vorsätzlich die spanische Polizei getäuscht oder in den Zuständigkeitsbereich anderer Behörden eingegriffen habe. Angesichts der Erklärungen von Strauß vor dem Bundestag Anfang November 1962 sei dies jedoch kaum glaubhaft. Drügh fand es auch seltsam, daß Oster am 7. November angewiesen worden sei, keine Fragen des Geschäftsträgers der Botschaft zu beantworten. Und es sei auch auffallend, daß Oberregierungsrat Schnell, der Korruptionsfachmann im Verteidigungsministerium, der zufällig zwischen dem 6. und 9. November in Madrid gewesen war, sich mit Oster in Verbindung gesetzt und ihm erklärt habe, was er dem Geschäftsträger im Falle einer Befragung antworten solle.

Nichtsdestoweniger könnten die Behauptungen von Strauß nicht widerlegt werden, folgerte Drügh. Es gebe keine Zeugen für sein Telephongespräch mit Hopf. Anderseits weigere sich

Hopf auszusagen. Auch bestehe die theoretische Möglichkeit, daß Strauß den Bundestag irregeführt habe, und zwar aus Furcht davor, den tatsächlich unberechtigten Verdacht gegen ihn zu bekräftigen, aus Rache die SPIEGEL-Aktion veranlaßt zu haben. Ein solcher Verdacht hätte seine politische Position gefährden können. Eine andere Erklärung für das Verhalten von Strauß vor dem Bundestag könne darin liegen, daß er wirklich von Hopf getäuscht worden sei und diesen nun habe schützen wollen. Unter Umständen habe Hopfs Aussageverweigerung wiederum bedeuten können, daß er entweder Strauß decken oder sich selbst schützen wollte.

Es habe auch Gründe gegeben, Hopf allein zu verdächtigen. Über die Aussage von Strauß und die Aussageverweigerung hinaus komme der Tatsache Bedeutung zu, daß Hopf die Leitung der vom Verteidigungsministerium durchzuführenden Maßnahmen selbst übernommen habe, sowie seiner Aktivität in der Nacht vom 26. zum 27. Oktober. Es sei auch Hopf gewesen, der den Kontakt zur Sicherungsgruppe und zum Justizministerium aufgenommen habe und der — über die Hindernisse einer Verfolgung von Ahlers im Ausland orientiert — auf den eigenen „Draht" des Verteidigungsministeriums hingewiesen habe. Es sei bezeichnend, daß er es unterlassen habe, Kuhn oder das Auswärtige Amt anzurufen, nachdem er gewarnt worden war. Während also vieles dafür spreche, daß Hopf den Minister tatsächlich nicht in Kenntnis gesetzt hatte — vielleicht, um ihm spätere Schwierigkeiten zu ersparen —, mache das seltsame Verhalten von Strauß es unmöglich, zu überprüfen, ob er tatsächlich von Hopf getäuscht worden sei. Die Aussage von Strauß allein beweise noch nicht das Gegenteil.

Hinwiederum sei es unmöglich, ihnen Mittäterschaft nachzuweisen, und sei es auch nur, weil kein schlüssiger Beweis vorliege, daß sie — subjektiv gesehen — nicht die Opfer falscher Rechtsauskünfte gewesen seien. Sie behaupteten, durch die Notwendigkeit des Augenblicks zum Handeln gezwungen gewesen zu sein, andernfalls sie sich ihrer Ansicht nach einer Amtspflichtverletzung schuldig gemacht hätten. Drügh bezweifelte dies zwar, doch schloß er: „Den Beschuldigten würde aber kaum widerlegt werden können, daß sie infolge irriger Annahmen und Bewertungen geglaubt haben, die von ihnen bewirkte Festnahme ... des Redakteurs Ahlers sei durch eine Notstandslage gerechtfertigt. Sie hätten dann aus einem Verbotsirrtum heraus gehandelt. Wenn berücksichtigt wird, daß die Beschuldigten infolge der Kubakrise, die zum Kriege zu führen drohte und den Geheimnisverrat im Bereich des Bundesverteidigungsministeriums besonders gefährlich erscheinen ließ, einer ungewöhnlichen inneren Belastung ausgesetzt waren und ihnen für bis ins letzte durchdachte Überlegungen die Zeit fehlte, würde auch die Frage nach der Vermeidbarkeit des Verbotsirrtums möglicherweise verneint werden müssen." Ahlers, der zu einem solchen Schritt nach dem Gesetz berechtigt war, legte gegen diesen Einstellungsbescheid Beschwerde ein, zog sie jedoch später wieder zurück. „Das Leben geht weiter", sagte er. Er wollte nicht rachsüchtig erscheinen.

Der Beifall über die Einstellung war spärlich. „Ob die Staatsanwaltschaft", fragte Robert Strobel in der „Zeit", „die in dieser Sache eng mit dem Landesjustizministerium in Düsseldorf zusammengearbeitet haben muß, das Verfahren wohl mit sehr gutem Gewissen eingestellt hat? Hätte sie es auch getan, wenn es nicht um den Vorsitzenden einer Regierungspartei, sondern um einen schlichten Staatsbürger gegangen wäre? Man kann sich vorstellen, welche Einflüsse in Bonn und vielleicht mehr noch in Düsseldorf am Werk gewesen sein mögen, um den Einstellungsbeschluß zu erwirken."

Verärgert zeigte sich auch der „Bayern-Kurier", wenngleich aus anderen Gründen. Er behauptete, die Feststellung der Staatsanwaltschaft, Strauß habe den objektiven Tatbestand des Amtsmißbrauchs und der Freiheitsberaubung erfüllt, sei nicht nur rechtlich falsch, sondern auch verfassungswidrig. Der Bundestag habe die Immunität von Strauß nicht aufgehoben, um der Staatsanwaltschaft zu ermöglichen, die Rolle des Ministers bei einer illegalen Festnahme zu untersuchen, behauptete das Blatt.

Jedenfalls war Strauß, hauptsächlich durch Hopfs Hilfe, nun rechtzeitig vor den Wahlen reingewaschen. Mitte Juli wurde auch das Verfahren gegen Jahn eingestellt.

Es dauerte abermals über ein Jahr, bis das Bundesverfassungsgericht die dritte wichtige Entscheidung in Sachen SPIEGEL-Affäre fällte. Es wies die Verfassungsbeschwerde des

SPIEGELS zurück, weil vier der acht Richter sie ablehnten, so daß gegen den Antrag entschieden werden mußte. Zum erstenmal in der deutschen Rechtsgeschichte wurde auch die Meinung der überstimmten Richter veröffentlicht.

Das Bundesverfassungsgericht wies auf die Bedeutung einer freien Presse als eines grundlegenden Bestandteils des Rechts der freien Meinungsäußerung hin, die durch Artikel 5 des Grundgesetzes garantiert werde. Innerhalb bestimmter Grenzen genössen auch journalistische Quellen Schutz. Jedoch stehe die Verfassungsmäßigkeit der Landesverratsbestimmungen im Strafrecht außer Frage. Es gebe keine grundsätzliche Unvereinbarkeit zwischen ihnen und der Pressefreiheit. Beides diene einem allgemeinen Zweck: der Erhaltung der Bundesrepublik als eines demokratischen Rechtsstaates. Das Argument, Sicherheitsinteressen hätten Vorrang, weil die Existenz des Staats Voraussetzung für eine freie Presse sei, sei nicht zwingend, hieß es an einer entscheidenden Stelle des Urteils. Die Sicherheit der Bundesrepublik betreffe nicht nur einen bestimmten Verwaltungsapparat, sondern auch die politische Ordnung überhaupt, die auf dem Beurteilungsvermögen und der Anerkennung des Staatsbürgers beruhe. Öffentliche Meinungsäußerung und öffentliche Sicherheit ergänzten einander, stellte das Gericht fest. Wo Konflikte entstünden, habe keine von beiden a priori Vorrang. Beide müßten gegeneinander abgewogen werden.

An dieser Stelle gingen die Ansichten der Verfassungsrichter auseinander. Vier von ihnen stellten hier eine Verfassungswidrigkeit fest. Sie unterschieden zunächst zwischen Journalismus und Spionage. Es sei nicht nur das Recht, sondern die legitime Aufgabe der Presse, die Verteidigungspolitik zu diskutieren, erklärten die unterlegenen Richter. Obwohl sich nicht alle militärischen Informationen zur Veröffentlichung eigneten, müßten doch Verratsbestimmungen auf die Presse mit Vorsicht angewendet werden. Die „Mosaiktheorie“ sei auf die Presse gänzlich unanwendbar. Zusammenstellung und Interpretation von Tatsachen seien eben Aufgabe der Presse. Die konkrete Frage der militärischen Sicherheit könne auch nicht den Militärs allein zur Beantwortung überlassen bleiben. „Das legitime Interesse an der öffentlichen Diskussion militärischer Grundprobleme“, bemerkten sie, „wird regelmäßig nicht die

Kenntnisse von Details voraussetzen; anderseits kann eine solche Diskussion nicht ohne das Minimum der zum Verständnis des betreffenden Problems erforderlichen Fakten geführt werden."

Was den „Fallex"-Artikel anging, so fanden es die Richter nötig, festzustellen, ob die darin enthaltenen Informationen schon öffentlich diskutiert worden seien, ob er seiner Zielsetzung nach die Sicherheit der Bundesrepublik beeinträchtigt habe und gegebenenfalls wieweit die mitgeteilten Tatsachen den Zielen des Artikels entsprächen. All dies sei bei Abfassung des Durchsuchungsbefehls nicht bedacht worden, meinten sie. Ihre Kritik begann bei dem Wunder-Gutachten. Sie erstreckte sich auf den Richter, der auf Grund dieses Gutachtens den Durchsuchungsbefehl erlassen, und auf den Bundesgerichtshof, der das Gutachten durch die Zurückweisung der SPIEGEL-Beschwerden akzeptiert hatte. In keinem dieser Fälle sei Artikel 5 des Grundgesetzes bei der Beurteilung ernsthaft herangezogen worden.

Im Gegensatz dazu argumentierten die Richter, die den Beschluß der Ablehnung der Beschwerde herbeigeführt hatten, daß die Anordnung der Durchsuchung mit dem Grundgesetz vereinbar und es nur dann unzulässig gewesen wäre, sie allein auf die „Mosaiktheorie" zu stützen, wenn deren Anwendung eindeutig der Verfassung widerspräche.

Wie Wunder habe auch der den Durchsuchungsbefehl ausstellende Richter angenommen, daß er es wegen der geringen Wahrscheinlichkeit von Vorveröffentlichungen nicht mit „Mosaiksteinen", sondern mit „Originalen", das heißt mit unveröffentlichten Staatsgeheimnissen, zu tun habe. Unter diesen Umständen komme es nicht darauf an, ob die „Mosaiktheorie" verfassungswidrig sei oder nicht. An der Verfassungsmäßigkeit der Landesverratsbestimmungen des Strafgesetzbuches selbst bestehe jedoch kein Zweifel.

Mit einer kaum mißzuverstehenden Aufforderung an den Bundestag stimmte das Gericht darin überein, daß nach der gegenwärtigen Rechtslage Konflikte zwischen Ermittlungsbehörden und Presse fast unvermeidlich seien. Es sei Aufgabe des Richters, diese ihm vom Gesetzgeber hinterlassenen Konflikte vor Ausstellung von Haft- oder Durchsuchungsbefehlen zu bedenken. Daß der in der Sache „Fallex"-Artikel erlassene

Durchsuchungsbefehl vollkommen willkürlich gewesen sei, wie der SPIEGEL ursprünglich behauptet hatte, verneinten sie. Das Verteidigungsministerium sei unzweifelhaft in dem Verfahren eine interessierte Partei gewesen. Aber die Initiative und die folgende Durchführung der Aktion seien dort verblieben, wo sie hingehörten, nämlich bei der Bundesanwaltschaft.

Was die formelle Rechtlichkeit des Durchsuchungsbefehls selbst betraf, so waren die Meinungen wieder geteilt. Eine Durchsuchung war gerechtfertigt, so argumentierten die unterlegenen Richter, soweit sich der Verdacht auf die Redakteure des SPIEGELS konzentriert, nicht jedoch, wo er sich auf Dritte gerichtet habe — die Verdächtigen nämlich aus dem Verteidigungsministerium, auf die sich nicht nur die Bundesanwälte beriefen, sondern auch Strauß selbst. Die Richter stießen sich an der umfassenden Geltung des Durchsuchungsbefehls: Alle Büros des SPIEGELS in Hamburg — sieben Stockwerke mit 117 Räumen, davon 77 Redaktions- und 18 Archivräume — und in Bonn, ohne genaue Bezeichnung dessen, wonach gesucht werden sollte. Das Ausmaß der Durchsuchung habe die weitere Existenz des SPIEGELS in Frage gestellt. „Demgegenüber kann nicht eingewandt werden, daß der SPIEGEL tatsächlich trotz der einen vollen Monat dauernden Durchsuchung ohne Unterbrechung erschienen ist“, bemerkten diese Richter, „denn dies wurde nur durch die Hilfeleistung anderer Verlage ermöglicht.“ Die Durchsuchung habe überhaupt alle Informanten des SPIEGELS bedroht, auch jene, die mit der Affäre nichts zu tun hatten. Ein solcher Eingriff berühre nicht nur den SPIEGEL, sondern auch die übrigen Zeitungen und Zeitschriften der Bundesrepublik, die es nun in Zukunft zweimal überlegen würden, ob sie Fragen der Landesverteidigung behandeln sollten.

Theoretisch sei die Durchsuchung trotzdem zulässig gewesen, stellten auch die unterlegenen Richter fest. Ob sie in praxi zu rechtfertigen gewesen sei, bleibe zu untersuchen. Abermals wurde hervorgehoben, daß Journalisten nicht mit Spionen gleichzusetzen seien. Die Kubakrise, die erst nach Erscheinen des Artikels in ihr entscheidendes Stadium getreten sei, sei keine Entschuldigung für ein ungesetzliches Vorgehen. Für eine Täterschaft Augsteins habe nur geringer Verdacht vorgelegen. Seine Fehde mit Strauß beweise nichts im besonderen. Es sei auch zweifelhaft, ob ein Journalist von seiner Intelligenz, seiner Erfahrung und so besorgt um sein Ansehen, bereit gewesen wäre, das Risiko einer absichtlichen Enthüllung eines Staatsgeheimnisses auf sich zu nehmen.

Die Annahme einer Schuld von Ahlers sei mindestens ebenso fragwürdig. Gerade weil Ahlers genug Erfahrung habe, ein Staatsgeheimnis als solches zu erkennen, gebe es wenig Grund zu der Annahme, er würde es veröffentlichen. Weiter könne davon ausgegangen werden, daß er auch routiniert genug war, zwischen formeller Geheimhaltung und einem tatsächlichen Staatsgeheimnis im Sinne des Strafgesetzbuches zu unterscheiden. Es könne nicht behauptet werden, daß die Prüfung gerade dieser Voraussetzungen ausreichenden Grund für die Aktion gegeben habe. Aber selbst wenn dem so gewesen wäre, so sei eine umfassende Durchsuchung nicht der richtige Weg gewesen, argumentierten die unterlegenen Richter. Für den Vorwurf der Bestechung fanden sie überhaupt keine Rechtfertigung.

Für die Feststellung des objektiven Tatbestands eines Landesverrats sei eine Durchsuchung nicht notwendig gewesen, fuhren sie fort. Dies hätte an Hand der betreffenden Veröffentlichung nur durch das zuständige Gericht festgestellt werden können, wobei es nicht auf die Auffassung des Verteidigungsministeriums, sondern auf eine objektive Betrachtungsweise angekommen wäre. Die Durchsuchung wäre nur zur Feststellung der Motive der Verdächtigen gerechtfertigt gewesen. Aber auch dies wäre zweifelhaft gewesen. Denn hätten die SPIEGEL-Redakteure tatsächlich Staatsgeheimnisse in Besitz gehabt, wären nach der Lebenserfahrung ihre Büros der letzte Platz gewesen, um sie aufzubewahren. Vernehmungen und Ermittlungen im Verteidigungsministerium wären bestimmt eine ebenso gute Methode gewesen, die Motive der Verdächtigen festzustellen. „In einem solchen Fall muß grundsätzlich erwartet werden, daß der Staat zunächst im eigenen Hause Ordnung schafft." Die Durchsuchung habe aber begonnen, bevor dies auch nur versucht worden sei.

Unter diesen Umständen seien die abstrakten Grundrechtsabwägungen in den Beschlüssen des Bundesgerichtshofs vom November und Dezember fehlerhaft gewesen. „Die Schwere des Delikts des Landesverrats und die potentielle Gefährdung der

Staatssicherheit durch den Verrat militärischer Geheimnisse dürfen allein nicht ausreichen, um den Schutz der Pressefreiheit grundsätzlich zurücktreten zu lassen und prozessuale Zwangsmaßnahmen jeder Art zu rechtfertigen", erklärten sie. Zwar dürfe die Pressefreiheit nicht zum Deckmantel schwerer Straftaten gegen die Sicherheit des Staates genommen werden, doch müsse eine solche Verletzung der Sicherheitsbestimmungen bewiesen werden. Im Gegensatz dazu seien entsprechende Indizien im SPIEGEL-Fall nicht vorhanden gewesen.

Vielmehr habe der Zweck des Verfahrens darin bestanden, erst festzustellen, ob überhaupt gegen die Sicherheit des Staates verstoßen worden sei. Wenn bereits der Landesverratsvorwurf genüge, um die im Recht allgemeingültige Annahme fallenzulassen, wonach ein Beschuldigter so lange als unschuldig zu gelten habe, als die Vorwürfe gegen ihn nicht bewiesen seien, bliebe kein Platz für die öffentliche Diskussion von Fragen der Landesverteidigung überhaupt.

„Die Bedeutung der Pressefreiheit gebietet es, die Anwendung von Zwangsmaßnahmen bei der Strafverfolgung strengen Anforderungen zu unterwerfen, und rechtfertigt zugleich eine weitgehende Prüfung der konkreten Verfahrensgestaltung durch das Bundesverfassungsgericht. Soweit der Schutz des Grundrechts es verlangt, müssen auch an sich beachtliche Gesichtspunkte zweckmäßigen Verfahrensablaufs zurücktreten und verfahrensrechtliche Unbequemlichkeiten in Kauf genommen werden", schrieben die unterlegenen Richter.

Dagegen bejahten jene Mitglieder des Gerichtshofs, deren Auffassung für die Entscheidung bestimmend war, ohne Einschränkung die Verfassungsmäßigkeit des Durchsuchungsbefehls. Mit der Anforderung des Gutachtens habe die Bundesanwaltschaft schon mehr getan, als sie hätte tun müssen. Für das Gutachten aber habe es keine besseren militärischen Sachverständigen geben können als jene des Verteidigungsministeriums. Wunder sei bei der Beurteilung des Sachverhalts unabhängig gewesen und nicht speziell für diesen Fall ausgewählt worden; er habe aus eigenem Antrieb andere Stellen konsultiert, die mit den Problemen vertrauter gewesen seien, und sich auch an das Archiv gewandt. Sein Gutachten habe alles erfüllt, was man von ihm erwarten konnte. Es habe nicht als Grundlage für ein

Urteil oder auch nur eine Anklageschrift dienen sollen, sondern lediglich als Leitfaden für die Tätigkeit der Bundesanwaltschaft.

Auch seien weder die Bundesanwaltschaft noch der Ermittlungsrichter, der den Durchsuchungsbefehl unterschrieben hatte, den Ansichten Wunders blindlings gefolgt. Es sei nicht um die Richtigkeit des Gutachtens bis ins letzte gegangen, sondern darum, ob ein Ermittlungsverfahren gerechtfertigt sei. Unter den gegebenen Umständen könne für die Ermittlung nicht die für ein Urteil notwendige Gewißheit gefordert werden. Die Presse genieße im Strafverfahren keine besonderen Privilegien.

Im vorliegenden Fall sei eine Durchsuchung ein geeignetes Mittel und zulässig gewesen, erklärten diese Richter. Die bei der Durchsuchung zu erwartende Auffindung von Beweisstücken hätte Aufschluß über den Geheimnischarakter des veröffentlichten Materials, über die Zusammenarbeit des SPIEGELS mit Informanten aus dem Verteidigungsministerium und über die Motive, die hinter der Abfassung des „Fallex“-Artikels standen, geben können. Als die Bundesanwälte den Durchsuchungsbefehl beantragten, hätten sie sowohl die vermutete Arbeitsweise des SPIEGELS bedacht als auch, daß es sich um den ernsten Verdacht einer strafbaren Handlung gegen die Sicherheit des Staates handelte, die „an Bedeutung hinter der Pressefreiheit jedenfalls nicht zurücksteht ... Wenn die Presse sich in den Bereich militärischer Einzelfragen begibt, verschieben sich die Gewichte: Das Informationsbedürfnis der Öffentlichkeit tritt zurück, einmal, weil die Leser mangels zureichender Fachkenntnisse sich ein selbständiges Urteil ohnehin nicht bilden können, zum anderen, weil sie dieser Kenntnisse zu ihrer politischen Urteilsbildung auch nicht bedürfen.“

Grundsätzlich werde bei Landesverrat von den Justizbehörden rasches und vollständiges Vorgehen gefordert. Als einen wichtigen Faktor sahen die Richter die Kubakrise an. Der Wert von Beweismitteln, deren Auffindung bei einer Durchsuchung zu erwarten sei, sei weit höher als jener von Zeugenaussagen der Verdächtigen. Das Ermittlungsverfahren habe sich ferner gegen Augstein und Ahlers nicht als Empfänger ihnen von außen zugetragener Informationen gerichtet, sondern vielmehr gegen sie als Täter, die strafbaren Landesverrat begangen hätten. Das Interesse des Verteidigungsministeriums an den undichten Stellen im eigenen Hause beeinträchtige nicht jenes der Bundesanwaltschaft an den im SPIEGEL vermuteten Tätern. Deren Verdacht sei legitim gewesen. Die verfassungsmäßige Pflicht, die Sicherheit des Staates zu wahren, sei nicht geringer einzustufen als das Grundrecht der Pressefreiheit. Die Auffassung, die Presse habe in Sicherheitsfragen eine privilegierte Stellung oder genieße einen absoluten Beschlagnahmeschutz, finde im Gesetz keine Stütze. Es sei aber nicht die Aufgabe des Bundesverfassungsgerichts, neues Recht zu setzen.

Die Pressefreiheit dürfe nicht dazu mißbraucht werden, die Aufklärung schwerer Vergehen gegen die Sicherheit des Staates zu verhindern, fuhren sie fort. „So weitgehende Auffassungen von Pressefreiheit mußten sich auch negativ auf die Vertrauenswürdigkeit der Bundesrepublik innerhalb eines integrierten Bündnisses wie der NATO auswirken, deren andere Mitglieder, obwohl ihre Rechtsordnungen weitgehend auf der gleichen geistesgeschichtlichen Tradition fußen, einen weit intensiveren Schutz militärischer Geheimnisse für selbstverständlich halten."

Das Gericht befaßte sich sodann mit dem Einwand des SPIEGELS, der Durchsuchungsbefehl genüge seinem Inhalt nach nicht rechtsstaatlichen Erfordernissen. Wieder nahmen die unterlegenen Richter Anstoß an der außerordentlich verallgemeinernden Fassung des Befehls. Er enthalte weder Zeit noch Ort der Begehung des angeblichen „Landesverrats", bemerkten sie. Hinsichtlich des Bestechungsvorwurfs beschränkte sich der Durchsuchungsbefehl auf die Wiedergabe des diesbezüglichen Gesetzestextes und bezeichne nicht im einzelnen die zu suchenden Gegenstände.

Die für die Entscheidung maßgeblichen Richter standen dagegen auf dem Standpunkt, daß die Gründe für den Landesverratsvorwurf ausreichend schon in den Haftbefehlen angegeben waren. Diese seien zur selben Zeit erlassen worden wie der Durchsuchungsbefehl. Eine genauere Bezeichnung seiner Ziele sei jedenfalls nicht möglich gewesen. Denn die Bundesanwälte hätten — wie das Ermittlungsverfahren bewiesen habe — im Oktober 1962 nicht voraussehen können, was gefunden werde und wo. Hinsichtlich der Unzulänglichkeit des Bestechungsvorwurfs stimmten jedoch auch diese Richter mit ihren Kollegen überein. Der Landesverratsvorwurf habe die Durchsuchung aber auf jeden Fall gerechtfertigt, stellten sie fest. Es gebe keinen Grund für die Annahme, daß der Bestechungsverdacht irgendeine bedeutende Wirkung für das Ausmaß der Durchsuchung gehabt habe. Zwar hätte der Durchsuchungsbefehl nicht in dieser Art abgefaßt werden dürfen; aber seine Verfassungsmäßigkeit sei davon nicht berührt.

Dieses uneinheitliche Urteil erfuhr wiederum ein gemischtes Echo. Die regierungsfreundliche Presse fühlte sich bestätigt, was nicht überraschte — einschließlich „Bild", das, wenn auch auf der letzten Seite, ankündigte: „SPIEGEL abgewiesen". Die Freunde des SPIEGELS waren geteilter Meinung. Professor Ehmke, der den SPIEGEL in Karlsruhe vertreten hatte, war überhaupt nicht verärgert. „Als Anwalt hätte ich einen 5 : 3-Sieg natürlich vorgezogen", schrieb er einem Bekannten. „Aber rechtlich und rechtspolitisch ist dieses Urteil weit schöner. Bei 5 : 3 hätten wir eines der typischen Kompromißurteile bekommen." Jens Feddersen, der Chefredakteur der mit der SPD sympathisierenden „Neuen Ruhr-Zeitung", begrüßte das Urteil. Formell habe die Staatsräson gewonnen, schrieb er; aber der SPIEGEL sei der moralische Sieger.

Die „Zeit" sah Hoffnung: „Nachdem vier von acht Verfassungsrichtern das Vorgehen der Bundesanwälte so deutlich kritisiert haben, werden die Ermittlungsbehörden den Einflüsterungen der Exekutive und den Gutachten der Sachverständigen in Zukunft mit Sicherheit sehr viel skeptischer entgegentreten als vor der Affäre." Bischof Liljes „Sonntagsblatt", einst der Arbeitgeber von Ahlers, sah Verwirrung — aber Verwirrung über die bestehende Gesetzgebung: „Der Grenzverlauf zwischen Informationsrecht des Bürgers und äußerem Staatsschutz ist so verschwommen wie eh und je. Das Risiko, ihn zu verfehlen, bleibt weiterhin den Journalisten allein aufgebürdet."

Ernst Müller-Meiningen sah in der „Süddeutschen Zeitung" schwarz: „Gewiß nicht alles, was gegen ein Gesetz ist, braucht zugleich gegen die Verfassung zu sein. Aber die gehäufte Vielfalt rüdester Maßnahmen gegen einen Pressebetrieb, seinen Herausgeber, seine Redakteure, seine Redaktions- und Verlagsräume, sein gesamtes Archivmaterial ist und bleibt ... die brutale Ausforschung eines Presseunternehmens. Wenn das, von allen individuellen Einzelverstößen einmal abgesehen, kein flagranter Anschlag auf das Grundrecht der Pressefreiheit gewesen sein soll, dann wollen wir Hopf heißen, oder Strauß, oder Adenauer."

Im „Kölner Stadt-Anzeiger" malte Hans Gerlach noch schwärzer: „Für die Zukunft, nicht nur der Bundesrepublik, wird dieses Urteil unabsehbare Folgen haben. Noch mehr als bisher wird dadurch in Deutschland die Diskussion jener Fragen erschwert, deren Beantwortung über Krieg und Frieden entscheiden kann ... Verglichen damit ist es gar nicht mehr wichtig, daß der SPIEGEL eine Niederlage erlitten oder Strauß nachträglich recht bekommen hat ... Fast noch beunruhigender und deprimierender aber als die praktischen Folgen dieses Urteils ist die Tatsache, daß vier Richter dieses für Politik und Verfassung unseres Landes wichtigsten Gerichts nach allem Versagen, nach allen Fehlern und Verbrechen, die deutschen Obrigkeiten in diesem Jahrhundert unterlaufen sind (die sie doch selbst miterlebt haben), noch so unverbrüchlich an Recht und Weisheit der Regierenden glauben können."

Am 27. Oktober 1966 setzte der Bundesgerichtshof mit der letzten wichtigen Entscheidung in der Affäre auch Oberst Martin außer Verfolgung. „Nach dem Ergebnis der umfangreichen Ermittlungen würde die weitere Durchführung des Verfahrens über die Gefährdung hinaus, die in dem Oberst Martin vorgeworfenen Verhalten liegt, die Sicherheit der Bundesrepublik Deutschland beeinträchtigen", erklärte das Gericht in einer offiziellen Begründung.

Im Dezember 1966 wurde endlich das Verfahren gegen Hans Schmelz, den letzten der SPIEGEL-Beschuldigten, eingestellt. Nur in einem einzigen Fall, dem des tunesischen Konsuls Conrad, erkannte der Bundesgerichtshof auf „erwiesene Unschuld", und dies berechtigte den Konsul, Haftentschädigung zu fordern.

Während die Flammen der politischen Affäre im Dezember 1962 weitgehend gelöscht waren, stiegen Rauch und gelegentlich auch Funken noch für Jahre aus der Asche auf.

Das Ermittlungsverfahren gegen Jahn und Merten schwelte juristisch weiter, nachdem es in den Bundestagsausschüssen verglommen war. Im Oktober 1963 war die alte Solidarität zwischen FDP und SPD noch intakt: Die FDP-Mitglieder des

Immunitätsausschusses weigerten sich, der Aufhebung von Jahns Immunität zuzustimmen, bevor ihnen nicht die Staatsanwaltschaft eine Kopie der Aussage von Schmelz zur Verfügung gestellt hätte. Die CDU-Mitglieder machten keinen Hehl aus ihrem Ärger.

Kurz darauf hieß es, das geheimnisvolle zweite Dokument aus dem Verteidigungsausschuß (es betraf die Starfighter-Kaufverträge) könne auf dem Weg über Karl-Wilhelm Berkhan (SPD) an den SPIEGEL gelangt sein, was Berkhan aber bestritt. Jedenfalls legte Merten eine bis dahin verlorene Empfangsbestätigung vor, die aber seltsamerweise vom Oktober 1963 datiert und somit offenkundig jünger als die Photokopie war, die man bei Schmelz gefunden hatte. Berkhan und Merten traten aus dem Verteidigungsausschuß aus und beteuerten ihre Unschuld an der ganzen Affäre. Nachdem die Vertreter des Bundestages sich inzwischen mit der Staatsanwaltschaft geeinigt hatten, hob der Bundestag nunmehr Jahns Immunität gleichzeitig mit der von Strauß auf. Die CSU protestierte nochmals gegen die angebliche Ungerechtigkeit. Die SPD betrachtete sich als blitzblank sauber und sonnte sich in dem Gefühl eigener moralischer Strenge. Nur Frau Jahn gestand in einem Interview eine gewisse Verbitterung.

Kaum ein Jahr später flackerte die ganze Sache noch einmal auf, als Justizminister Bucher weitere Untersuchungen anordnete, obwohl es klar war, daß, was immer Jahn getan hatte, es kaum das Bestehen der Bundesrepublik gefährdet haben konnte. Unter dem Druck beider Seiten — der CSU wegen seines Zögerns, der Liberalen, weil er überhaupt tätig wurde — verteidigte Bucher seine Position vor seinen FDP-Kollegen. Er sei durch eine der Absonderlichkeiten des deutschen Rechts zur Einleitung der neuen Untersuchung gezwungen worden. Verbrechen, zum Beispiel Landesverrat, unterliegen dem „Legalitätsprinzip“ — die Justizbehörden sind zur Verfolgung verpflichtet —, ein Vergehen jedoch wie das der Mitteilung amtlicher Schriftstücke wird nach Paragraph 353 c Absatz 6 StGB nur auf Anordnung des Bundsjustizministers verfolgt, unterliegt insoweit also dem „Opportunitätsprinzip“. Die Entscheidung lag damit bei Bucher, der eine weitere Verfolgung Jahns hätte verhindern können. Er entschied sich anders. Zwar habe er festgestellt, so sagte er, daß der Fall — angeblich ging es noch immer um Preisgabe von Staatsgeheimnissen — auf tönernen Füßen stehe. Bundesanwaltschaft und Innenministerium seien jedoch anderer Meinung gewesen. Hätte er sich ihnen entgegengestellt, so hätte sein Verhalten wie Protektion für Jahn ausgesehen. Auch hätte es wahrscheinlich zu häßlichen Auseinandersetzungen im Wahlkampf von 1965 geführt, etwa dergestalt, daß der „Bayern-Kurier" Jahn als Verräter und ihn, Bucher, als Freund eines Verräters bezeichnet hätte. Auch wäre es nicht gerechtfertigt gewesen, praktisch am Vorabend der Bundestagswahl eine neue Kabinettskrise zu riskieren. Jahn könne sich immerhin damit trösten, daß ihm nun zur vollen Rehabilitierung eine günstige Gelegenheit geboten würde, die auch unmittelbar darauf erfolgte.

Um diese Zeit mußte die FDP zwei bedeutende Verluste hinnehmen. Im Januar 1963 erlitt Döring auf dem Weg von Bonn nach Düsseldorf einen schweren Herzanfall; er starb kurz nach seiner Einlieferung ins Krankenhaus. Seine Partei stiftete zu seinen Ehren einen jährlich zu vergebenden Preis für im öffentlichen Leben bewiesenen Mut. (Theodor Heuß wurde — posthum — der erste Träger des Döring-Preises; ihm folgten Thomas Dehler, Willi Weyer und Hildegard Hamm-Brücher, die — wie früher nur Rosa Luxemburg in der SPD — als „der einzige Mann in der Partei" galt. Als Expertin für Bildungspolitik ist sie eine der wenigen interessanten Frauen im öffentlichen Leben Deutschlands. 1967 sollte Rudolf Augstein den Preis bekommen. Der Saal und das musikalische Programm waren bereits ausgewählt, Frau Hamm-Brücher für die Festrede gewonnen worden, als sich das Komitee anders entschied. Wie Frau Hamm-Brücher hatte Augstein sich auf dem Parteitag von 1967 in Hannover gegen den Parteivorsitzenden Erich Mende gestellt. Der Döring-Preis wurde nicht vergeben; Augstein erfuhr davon aus den Zeitungen.) Das ostdeutsche Fernsehen ehrte Döring auf seine Weise, indem es ein Fernsehspiel ausstrahlte, das recht eindeutig zeigte, daß der Held des Stücks, ein mutiger junger Abgeordneter, von Dunkelmännern ermordet worden sei, weil er zuviel wußte. Im Juni 1964 trat Stammberger der SPD bei, erbittert über die Bereitwilligkeit, mit der die FDP ihn im Dezember 1962 geopfert hatte.

Während Stammberger einen Seitenwechsel vornahm, erlebte Hopf einen Aufschwung. Im Juni 1964 wurde er Präsident des Bundesrechnungshofs. Bisher Staatssekretär, war er nun formell niemandem mehr unterstellt.

Die dramatischste Szene im letzten Akt der Affäre war die Geschichte um Franz Josef Strauß. Anfang Januar 1963 schrieb Prälat Lorenz Freiberger, Chefredakteur des Münchner Bistumsblattes, einen offenen Brief an seinen Duzfreund Strauß. Dieser befinde sich in einer persönlichen Krise, meinte Freiberger. Es sei einer Überlegung wert, ob er nicht einen längeren Urlaub antreten solle. Vielleicht könne Strauß versuchen, ein bißchen Geschichtsschreibung zu betreiben, oder mit seinen Memoiren beginnen. Die „Frankfurter Rundschau" berichtete, daß Freibergers Brief mit Zustimmung von Kardinal Julius Döpfner in München veröffentlicht worden sei.

Der Gegenschlag erfolgte fast augenblicklich. Beim jährlichen Aschermittwochtreffen der CSU in Vilshofen wurde offenkundig, daß Höcherl nicht gekommen war, Strauß zu begraben, sondern ihn zu preisen. „Es gibt keine Zweifel, daß er wieder nach oben findet, weil ihn sein Naturtalent dorthin führen muß", erklärte Höcherl unter dem Beifall des Publikums. Er wurde unterstützt von Franz Xaver Unertl, dem unverwüstlichen Kämpen der bayerischen Volksseele, der mit Gefühl erklärte, daß die ganze Affäre niemals stattgefunden hätte, wenn Strauß im „preußischen" Düsseldorf geboren worden wäre. Er empfahl dem Bistumsblatt, sich aus der Politik herauszuhalten.

Nun voll zur Aktion aufgerüttelt, produzierte die Parteimaschine eine Mißfallensresolution, in der Guttenberg für seine Rolle bei den Koalitionsverhandlungen im vorhergehenden Herbst verurteilt wurde. Inzwischen fochten katholische Laienorganisationen diskret für Guttenberg als Nachfolger von Strauß im Parteivorsitz. Aber Guttenberg selbst mißbilligte diese Idee, und auch kein anderer Kandidat erschien an seiner Stelle. Die Parteizentrale strich die Hilfsgelder für eine Studentenzeitung, die früher den Rücktritt von Strauß gefordert hatte.

Im Juni brachte Strauß anläßlich eines Interviews mit dem israelischen Journalisten Amos Elon in Jerusalem noch eine andere Version seiner Rolle bei der Affäre vor. Der SPIEGEL sei die Gestapo von heute, so sagte er laut dpa. Sein Archiv beherberge Tausende von Personalakten. „Wenn ich an die Nazivergangenheit von Deutschland denke —", sagte Strauß, „fast jeder hat irgend etwas zu vertuschen. Und das ermöglicht Erpressung. Ich war gezwungen, gegen sie zu handeln." Als er ein paar Tage später bei seiner Ankunft in Madrid um genauere Erklärungen gebeten wurde, sagte er, er sei mißverstanden worden. Er habe lediglich einen Kollegen zitiert, der gesagt habe, der SPIEGEL werde zu „einer Art privatisierter Gestapo".

Im Juli wurde Strauß auf einem turbulenten Parteitag im Deutschen Museum zu München mit überwältigender Mehrheit wieder als CSU-Vorsitzender gewählt. Guttenberg, der angekündigt hatte, er werde gegen ihn stimmen, wurde von den Delegierten ausgepfiffen. In einer Rede in eigener Sache wies Strauß auf seine bescheidene Herkunft hin. Er sei, so bemerkte er mit offenkundiger Anspielung auf Guttenberg, kein Millionär, „weder durch Geburt noch durch Erwerbsstreben". Die Kirche solle sich um ihre eigenen Angelegenheiten kümmern und sich aus der Politik heraushalten, fügte er zum Vergnügen der Versammelten hinzu. Die Kombination von „armer Leute Kind" und ein wenig Antiklerikalismus war anscheinend unwiderstehlich. Bei nur 85 Gegenstimmen und 62 ungültigen Stimmen wurde Strauß mit 559 Stimmen gewählt. Bayerns Ministerpräsident Goppel erklärte, man müsse einem Mann des Alters von Strauß glauben, wenn er im November 1962 gesagt habe, daß er nicht lüge. „Wir müssen es Strauß abnehmen, daß er nicht gelogen hat", betonte er. „Es gibt Unterschiede zwischen lügen und lügen", das eine sei die objektive Unwahrheit, das andere die subjektive Wahrheit.

Strauß kehrte auf den Bonner Kampfplatz zurück. Seine unnachgiebige Opposition gegenüber Schröder im allgemeinen und gegenüber der Ratifizierung des Atomwaffenstoppabkommens im besonderen — angeblich weil die Westmächte willens waren, Ostdeutschland als Mitunterzeichner zu akzeptieren — stellte die Ouvertüre seiner neuen Rolle im deutschen Parlamentsgeschehen dar. Als Ende 1963 die Erhard-Regierung sich installiert hatte, die im wesentlichen sowohl die Politik als auch das Personal der Adenauer-Ära unverändert übernommen hatte, war de facto Strauß der Oppostitionsführer. Diese Opposition dauerte unverändert bis zu Erhards Sturz im Oktober 1966 an. War es unmöglich, mit Strauß zu regieren, wie die SPIEGEL-Affäre scheinbar ergeben hatte, so war es offenbar ebenso unmöglich, ohne ihn zu regieren — wenigstens so lange, wie die CSU bereit war, ihn zum Vorsitzenden zu wählen.

Sozusagen als Zugabe erreichte er eine Reihe von Siegen über besondere Feinde. Das Landgericht München verurteilte Augstein im Juli 1965, ein Schmerzensgeld von 25.000 Mark an Strauß sowie drei Viertel der Prozeßkosten zu bezahlen. Das Gericht stellte fest, Augstein habe dem Exminister die behauptete Korruption nicht nachweisen können, freilich auch, daß Strauß als Kläger das Gegenteil ebenfalls nicht bewiesen habe. Augstein wurde ferner zum Widerruf der Behauptung verurteilt, daß Strauß während seiner Ministerzeit Geld genommen habe und daß „Onkel Aloys“, dem der Arzt Vernehmungsunfähigkeit bescheinigt hatte, Strauß einen Koffer voll Geld gebracht habe. Augstein mußte jedoch nicht die Behauptung zurücknehmen, daß Strauß korrupt sei, daß er auf Beschaffungsverträge Einfluß genommen und daß Kapfinger behauptet habe, seine „Fibag“-Gewinne mit Strauß teilen zu müssen. Aber er durfte diese Vorwürfe nicht wiederholen; Augstein legte Berufung ein; das Oberlandesgericht München wies ihn jedoch ab und legte ihm auf Grund einer Berufung von Strauß die Bezahlung von neun Zehntel der Prozeßkosten auf.

Der Sieg von Strauß über Augstein wurde durch einen weiteren Sieg, diesmal über die FDP, vervollständigt. Diese hatte ihrem Wahlkampf im Jahre 1965 eine Pro-Erhard- und Anti-Strauß-Kampagne zugrunde gelegt. In einer Wahlbroschüre mit der Auflage von acht Millionen Exemplaren hatte sie sich als Partei des Rechts und der Ordnung angepriesen. Die FDP, so behauptete die Broschüre, sei der beste Schutz des Bürgers vor nächtlichen und illegalen Verhaftungen in Spanien. Strauß jedoch, den Bescheid der Bonner Staatsanwaltschaft über die Einstellung des Verfahrens gegen ihn in der Tasche, beantragte eine einstweilige Verfügung gegen die Verbreitung der Broschüre. Dem Antrag wurde stattgegeben.

Während der ganzen Affäre vermißte man wenigstens die Andeutung einer Entschuldigung, sei es durch Strauß, sei es durch die Regierung. „Ich hätte einige Dinge anders machen müssen", war das Äußerste, zu dem sich Strauß verstieg. Die Außerverfolgungsetzung von Augstein und Ahlers im Mai 1965 veranlaßte die SPD, die Haltung der Regierung in der Affäre zu beanstanden. Die Regierung weigerte sich aber, darauf einzugehen. Der neue Justizminister Karl Weber interpretierte die Karlsruher Entscheidung zum Vorteil seiner Partei. Der Bundesgerichtshof habe festgestellt, daß Verdacht gerechtfertigt gewesen sei; und der bestehe jetzt noch. Der standfeste Höcherl beharrte darauf, er habe während der berühmten Debatte im November 1962 lediglich von „Tatverdacht" gesprochen. Die Behauptung, er habe auch das Wort „Landesverräter" benutzt, sei aus dem Zusammenhang gerissen. Er habe nur „die Beschuldigten" gemeint, die im dringenden Tatverdacht des Landesverrats standen. Unter dem Druck der Journalisten deutete von Hase an, er sei der Ansicht, daß die Presse zu militärischen Einrichtungen leichter Zutritt haben müsse und daß es Zeit für eine Reform des Staatsschutzrechtes sei.

Ein Jahr später gab es eine neue Verwirrung, als der Vorsitz des Dritten Strafsenats beim Bundesgerichtshof vakant wurde. Bundesrichter Kurt Weber erklärte öffentlich, er sei übergangen worden, weil der für die Ernennung zuständige Justizminister Anstoß an seiner Haltung bei den Entscheidungen in der SPIEGEL-Affäre genommen habe. Die Kommentatoren der meisten Zeitungen meinten, dies sei nicht unmöglich, aber doch nicht sehr wahrscheinlich.

Adenauer selbst zeigte sich privatim versöhnlich. „Ist das wirklich wahr, daß Sie in Spanien im Gefängnis waren?" fragte er Ahlers bei einem Zusammentreffen. Als sie sich das nächste Mal sahen, schenkte er Ahlers den ersten Band seiner gerade erschienenen Memoiren. Ahlers bat um eine Widmung. „Herrn Ahlers zur Erinnerung", schrieb Adenauer. Und als er ihm das Buch zurückgab, sagte er: „Damit ist Ihre Spanienreise beendet."

Inzwischen schien es, als sei Ahlers auch mit Strauß ins reine gekommen. „Strauß hat sich gewandelt", schrieb er Anfang 1966 — nicht im SPIEGEL, sondern im CDU-nahen „Civis".

Es habe sich nicht so sehr die Politik von Strauß geändert als vielmehr seine Persönlichkeit. „Geblieben sind auch Temperament und Vitalität, doch sind Durchsetzungskraft und -wille gebrochener, als sie erscheinen. Spürbar ist auch eine deutliche Unsicherheit, eine Bereitschaft zum Fragen und sich selbst in Frage zu stellen, ein Werben um Vertrauen, wo früher vornehmlich Mitkämpfer geworben werden wollten. Dies alles ergibt ein mehrdeutiges Bild, erweckt den Eindruck einer so oder so unvollendeten Geschichte, deren Schluß sowenig abzusehen ist wie die Bahn, in der sie schließlich verlaufen wird", schrieb Ahlers.

Diese Prognose wurde durch die im Laufe des Jahres eintretenden Ereignisse bestätigt. Am 27. Oktober 1966, genau vier Jahre nach Beginn der Affäre und am selben Tag, an dem der Bundesgerichtshof das Verfahren gegen Oberst Martin einstellte, entschloß sich die FDP, das Kabinett zu verlassen. Die Ära Erhard ging zu Ende.

Als sich die Nebel drei Wochen später gelichtet hatten, wurde sichtbar, daß die CDU/CSU und die SPD endlich ihre große Koalition gebildet hatten. Strauß kehrte als Finanzminister ins Kabinett zurück. Höcherl blieb, was er seit Herbst 1965 war, nämlich Landwirtschaftsminister. Zum erstenmal seit 1930 Teilhaberin an der Macht, nominierte die SPD Jahn als parlamentarischen Staatssekretär für das Auswärtige Amt und den SPIEGEL-Verteidiger Ehmke als Staatssekretär im Justizministerium. Ahlers wurde eingeladen, als stellvertretender Regierungssprecher ins Presse- und Informationsamt zurückzukehren. Nach kurzer Überlegungszeit nahm er an. Anders als Augstein sei er seit nahezu zwanzig Jahren ein Befürworter der großen Koalition gewesen, sagte er. Er betonte auch seinen Standpunkt, daß jeder Journalist, der ein Angebot für ein Regierungsamt ausschlage, sein moralisches Recht auf Kritik verloren habe.

„Ist das so?" fragte Augstein. „Ist illoyal, wer in der neuen Regierung keinen Posten übernimmt? Haben wir, nach siebzehn Jahren CDU-Regierung, solch einen wirtschaftlichen Notstand erreicht, daß illoyal ist, wer sich eine Regierung ohne CDU-Kanzler vorstellen konnte?"

Dennoch wünschte er Ahlers alles Gute. In einem wehmütigen

Abschiedsartikel schrieb Augstein: „So wünschen wir Conrad Ahlers Glück, dem der SPIEGEL viel verdankt, dem er ironischerweise auch die SPIEGEL-Affäre verdankt, und hätten doch lieber gesehen, daß er nicht Bundespressechef geworden, sondern SPIEGEL-Redakteur geblieben wäre, staatsloyal und, meinetwegen, weitere zwanzig Jahre für die große Koalition."

Am 2. Januar 1967 veröffentlichte der SPIEGEL ein SPIEGEL-Gespräch mit dem neuen Finanzminister. Brawand und Augstein selbst waren die Interviewer. Die höfliche, aber kühle Unterhaltung (auf dem Illustrationsphoto sah es tatsächlich so aus, als habe Augstein seinen Mantel anbehalten) betraf Deutschlands Verhältnis zu den Vereinigten Staaten und zu seinen europäischen Nachbarn, die Zukunft von Deutschlands Wirtschaft, seinen Haushalt, das Problem der wachsenden nationalen Enttäuschung und die Möglichkeiten für ein integriertes westeuropäisches Verteidigungssystem.

„Bonn lebt jetzt in der Ära Kiesinger", beobachtete Walter Henkels ein paar Tage bevor das Gespräch erschien in der „Hannoverschen Allgemeinen Zeitung", „und wir haben die Beruhigung, daß wir auch über die Weihnachten und den Jahreswechsel in ihr leben werden. Etwas phantastisch wird die Kombination, daß wir künftig Ahlers und Franz Josef Strauß gemeinsam auf der Regierungsbank sitzen sehen werden. Bonn wurde fast in innere Unruhen gestürzt, als es hörte, daß Rudolf Augstein vom SPIEGEL in der Weihnachtswoche bei Strauß war. Auch der Chronist erkühnt sich nicht mehr, Vorbehalte gegen F. J. S. zu äußern. F. J. S. hat ihn gebeten, sich einmal mit ihm zusammenzusetzen. Ist er nicht der bedeutendste Bonner Politiker, den die Leute, die über die Macht der Druckerschwärze verfügen, je verkannt haben?"

9 RÜCKBLICK AUF DIE AFFÄRE

Es gab, um mit Aristoteles zu sprechen, Augenblicke des Mitleids und der Furcht. Es gab Augenblicke voll Heroismus. Die Affäre hatte sogar ihre Helden: Krämer-Badoni, den Leitartikler, der seinen Stolz überwand; den Bundestagsabgeordneten Bausch, den Kleinstadtbürgermeister Dräxlmaier und die Münchner CSU-Studenten, die ihre Parteitreue überwanden; Döring von der FDP und die Sozialdemokraten während der Fragestunden vom November 1962; die marschierenden Studenten und die protestierenden Professoren; die „Zeit", die „FAZ", die „Süddeutsche" und die „Stuttgarter Zeitung"; und eine Reihe von Rundfunk- und Fernsehleuten, die sich durch öffentlich bewiesene Zivilcourage in einem Lande auszeichneten, wo dies alles andere als eine traditionelle Tugend ist.

Dies alles hatte auch seine Wirkung; aber diese Wirkung war um so schwerer abzuschätzen, je mehr der Schock nachließ. Dazu wurde es im Laufe der Zeit immer schwieriger, zu erklären, was denn nun Gutes dabei herausgekommen sei.

Das Ende war erfreulich. Die Beschuldigten wurden einer nach dem anderen außer Verfolgung gesetzt. Obwohl nur einer von ihnen Haftentschädigung erhielt, hatten doch die anderen die moralische Genugtuung, daß nicht ein einziger vor Gericht gestellt wurde. Der SPIEGEL selbst ging aus der Affäre ohne sichtbaren Schaden hervor. Fünf Jahre später hatte er seine Auflage nahezu verdoppelt, und das Anzeigengeschäft hielt im großen und ganzen damit Schritt.

Der SPIEGEL hatte zwar von der Bundesrepublik Schadenersatz gefordert, nahm die Klage jedoch nach der ablehnenden Entscheidung über seine Verfassungsbeschwerde zurück. Ohne

Ironie durfte man fragen, ob er wohl erfolgreich hätte beweisen können, daß er überhaupt Schaden erlitten hatte.

Es gab zwar weder eine wirkliche Läuterung noch eine öffentliche Entschuldigung, doch Adenauers Nachfolger Erhard nahm freiwillig die symbolische Verantwortung auf sich, indem er dem SPIEGEL ein Interview in aller Form gewährte. Am Ende taten dies auch Strauß und Adenauer. Ein handschriftlicher Brief des Exkanzlers wegen Augsteins kritischer, aber im Grunde wohlwollender Besprechung von Adenauers zweitem Memoirenband führte im Dezember 1966 zu einer ausgedehnten Unterhaltung. Im darauffolgenen April erschien ein SPIEGEL-Gespräch mit Adenauer.

Manche Leute behaupteten, der SPIEGEL habe seine alte Angriffslust verloren, die Konsequenzen der Affäre könnten an seinem Inhalt, ja sogar an seiner Jahresbilanz abgelesen werden. Oberflächlich betrachtet, mag der Abgang von Redakteuren wie Jaene oder Hermann Renner diese Behauptung bestätigen. Eine lange Reihe prominenter Opfer des SPIEGELS — Erhard, sein Verteidigungsminister von Hassel, dessen Staatssekretär Gumbel, die FDP im ganzen und mehr oder weniger auch die SPD — sollte eher das Gegenteil beweisen. Ein rückhaltloser Bericht über die Unzulänglichkeiten bei Einsatz und Wartung des Starfighter zeigte das unveränderte Interesse des SPIEGELS an militärischen Dingen. 1966 brachte er eine Geschichte über die HS-30-Affäre — es ging um die Anschaffung von Panzern — mit massiven Korruptions- und Kollusionsvorwürfen; sie entsprach bester SPIEGEL-Tradition. Seine Opposition gegenüber Strauß, auch wenn sie nicht mehr fanatisch war — was niemand ernsthaft bedauern konnte —, hielt weiterhin an.

Dem guten Ausgang der Affäre für die Beschuldigten — einzeln wie auch insgesamt — entsprach das offensichtliche Wohlbefinden ihrer Gegner. Was immer die Affäre sonst bedeutet haben mag, sie gereichte jedenfalls niemandem zum Schaden. Bei der Verhandlung im Januar 1966 kicherten die Zuhörer, als Zeuge um Zeuge den Verfassungsrichtern auseinandersetzte, daß seine Stellung nicht mehr jener entspräche, die er zu Beginn der Affäre innegehabt habe.

Buback, 1962 noch zur Bundesanwaltschaft nur abgestellt, gehörte ihr jetzt als reguläres Mitglied an und war zum Oberstaatsanwalt befördert worden. Wunder war nun Regierungsdirektor, Schütz Kriminalrat. Und Hopf hatte als Präsident des Bundesrechnungshofs nicht nur keinen Vorgesetzten mehr, sondern war gleichsam zum Wächter über die öffentliche Redlichkeit emporgestiegen.

Auch viele von denen, die nicht an der Verhandlung teilnahmen, avancierten mehr oder weniger unauffällig: Hopffgarten, Oster und Schmückle waren zu Brigadegeneralen befördert worden, Schnell zum Ministerialrat. Und Strauß war, abgesehen davon, daß er zunächst noch kein Ministeramt hatte, auch nicht gerade die Treppe hinuntergefallen. Wenn es überhaupt Verluste gab, so waren sie entweder fast nur in den niederen Rängen der Hauptbeteiligten zu finden oder ironischerweise hinter den Richtertischen: Heinrich Jagusch zum Beispiel und — wenigstens nach eigener Ansicht — Kurt Weber. Als Folge der Affäre verlor nicht etwa Höcherl seinen Kabinettssitz, sondern die Minister Balke, Lemmer und Starke, die gar nichts mit ihr zu tun hatten. Zu ihnen stieß Stammberger, dessen Schuld allenfalls in seiner Unschuld lag.

Freiwillige Rücktritte gab es nicht. Der Schwarze Peter wurde immer weitergeschoben: Von der Verwaltung auf die Ermittlungsbehörden, von den Beamten auf den Gesetzgeber und auf die Gerichte. Der Bundestag tolerierte Lügen, die Regierung Widersetzlichkeiten. Ihre Sprecher duldeten die Erniedrigung, öffentlich Verantwortung in einem Fall auf sich nehmen zu müssen, für den sie nicht verantwortlich waren. Staatssekretär Carstens vom Auswärtigen Amt wurde nicht zum Rücktritt aufgefordert,* und auch von Hase trat nicht zurück. Wie Hopf bekam auch Walter Strauß, der Staatssekretär des Justizministeriums, eine neue Aufgabe. Es sah so aus, als sei Franz Josef Strauß nicht nur schuldig, sondern sogar ganz allein schuldig gewesen. Denn mit seinem Abgang wurde die Affäre zu dem, als was die Regierung sie immer bezeichnet hatte: zu einer Angelegenheit der Justiz. Die Parteien, und mit ihnen die Wähler, drängten sie allmählich aus der politischen Arena und auf den Weg zu den Gerichten. Es war nicht das erste Mal, daß die

* Siehe Seite 92. Als Schröder Ende 1966 Verteidigungsminister wurde, nahm er Carstens mit.

Deutschen ihre politischen Probleme der Justiz übertrugen. Aber es war auch nicht das erste Mal, daß die Richter durch ein salomonisches Urteil die Verantwortung zurückgaben.

Am Ende zog jede der grundsätzlichen Entscheidungen Ungewißheit nach sich. Ahlers und Augstein waren außer Verfolgung, aber nicht rehabilitiert. Die Frage des Staatsgeheimnisbegriffs war aufgeworfen, aber nicht beantwortet worden. De facto wurden Hopf und Strauß überführt, ohne angeklagt gewesen zu sein. Eine beispiellose Entscheidung — bei vier zu vier Stimmen — bestätigte die Verfassungsmäßigkeit der Polizeiaktion. Oberst Martin, formell von Vorwürfen freigesprochen, bekam keine Gelegenheit, vor einem öffentlichen Gericht seine Unschuld oder etwa Gewissensnotstand zu beweisen.

Es gab nicht einmal eine schlüssige Garantie dafür, daß sich eine solche Affäre nicht wiederholen werde. Am 16. Dezember 1964 berichtete Adelbert Weinstein in der FAZ, die Bundesrepublik wolle einen Atomminengürtel entlang der Zonengrenze legen. Augstein spielte am 18. November 1964 im SPIEGEL noch einmal auf die Kriegsbildstudie* vom Jahr 1961 an, und in einem Kommentar, der am 6. Januar 1965 erschien, befaßte er sich mit der Minengeschichte.

Am 21. Januar erklärte Bundesanwalt Loesdau, daß gegen beide, Weinstein und Augstein, Ermittlungsverfahren wegen Landesverrats liefen. Diesmal wenigstens bestätigte dpa, daß Justizminister Bucher vor der Einleitung des Verfahrens von der Absicht in Kenntnis gesetzt worden war. Diesmal erstreckte sich der Verdacht also auch auf Weinstein, der übrigens Oberst der Reserve ist. Augstein wurde eingeladen, in Karlsruhe zu einem ihm statt der Polizei genehmen Termin auszusagen.

Am 21. Dezember wurde das Verfahren gegen Weinstein eingestellt; das gegen Augstein ein Jahr später. Im Falle Weinstein lautete die Begründung, wie Bundesanwalt Kuhn bekanntgab: mangels hinreichenden Tatverdachts. Doch im Falle Augstein zog man die gleichen Gründe heran, aus denen auch das Verfahren gegen Oberst Martin nicht weitergeführt worden war: eine Fortführung würde die Sicherheit der Bundesrepublik gefährden.

---

* Vergleiche Seite 55.

Auf der Bundespressekonferenz vom 22. Januar 1965 mußte sich von Hase abermals als Löwenbändiger betätigen. Das geltende Recht sei in Verbindung mit dem Legalitätsprinzip unzulänglich, räumte er ein. Vielleicht lag der Fehler bei der Gesetzgebung selbst? Durch von Hases Andeutung, wie schon durch die Karlsruher Entscheidungen, wurde der Schwarze Peter wieder dem Bundestag zugeschoben, wo er bis auf weiteres verblieb. Im Verlauf der Jahre von 1964 bis 1966 wurden in Berlin und allen Bundesländern, außer Hessen und Bayern, die schon entsprechende eigene Gesetze hatten, neue Pressegesetze verabschiedet, um die Position der Presse gegenüber der Exekutive zu stärken. Doch trotz einer Fülle von Warnungen und Vorschlägen führender Verfassungsrechtler der Bundesrepublik, trotz des weisen Kopfschüttelns und der erhobenen Zeigefinger einiger Justizminister — allen voran Bucher — und trotz ständiger Mahnungen der Presse selbst gab es keine vergleichbare Initiative auf Bundesebene. Ein Gesetzentwurf der SPD verschwand in der Versenkung der Ausschüsse. Einige Diskussionen und Hearings waren alles, was geschah. So waren fünf Jahre nach der Affäre die bundesdeutschen Landesverratsbestimmungen noch immer unverändert in Kraft. Landesverrat durch Journalisten unterschied sich immer noch nicht von Landesverrat durch Spione.

Doch war dies nicht ohne Vorteile. „Würden Sie eine Reform des geltenden Rechts bevorzugen, bei dem zwischen Journalisten und Spionen unterschieden wird?“ wurde Ahlers Ende 1965 von einem Interviewer gefragt. „Nein“, antwortete er, „wenn es ein solches Gesetz gegeben hätte, wären wir wahrscheinlich verurteilt worden.“

Angesichts der Grundtendenzen der Reformvorschläge der Regierung hatte die Presse wenig Grund, die Untätigkeit des Bundestags zu bedauern. Die von Höcherl im Mai 1965 vorgelegten Entwürfe für eine Notstandsverfassung umfaßten auch Vorschläge über die Errichtung von Pressekommissionen aus Journalisten und Beamten, die im Spannungsfall zusammentreten sollten.

1966 empfahl Generalbundesanwalt Ludwig Martin offenbar mit Unterstützung des damals von Richard Jaeger geleiteten Justizministeriums seine eigene Reform: Der Generalbundesanwalt solle das Recht haben, den großen Senat des Bundesgerichtshof anzurufen, wenn ein Strafsenat seinen Antrag auf Eröffnung des Hauptverfahrens zurückweist — wie zum Beispiel der Dritte Strafsenat im Falle Augstein/Ahlers. Für die Angeklagten war ein entsprechender Rechtsweg nicht vorgesehen.

Höcherls Vorschläge scheiterten an dem gemeinsamen, wenn auch nicht gleich motivierten Widerstand des Justiz- und des Verteidigungsministeriums sowie an der Skepsis der Presse. Der Vorschlag von Martin verschwand mit Jaegers Abgang als Justizminister Ende 1966 und dem Amtsantritt der Sozialdemokraten Heinemann und Ehmke.

Auch andere Fragen, die durch die Affäre aufgeworfen worden waren, blieben unbeantwortet. Döring hatte im Bundestag angeregt, es wäre wohl einer Untersuchung wert, welche Nachrichtendienste mit dem SPIEGEL zusammen- und welche gegen ihn gearbeitet hätten. Aber nachdem sonst alle möglichen Probleme gelöst worden waren, Wicht entlastet und Gehlen noch im Amt war, ging man gerade auf diese Anregung nicht ein. Die drei Nachrichtendienste bestanden weiter mit einem Minimum an Kontrolle und Koordinierung. Trotz der amerikanischen Erfahrungen, an die der deutsche Gesetzgeber wiederholt erinnert worden war, soll dies nicht bedeuten, daß ein übergeordneter Dienst nach Art der CIA nötig gewesen wäre, um die Probleme aus der Welt zu schaffen. Aber nachdem 1963 das Verfassungsschutzamt am eigenen Leibe gespürt hatte, wie man durch eine schlimme Affäre in Mißkredit geraten kann, und nachdem sich herausgestellt hatte, daß im BND frühere Gestapo-Agenten ostdeutsche Spione waren, konnte man mit Recht fragen, ob nicht die Risiken und Gefahren einer neuen Organisation gegenüber den chronischen Unannehmlichkeiten und den zu Gewohnheitsrechten gewordenen Sonderinteressen der alten Organisation vorzuziehen seien.

Ebenso ungelöst, oder im besten Fall negativ gelöst, waren die inneren und äußeren Probleme der Bundeswehr sowie, zugleich als Ursache und Folge, das nicht zu beseitigende Dilemma der Verteidigung Westdeutschlands: Letzten Endes bot ein „flexibler Gegenschlag“ wenig Trost, wenn die NATO-Truppen gerade auf deutschem Boden flexibel kämpfen sollten. Wenn die

Abschreckung nicht Gewicht hat, stellt auch eine massive Vergeltung keine Lösung dar. Was sollte also Zweck der Bundeswehr sein? Die Debatte über die Bundeswehr, wie die Debatte über die Gesetzgebung zum Schutz der inneren Sicherheit der Bundesrepublik, war eigentlich so alt wie ihr Gegenstand selbst. Ob es um das Problem der deutschen Sicherheit ging oder um dessen Konsequenz, die Frage der bundesdeutschen Streitkräfte überhaupt, so war für von Hassel, als er sein Amt übernahm, die Aufgabe auf administrativem, logistischem und vor allem strategischem Gebiet schon vorgezeichnet. Im August 1963 gestand er öffentlich zu, „Fallex 62" habe die Unzulänglichkeit der Bundeswehr gezeigt.

Wenn auch während von Hassels Amtsdauer die große Wehrdebatte versäumt wurde, so gab es wenigstens eine kleine Auseinandersetzung unter dem Deckmantel der Innenpolitik. In ihrem Verlauf erfolgte eine Neubeurteilung der Strategie der massiven Vergeltung, und die deutsche Politik vollzog einen stillen Rückzug von der exponierten Linie der Strauß-Ära. Die Idee einer multilateralen Kontrolle über Atomwaffen diente vorübergehend als Alternative zum Starfighter-Programm. Schröder und von Hassel traten für den Plan einer multilateralen Atomflotte der NATO bis zu deren endgültiger Grablegung im Dezember 1964 und eigentlich noch darüber hinaus ein; gegen die Opposition der ursprünglichen Befürworter einer atomaren Bewaffnung — nunmehr je nach dem Zusammenhang „Europäer" oder „Gaullisten" genannt — unter Führung von Strauß und Adenauer. Im Sommer 1963 führte Strauß den Widerstand gegen das Atomstoppabkommen an. Zwei Jahre später schockierte Adenauer seine Partei mitten im Wahlkampf mit einer spektakulären Warnung vor den Gefahren eines „Nonproliferation"-Abkommens zwischen den Vereinigten Staaten und Rußland, dessen Preis voraussichtlich Deutschland werde bezahlen müssen. Adenauers deutliches Posaunensignal wurde wirksam durch Springers „Bild" und „Welt" verstärkt. Der Widerstand gegen das „Nonproliferation"-Abkommen dauerte bis 1968, bis zur Annahme durch die UN-Vollversammlung, an. Aber es war schwierig, ein vernünftiges Verhältnis zwischen der begrenzten, aber objektiv gerechtfertigten deutschen Besorgnis und den Argumenten zu finden, die zur Unterstützung des

Widerstandes gegen den Vertrag aufgeboten wurden. Gegner des Abkommens beschworen die Erinnerung an das „Versailler Diktat“ herauf. In seinem zweiten Interview mit dem SPIEGEL seit der Affäre nannte Adenauer das „Nonproliferation“-Abkommen einen „Morgenthau-Plan im Quadrat“.

Hinter der immerhin teilweise verständlichen panischen Angst um Deutschlands Sicherheit — diese Tonart wurde während des Wahlkampfes 1965 von beiden großen Parteien angeschlagen — blieb alles so unklar wie zuvor. Im September 1963 hatte die NATO formell die Verpflichtung zu einer „Vorwärtsverteidigung“ akzeptiert. Zur selben Zeit verschwanden die ursprünglichen Voraussetzungen der Allianz mehr und mehr. Sowohl das NATO-Bündnis als auch der deutsch-französische Freundschaftspakt vom Januar 1963 hatten wiederholt „repariert“ werden müssen. Frankreich ging schrittweise von der allgemeinen Wehrpflicht ab, wie es England schon vorher getan hatte, und begann seine Streitkräfte in eine Berufsarmee umzuwandeln; Englands nicht enden wollende Finanzkrise brachte die latente Gefahr eines Abbaus der Rheinarmee mit sich, und selbst Belgien erwog, seine Truppen aus Deutschland abzuziehen. Im Frühjahr 1967 führte schließlich eine Kombination von Forderungen des amerikanischen Kongresses, Problemen des Zahlungsausgleichs, erhoffter Entspannung in Europa und Belastung in Vietnam zum De-facto-Abzug von zwei US-Brigaden und vier Jagdbomberstaffeln aus Europa.

Immer mehr denkende Leute in Deutschland fragten sich nun, ob man nicht die Beispiele Frankreichs und Englands nachahmen und die allgemeine Wehrpflicht zugunsten einer Berufsarmee abschaffen solle. Zur gleichen Zeit drängten die Verbündeten jedoch die Bundesrepublik nicht nur, die 450.000 Mann, die sie unter Waffen hatte, zu halten, sondern die Truppenstärke sogar zu vergrößern. Die Betroffenheit Washingtons über den 1967 von Bonn gemachten Vorschlag, im Interesse eines ausgeglichenen Haushalts 60.000 Mann einzusparen, war symptomatisch.

Unterdessen mühte sich von Hassel wie ein politischer Laokoon mit den Problemen ab, die ihm sein Vorgänger hinterlassen hatte. Die radikalen Meinungsverschiedenheiten innerhalb seiner Partei und das Bewußtsein, welche Schwierigkeiten mit dem Amt des Verteidigungsministers verbunden waren, verhinderten jede frühzeitige Ablösung. So türmte sich Problem auf Problem. Die U-Boote der bundesdeutschen Marine schlugen leck, obwohl sie damit innerhalb der NATO keineswegs allein standen; über 70 Starfighter fielen vom Himmel wie Hagelkörner. Viele Deutsche hatten den Eindruck, daß US-Verteidigungsminister McNamara den Ankauf großer Mengen neuen Rüstungsmaterials — natürlich made in USA — als einzige Rettung der deutschen Streitkräfte betrachte. Unterdessen verfolgte von Hassel — von einigen Amerikanern darin bestärkt — weiterhin verbissen Projekte wie die multilaterale Atomflotte und den Atomminengürtel an der Zonengrenze. In seinen Worten hieß seine Theorie — wenigstens teilweise: „Gemeinsame Entscheidungsbefugnis bedeutet nicht gemeinsamer Besitz; aber gemeinsamer Besitz bedeutet gemeinsame Entscheidungsbefugnis."

Wachsender Widerstand, im Inland wie im Ausland, bestätigte die Schwierigkeiten und ungelösten Verwicklungen der deutschen Politik. Wie Theo Sommer feststellte, gewann die Bundesrepublik 1954 ihre Souveränität nur unter teilweisem Verzicht auf ihre Souveränität wieder. Die Sicherheit der Bundesrepublik hing mehr als die anderer NATO-Partner nicht nur von der nordatlantischen Allianz und der amerikanischen Abschreckung ab; sie war sogar praktisch identisch mit beiden.

Da der Verfall des Bündnisses andauerte, wurde den Deutschen die Bedeutung dieser Entwicklung immer bewußter. Selbsthilfe, die theoretische Alternative — ob nun auf der Basis regionaler, das heißt westeuropäischer Zusammenarbeit oder durch Stärkung der eigenen, deutschen Streitkräfte —, bedeutete in Wirklichkeit keinen Ausweg. Verstärkte Zusammenarbeit, zum Beispiel mit Frankreich, hing von dem besonderen Wohlwollen des französischen Staatschefs ab. Strauß selbst hatte schon 1958 erfahren, wie bedingt dieses Wohlwollen war. Auf jeden Fall bedeutete es, eine Abhängigkeit durch eine andere zu ersetzen, und zwar von einem unvergleichlich weniger verläßlichen Partner. Autonome Selbsthilfe kam ebenfalls nicht in Frage, weder in der Form einer Verstärkung konventionell bewaffneter Truppen — in einem Wirtschaftssystem, das sich Gastarbeiter aus so entfernten Gegenden wie der Türkei und

Nordafrika holen mußte — noch durch die Ausrüstung mit nuklearen Waffen, was die Toleranzgrenze nicht nur des Bundeshaushalts, sondern auch jene der Nachbarn der Bundesrepublik überschritten hätte.

„Mit den möglichen Ausnahmen der Vereinigten Staaten und Rußlands ist jede Armee der Welt nur ‚bedingt abwehrbereit' ", bemerkte Helmut Schmidt gegenüber einem amerikanischen Besucher unter Bezugnahme auf den „Fallex"-Artikel. Wie 1962 lautete auch jetzt die Frage, in welchem Umfang die Deutschen bereit und willens seien, die Folgerungen daraus zu ziehen.

In den fünfziger Jahren hatte sich der Bundestag angesichts der psychologischen Probleme einer Wiederbewaffnung der Aufgabe gewachsen gezeigt. Und die Wiederbewaffnungsdebatte des Jahres 1955 war eine der größten Stunden in der nachkriegsdeutschen Demokratie.* Zum erstenmal wurde auch das Prinzip der zivilen Kontrolle über eine Bürgerarmee zum Gesetz erhoben. Aber seine Ausführung wurde den Fachleuten überlassen, den Militärs und den Beamten. Diese Tatsache bildete eine wichtige Wurzel der SPIEGEL-Affäre, und das Problem besteht im großen und ganzen auch heute noch. Helmut Schmidt hielt während des Sommersemesters 1966 Vorlesungen über Verteidigungsfragen an der Universität Hamburg. Aber seine Inanspruchnahme als SPD-Fraktionsführer im Bundestag setzte dem ein Ende, und ein Nachfolger fand sich nicht. Am 9. Mai 1967 berichtete die „Zeit", daß fünfzig Studenten der politischen Wissenschaften an der Freien Universität Berlin mit Hilfe von Computern strategische Atomplanung am Sandkastenmodell versucht hätten. Der pensionierte Admiral Ruge akzeptierte den Ruf zu Vorlesungen über Marinestrategie an der Universität Freiburg. In Hamburg organisierte der Physiker und Philosoph Carl Friedrich von Weizsäcker eine kleine Gruppe von Wissenschaftlern, um die möglichen Folgen eines Krieges für Deutschland zu studieren. Und halbprivate Institute in Bonn und München präsentierten gelegentlich Berichte und veranstalteten Seminare über Verteidigungs- und Abrüstungsfragen. Aber wenn auch die deutsche Öffentlichkeit auf

* Siehe Fritz René Allemann, „Bonn ist nicht Weimar", Köln und Berlin 1956.

schleifende Unteroffiziere und den Lärm der fliegenden Starfighter — von abstürzenden ganz zu schweigen — reagierte, so blieb sie in der Empfänglichkeit für die grundsätzlicheren Verteidigungsprobleme hinter Franzosen, Engländern und erst recht Amerikanern zurück.

Die CDU trat für eine wirkliche zivile Kontrolle in der Person des von ihr gestellten Verteidigungsministers ein, während sie einer mehr und mehr unzufriedenen Armee die dekorativen Traditionssymbole zugestand, die sie seit 1950 abgelehnt hatte. Die SPD — einmal durch die endlosen Improvisationen seitens von Hassels Spitzenbeamten abgestoßen, zum anderen neurotisch empfindlich gegenüber dem Etikett der Wehrfeindlichkeit, das ihr seit 1919 noch immer anhing — schien sich auf die Seite der Generale zu schlagen. In beiden Fällen war es zweifelhaft, ob dies der beste Weg sei, die zweitstärkste Militärmacht der NATO zu organisieren, geschweige denn eine befriedigende Basis für die Zivilkontrolle herzustellen, die die Gesetzgeber zehn Jahre zuvor gefordert hatten. Im Frühjahr 1966 sah es so aus, als gäbe es eine Opposition gegen von Hassels Politik selbst innerhalb des Kabinetts. Strauß selbst war gegen jedes deutsche Miteigentum an Atomwaffen und empfahl eine Zusammenarbeit nur in Form gemeinsamer Entscheidungsbefugnis über die nukleare Politik innerhalb der Allianz ohne Zugang zu den Waffen selbst. Die FDP sprach von politischen Lösungen, Helmut Schmidt von einem deutschen Sitz in einer internationalen Sicherheitsbehörde und von „negativer Entscheidungsbefugnis", womit er ein Vetorecht über den Gebrauch von Nuklearwaffen auf deutschem Boden oder gegen deutsche Ziele meinte. Noch vor Ablauf des Jahres folgte von Hassel — belagert von protestierenden Generalen, verlassen von seinen Kollegen und wehrlos gegenüber dem täglichen Sperrfeuer der Presse — seinem Kanzler Erhard und schied aus dem Amt des Verteidigungsministers. Der Stillstand der Verteidigungspolitik bedeutete den Stillstand von Innen- und Außenpolitik. Erhards Nachfolger Kurt Georg Kiesinger gab von Hassel den ruhigen Posten des Vertriebenenministers.

Kiesingers Machtübernahme an der Spitze der großen Koalition, die vier Jahre zuvor so lautstark debattiert und so eilfertig verworfen worden war, stellte das letzte bemerkenswerte

Nebenprodukt der Affäre dar. Die Existenz dieser Koalition zeigte erneut, wie wenige der von der Affäre aufgeworfenen Probleme in den dazwischenliegenden Jahren gelöst worden waren.

Bonn war nicht Weimar. Fritz René Allemanns Binsenwahrheit erwies sich erneut im Verlauf der Affäre. Landesverratsermittlungen waren nicht länger die Ultima ratio der deutschen Politik. Anders als ihre Väter hatten die deutschen Studenten unzweideutig für die Demokratie demonstriert. Anders als ihre Vorgänger hatten die Richter — bei all ihren Vorbehalten — gegen die Regierung entschieden. Aber das politische Grundproblem, eine Mehrheit zu finden — wenn schon nicht Übereinstimmung —, war wie früher vorhanden. Wenn Deutschland auch in höherem Maß als je zuvor eine Demokratie geworden war, so hatten die Deutschen doch noch manches Kapitel aus den Spielregeln zu lernen.

Die unglaubliche Schizophrenie der Freien Demokraten, der Liberalen in einer liberalen Demokratie, war ein Schlüssel zu dieser Sache. Zwar hatte die FDP eine Hauptrolle bei der Lösung der Affäre gespielt, sie hatte sie aber doch auch mit heraufbeschworen. Die Partei war 1956/57 über ihre eigene Anti-Adenauer-Courage zutiefst erschrocken. Man könnte meinen, daß ihr die spätere Rolle als bürgerlich-antiklerikales Anhängsel einer bürgerlich-antisozialistischen Regierung von den Wählern aufgedrängt worden sei. Nichtsdestoweniger akzeptierte sie diese Rolle und die sich daraus ergebende Verantwortung. Ihr Zusammenbruch nach der Wahl von 1961 war unvermeidlich. Sie bekämpfte Adenauer, akzeptierte ihn dann aber, um schließlich von innen her gegen ihn zu opponieren. Trachtete die FDP nur danach, zu überleben, so besaß ihr Standpunkt eine gewisse Logik. Aber das war kein Freibrief für Beliebtheit, wie die Affäre zeigte. Durch sie erhielt die FDP eine Gelegenheit, ihre Lage zu überdenken; aber entsprechende Überlegungen waren nicht intensiv genug und kamen auch zu spät. Gegen Ende 1962 schrieben verschiedene Kommentatoren der FDP einen Sieg zu. Auf lange Sicht war es jedoch ein Sieg, der keine Dividende abwarf. Letztlich zeigte die Affäre nicht das Versagen des Verteidigungsministers oder des Kanzlers auf, sondern das der ganzen Regierung. Vor allem aber bewies sie das Versagen der einen Regierungspartei, nämlich der CDU/CSU. Die angemessene Antwort wäre eine neue Regierung gewesen; und diese Antwort zu geben versäumte die FDP. Wieder einmal, wie schon verschiedentlich seit 1848, rettete der organisierte deutsche Liberalismus seine Haut und verlor sein Gesicht. Kam 1966 die große Koalition zustande, weil die CDU/CSU die Risiken teilen und die SPD an der Macht teilhaben wollte, so vereinte die Partner eine gemeinsame Aversion gegen die FDP.

Der aufreizende Dualismus von CDU und CSU war ein weiterer Schlüssel zum Problem. Und er war ein Schlüssel zu Strauß. Sensible Deutsche spürten immer noch, daß Wiederkehr und Rehabilitierung von Strauß keineswegs geeignet waren, ihre politische Selbstachtung zu stärken.

Das Schicksal John Profumos, dessen Lügen im Unterhaus ihn 1963 ein für allemal aus dem öffentlichen Leben Englands verbannt hatten, erregte in Deutschland weiterhin ebensoviel Aufmerksamkeit wie in England. Der „Denning-Report" über den Profumo-Skandal, eine rituelle Übung der britischen Regierung in öffentlicher Buße, mag den Engländern peinlich gewesen sein. Die Deutschen konnten nur Bewunderung für englischen Stil und englische Offenheit empfinden, wenn sie an den Bericht ihrer eigenen Regierung über den SPIEGEL dachten.*

Aber es war nicht nur eine Frage des Stils, sondern auch der Struktur. Die Deutschen hatten gegenüber Strauß Vorbehalte. Die Bayern aber hatten oder konnten keine Vorbehalte haben. Wie in der ganzen Zeit seit dem Kriege fanden Bayern, die CDU wählen wollten, immer nur die CSU auf den Wahlzetteln. Wollten sie 1965 Erhard wählen, hatten sie keine andere Möglichkeit, als Strauß zu unterstützen, der gegen ihn opponierte. Waren CDU und CSU in entscheidenden Fragen auch geteilter Meinung, so waren sie in der Macht vereint. Solange die CSU Strauß nominierte, solange Bayern die CSU wählte und solange die CDU bei Bildung einer Regierung, die beide an die Macht brachte, von der Strauß-Partei abhängig war, ließen die Reali-

* Siehe Seite 157. Eine Karikatur in der „Stuttgarter Zeitung" zeigte zwei Beamte. „Was halten Sie von dem SPIEGEL-Bericht?" fragt der eine. „Das gleiche wie Sie", antwortet sein Kollege. „Unterlassen Sie bitte solche staatsfeindlichen Bemerkungen", erwidert der erste.

täten im politischen Leben Deutschlands wenig Raum für englische „Pingeligkeit“.

Die Dilemmas einer parlamentarischen Vielparteiendemokratie und eine Wählerschaft, die sich standhaft weigerte, diese Probleme zu begreifen, zwangen die SPD, als Oppositionspartei der Bundesrepublik eigene Überlegungen anzustellen. Die Alternativen waren: Entweder weiterhin Opposition mit hohen Prinzipien zu bleiben, die der Partei zwischen 1949 und 1961 vier Wahlniederlagen eingetragen hatten, oder den Weg zu beschreiten, den Wehner 1962 zum erstenmal gewiesen hatte: Koalition um nahezu jeden Preis mit den Parteien, welche die SPD viermal nicht hatte schlagen können. Die Sozialdemokraten entschieden sich für den zweiten Weg. Das Ergebnis, eine scheinbare Verletzung der Regeln parlamentarischer Demokratie nach angelsächsischem Muster, war tatsächlich Ausdruck dieser Demokratie. CDU und CSU, Parteien und Regierung, geplagt von Uneinigkeit, erschöpft und durch die Affäre diskreditiert, sahen sich scheinbar weniger Opposition gegenüber als vorher. Aber je weniger sich die Dinge änderten, um so weniger blieb alles beim alten.

1949 war die Bundesrepublik mit einem doppelten Auftrag gegründet worden: westliche Integration und nationale Wiedervereinigung — theoretisch — in den Grenzen von 1937. Adenauer hatte die Regierung mit einem doppelten Programm angetreten: freies Unternehmertum und allgemeine Wohlfahrt. Die Vereinbarkeit dieser Ziele — ob außen- oder innenpolitisch — wurde selten angezweifelt, am wenigsten in der CDU/CSU. Die latente Widersprüchlichkeit dieser Ziele jedoch vereinigte in sich die ganze charakteristische Zweideutigkeit der Bundesrepublik: jene bemerkenswerte Kombination von „keine Experimente“ und Subventionen (was die Nationalökonomen verblüffte) sowie die historische Unvereinbarkeit von Opferbereitschaft gegenüber dem Westen und Starrsinn gegenüber dem Osten (was die Diplomaten plagte). Die zahlreichen Anomalien des politischen Lebens in Westdeutschland lagen zwischen diesen Polen: Restauration und soziale Revolution auf kaltem Wege, bürgerliche Regierung und Konsumgesellschaft, nationales Pathos und supranationale Begeisterung, utopische Intellektuelle und „das Ende aller Ideologie“, Bewältigung der Vergangenheit und deren Verleugnung. Dieses System war so lebensfähig wie seine Voraussetzungen: der kalte Krieg, die westliche Allianz, eine Wirtschaft, die durch nichts besser symbolisiert wurde als den Volkswagen, dieses „kleine Wunder", das „läuft und läuft und läuft".

Das System dauerte an, seine Voraussetzungen schwanden, und die Diskrepanzen wurden immer deutlicher. Die Adenauer-Ära endete tatsächlich schon 1961, doch sie endete noch einmal in den letzten Monaten des Jahres 1962, abermals 1963 mit dem Rücktritt des Alten, nochmals in ihrer Reinkarnation unter Erhard und schließlich mit dem endgültigen Erlöschen der Erhard-Adenauer-Regierungen im Dezember 1966.

Die Bildung der großen Koalition vier Jahre nach der Affäre, die Hochzeit der Parteien, welche die Bundesrepublik seit ihrem Bestehen regiert hatten, mit der Opposition, die scheinbar aufgehört hatte zu opponieren, war scheinbar eine Kapitulation. Tatsächlich war es der radikalste Bruch, den das Land je gesehen hatte. Es war nicht nur, wie Johannes Gross bemerkte, die Ablösung einer verfassungsmäßigen Regierung durch eine andere, sondern ein Regimewechsel.

Ob die Koalition Erfolg haben würde, war eine offene Frage. Aber die Bemühungen der ersten fünfzehn Monate — sei es durch eine einsichtsvolle neue Wirtschaftspolitik, sei es durch einen bestimmten, wenn auch in aller Stille vollzogenen Kurswechsel in der Ostpolitik, sei es selbst durch vorsichtige Selbstbehauptung gegenüber den Wünschen des amerikanischen großen Bruders — waren Beweise für einen neuen Anfang.

Folgerichtig lebte auch die Diskussion um eine Wahlrechtsreform auf, die wohl nur SPD und CDU/CSU überleben würden. Sollte die große Koalition Erfolg haben, so war allen Beteiligten klar, daß — so oder so — weder die Parteien noch die Bundesrepublik jemals wieder das sein würden, was sie vorher waren. „Am Ende der großen Koalition", prophezeite Johannes Gross in der „Zeit", „werden sich die großen Parteien ohne viel polemisches Pulver gegenüberstehen, keine dem Staat näher als die andere, keine der Konspiration gegen das nationale Interesse verdächtig, beide in den Konsensus gemeinsamer Politik eingebettet, ohne utopische Hoffnung, eingeebnet auf die Normalität wie die Parteien Englands und Amerikas."

Im nachhinein betrachtet war die Affäre zugleich Epilog und Ouvertüre. Einmal in Gang, war sie nicht aufzuhalten. Über die Dreyfus-Affäre schrieb Anatole France: „Die Affäre erwies unserem Land einen unschätzbaren Dienst, indem sie allmählich die Kräfte der Vergangenheit und die Kräfte der Zukunft konfrontierte und aufdeckte." Im Prinzip tat die SPIEGEL-Affäre der Bundesrepublik den gleichen Dienst. War auch erst zu klären, ob die „Kräfte der Zukunft" vorhanden waren, so bestand über die „Kräfte der Vergangenheit" wenigstens kein ernstlicher Zweifel.

Die Affäre konfrontierte die Deutschen im Grunde mit jeder Frage ihrer Nachkriegsexistenz. Ist eine bürgerliche Regierung in einem Land von Mittelklassekonsumenten noch zu rechtfertigen? Kann eine moderne Industriegesellschaft fortfahren, ihre Angelegenheiten nach Gesetzen aus dem Jahre 1867 und einer Weltanschauung aus dem Jahre 1914 zu regeln? War die Stabilität, die — bis 1962 — die zweite deutsche Republik so vorteilhaft von ihren unglücklichen Vorläufern unterschied, wirklich stabil? Oder war es nur Verkalkung?

George Bailey vom „Reporter" zitierte Professor Teufelsdrokh aus „Sartor Resartus" von Carlyle:

„Was würde die Majestät tun, sollte sich ein solcher Vorfall in der Wirklichkeit ereignen; sollten die Knöpfe alle gleichzeitig sich öffnen und die feste Wolle verdampfen, in der Wirklichkeit so wie hier im Traum? Ach Gott! Wie jeder sich in das nächste Versteck schleicht; wie ihre Haupt- und Staatsaktion zu einer Hanswurstkomödie wird, über die man weinen muß, was wahrhaftig die schlimmste Art einer Komödie ist. Die Gesetzestafeln (nach Horaz) und mit ihnen das ganze Gewebe aus Regierung, Gesetzgebung, Besitz, Polizei und zivilisierter Gesellschaft lösen sich in Jammern und Klagen auf."

Wenn auch fünf Jahre nach der Affäre die Fragen nicht gelöst sind, so hat jedenfalls das Jammern und Klagen nicht aufgehört. Zumindest sind die Fragen gestellt worden.

Thomas Grimm (Hg.)

Erinnerung als Verantwortung
Das Zeitzeugen-Archiv in Text und Bild
(Buch und CD-ROM)

Die 1.200 audiovisuellen Dokumente des Zeitzeugen-Archivs sind herausragende Beispiele für die individuelle Verantwortung in Zeiten gesellschaftlicher Extreme.

ca. 350 Seiten, ca. 100 Abb.,
16 x 23 cm
ISBN 3-932529-38-3
ca. € 45,00

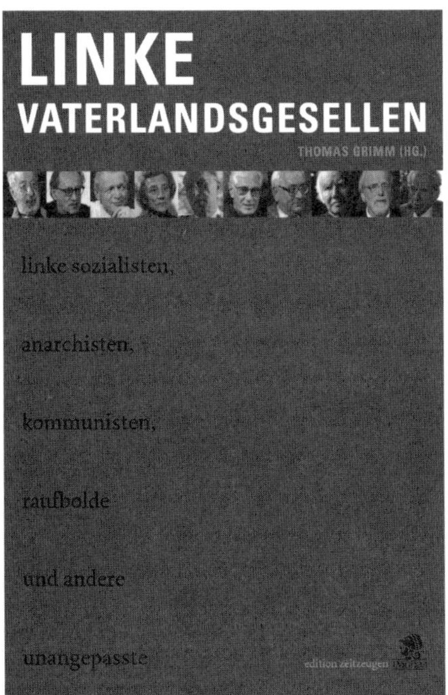

Thomas Grimm (Hg.)

Linke Vaterlandsgesellen
Linke Sozialisten, Anarchisten, Kommunisten, Raufbolde und andere Unangepasste

Man muß sich nicht mit jedem identifizieren, aber einen Einblick zu gewinnen in jene Vielfalt eigenständigen Denkens und ungerader Lebenswege lohnt allemal.

ca. 300 Seiten, zahlreiche s/w Abb.,
16 x 23 cm
ISBN 3-932529-39-1
ca. € 25,00

edition zeitzeugen Parthas